經學研究叢書・經學史研究叢刊

義疏學衰亡史論

喬秀岩　著

出版說明

　　本書內容以作者博士論文為基礎，有所調整并補充。

　　博士論文於一九九九年六月提交北京大學中文系，題目為「南北朝至初唐義疏學研究」，導師倪其心教授，作者姓名橋本秀美。提交樣本，前有英文摘要、關鍵詞，中文提要、關鍵詞，次目錄并識語，次正文六章，每章後有注文，正文後有引用書目，附錄一〈書《魏書‧李業興傳》後〉，附錄二〈賈公彥世系〉，附錄三〈儀禮單疏版本說〉。除官方樣本外，作者自印送師友請正者，不載英、中文摘要、關鍵詞，又改引號" "為「 」。

　　二〇〇〇年四五月間，作者自己翻譯成日文，作為「東京大學東洋文化研究所研究報告」之一，於二〇〇一年二月由東京「白峰社」出版。書名改為「義疏學衰亡史論」，作者「喬秀岩」。卷首〈序〉，次目次，不錄目錄後識語，次正文六章，隨文加注，正文後附錄〈賈公彥世系〉，原論文附錄一、附錄三皆從省，末尾加中文提要。翻譯時，一一校對引文，修改原版之訛誤，而內容大體仍舊，只有個別補充之處。

　　這次出版，仍以博士論文原文為基礎，而書名、作者改從日文版。首目錄并識語，次日文版序譯文，次正文六章，注文改出頁腳，附錄一、二如博士論文，附錄三則換用修訂稿，曾發表於《文史》第五十輯（2000 年，北京，中華書局）者，又加附錄四〈左還右還後說圖錄〉，乃刊登於《經學研究論叢》第九輯（2001 年，臺北，學生書局）者，末尾附新撰〈編後記〉。

　　原文除附錄三之外，未經校訂。這次重編，於字詞欠妥之處，隨手修改，也吸收了日文版之修訂結果。其有可以補充之內容，則標「2013 年補注」而插入文中。

目　次

　　讀書須知三事，知文，知事，知意。知其文義，始知所言之事；既知其事，乃知著者之意。其實三事相將，未嘗分離。是以文學研究偏重意境，而程千帆先生作〈詩辭代語緣起說〉，討論文辭；歷史研究偏重事實，而陳垣先生作《通鑑胡注表微》，闡明胡身之之意志。就讀注疏而言，其「事」則經學學說，清人研究較深刻，而以孫詒讓《周禮正義》為最。其「文」則清人校讀諸經注疏，成果頗多，而不盡人意。至其「意」，乃鮮有知者。前人治經學史，討論注疏，其實皆不過經學學說史，未嘗探索義疏家立說之意趣。不知其意，則所言之事不明；其事不明，則其文不可讀。讀書而不知其意，猶不讀耳。

　　本論文討論現存南北朝初唐義疏作品，計有皇侃《論語義疏》、孔穎達等《五經正義》、賈公彥《二禮疏》以及佚存殘帙皇侃《禮記子本疏義》、劉炫《孝經述議》。皇侃義疏學較其餘諸家，材料豐富，特色鮮明，故論之稍詳，以為南朝義疏學之一典型。劉炫、劉焯之義疏學，與皇侃以及賈公彥所本北朝舊時義疏學相較，具有革命性重大意義。以其重要，且必需考辨材料，所以論之最詳。孔、賈二家之義疏，皆據前儒舊說重編，其中錯綜互見新舊義疏家說。今以二劉義疏學為基準，可以辨知所見各說之新舊，二劉義疏學可

謂讀唐疏之關鑰。二劉以後義疏學已失活力，賈公彥《二禮疏》既見傳統義疏學之基本方法，又見義疏學趨向衰亡之新特徵。凡此等議論皆據各家義疏之學術方法及思想態度，不論具體學說之臧否。本論文并非經學家之經學史，而是讀書者之經學史論故也。

學術隨時而異，惟讀書千古無替。

願一切學術為讀書服務，不願讀書為學術服務。

義疏學衰亡史論日文版序

　　曾經有人說[1]：「學術真理的無用，其實是像北極星一樣。北極星不會分別對每一個迷失方向的旅人伸出援手，指引確切的方向。對北極星做這樣的要求，只能說是期望太高。不過，對任何旅人來說，北極星永遠都可以作為指示基本方向的標誌。旅人必須擁有智慧與勇氣，根據自己的判斷，承擔這個後果。當這樣選擇了自己的道路，北極星才能作為幫助旅人的『指針』。那些主張學術真理的無用而捨棄、輕蔑學術的人，最好盡快投入盲目行動的世界、僅憑感覺行走的旅程裡。」

　　上述這段話乍看之下似乎頗有道理，但考慮到學術因時、因人而不同，我們就知道學術真理原本是不可能存在的。如果存在，只能是對某個人來說的學術真理。這個人要求我們尊重他的學術真理，並且勸我們把它當作「指針」。可是，這個指針，卻是唯有進入他的門，才能看到的這個人的北極星。說穿了，只是用幻燈機將北極星的影像投射在他私塾的天花板上而已。

　　開明的奴隸主教導奴隸們要積極的生活，就好像這個人勸我們在他的私塾當中，仰望著天花板的北極星當作指針，憑著自己的智慧與勇氣，自由而且安全的行走自己的道路。我知道對某些人來說，在這種開明的奴隸主的統治之下，做為「自由的」奴隸生活，會是非常安逸舒適，而我自己則非常堅決的、強烈的拒絕這種安逸。不過，這位狡猾的奴隸主，不願意面對像我這樣的人，叫我趕緊離開這個「樂園」，投入盲目行動的世界，並且詛咒我會餓死街頭。當然，這話同時也是說給其他奴隸們聽的。

---

[1] 譯注：此段話為丸山真男所說，丸山氏為日本戰後對知識份子影響最大的政治學家、思想史學家。

　　我有屬於我自己的一顆星星。沒有像北極星那樣大得嚇人的名號，卻在遙遠的天空上，非常潔淨地、美麗地，稍微寂寞地閃耀著光芒的星星。我用滿是泥土的雙腳站在大地上，抬頭仰望著那顆星星，無論何時，它絕不離棄我，總是給予我生命力與希望。與其處在奴隸們之間，在安穩的「樂園」裡過著欺瞞自己的生活，我寧願凝視著我的星星，在它的守護之下，在沒有任何人的荒野中，靜靜地死去。

　　我曾經請朋友[2]刻了一顆章，印文為「自用自專反古之道」。我并不覺得是不吉利的話。

公曆二千年五月三十一日自識

---

[2] 譯注：此「朋友」為作者師傅宋紅女士，原人民文學出版社編審。

第一章

《論語義疏》編撰特點

一　內容特點多出因襲

　　曾見評論《論語義疏》思想內容者數篇，惟張恒壽先生〈六朝儒經注疏中之佛學影響〉一文最富啟發。該文題云「六朝儒經注疏」，但因儒經惟《論語》、《周易》、《禮記》三書最易與佛說相比附，而其六朝舊說流傳很少，除《論語義疏》外，散見《周易集解》、《周易、禮記正義》而已，且其間比附佛理者已多被刊落。故文中舉例凡十七條，除四條出《易正義》、《周易集解》、《禮記正義》外，十三條均出《論語義疏》。是以欲讀《論語義疏》者亦不得不參考此文也。

　　張先生論此等舊說受佛學影響，大別為五類：一、佛典名詞之引用，二、佛典論證語句之模仿，三、佛經疏解方法之採用，四、佛教教義傳說與儒書之牽合，五、佛教學理與儒家學說之雜揉。張先生熟悉佛典，思考有力，所以論述精闢。雖謂少年習作，未成體系，所論各條均具灼識，自可珍重。然今論《論語義疏》之經術，不得專賴張先生文者，張先生意在總論「六朝儒經注疏」，所舉《論語義疏》十三條事例，其中出皇侃引前儒舊說者居半，如王弼、庾翼、顧歡、太史叔明、殷仲堪、江熙，是則所論佛學影響，亦不可逕視為皇侃學術之特點。反言之，此等內容頗疑是當時習俗，皇侃薰染世風，自然因襲而已，猶不足為皇侃或梁朝一代義疏學之特點。蓋皇疏表面之特點，實多前儒成規，皇侃因襲而已。欲知皇侃經術之大概，必須辨別何為皇侃因襲前儒，何為皇侃自為之者。

　　例如張先生第六條舉〈先進〉「子畏於匡」節皇疏引庾翼云：「賢不遭聖，運否則必隱；聖不值賢，微言不顯。是以夫子因畏匡而發問，顏子體其旨而仰酬；稱入室為指南，啟門徒以出處。豈非聖賢之誠言，互相與為起予者也？」張先生說此乃師徒相與起予之方便，亦或受《維摩經》述佛眾弟子因問疾維摩而辨難啟發之暗示。然而孔子為聖，弟子為賢，師徒相與起予之方便者，皇疏屢見不鮮，又非庾翼一人之說。如：

（引文 1）（凡本論文引文序號各章自為起訖。）
〈為政〉「十有五而志於學」章皇疏引李充云：「聖人微妙玄通，深不可識。所以接世軌物者，曷嘗不誘之以形器乎？黜獨化之跡，同盈虛之質，勉夫童蒙而志乎學。……為教之例，其在茲矣。」
〈為政〉「子夏問孝」章皇疏引江熙稱或曰：「此四人問孝是同，而夫子答異者，或隨疾與藥，或寄人弘教也。」
〈公冶長〉「宰予晝寢」章皇疏：「一家云：與孔子為教，故託跡受責也。故珊琳公曰：宰予見時後學之徒，將有懈廢之心生，故假晝寢以發夫子切磋之教，所謂互為影響者也。范甯曰：夫宰我者，升堂四科之流也。豈不免乎晝寢之咎，以貽朽糞之譏乎。時無師徒共明勸誘之教，故託夫弊跡以為發起也。」
〈子罕〉「主忠信」章皇疏引范甯云：「聖人應於物作教，一事時或再言。」
〈憲問〉「君子道者三」章皇疏引江熙云：「聖人體是極於沖虛。是以忘其神武，遺其靈智，遂與眾人齊其能否，故曰『我無能焉』。子貢識其天真，故曰『夫子自道』也。」
〈季氏〉首章皇疏引蔡謨云：「冉有、季路竝以王佐之資，處彼相之任，豈有不諫季孫以成其惡？所以同其謀者，……實欲致大聖

之言以救斯弊。是以夫子發明大義以酬來感，弘舉治體，自救時
難。……雖文譏二子，而旨在季孫，……斯乃聖賢同符，相為表
裏者也。然守文者眾，達微者寡也。覩其見軌，而昧其玄致；但
釋其辭，不釋所以辭。懼二子之見幽，將長淪於腐學，是以正之，
以蒞來旨也。」[1]

〈陽貨〉「宰我問三年」章皇疏引繆播云：「爾時禮壞樂崩，而三年
不行。宰我大懼其往，以為聖人無微旨以戒將來，故假時人之謂，
咨憤於夫子。義在屈己以明道也。」

又引李充云：「孔子目四科，則宰我冠言語之先。安有知言之人而
發違情犯禮之問乎？將以喪禮漸衰，孝道彌薄，故起斯問以發其
責，則所益者弘多也。」

此等晉人之說[2]，全書中不勝枚舉。然則如皇氏《發題》[3]，是出皇侃自己
手筆，固不容疑義，而其間內容，如云：

（引文 2）

「夫聖人應世，事跡多端；隨感而起，故為教不一。或負扆御眾，
服龍袞於廟堂之上；或南面聚徒，衣縫掖於黌校之中。」

又云：「夫子平生，應機作教，事無常準。或與時君抗厲，或共弟
子抑揚，或自顯示物，或混跡其凡，問同答異，言近意深。」

---

[1] 「蒞來旨」不解，豈字有譌誤與？
[2] 惟珊琳公不詳。或謂宋釋惠琳。
[3] 此文刊本標題作《論語義疏敘》，而吳承仕《經典釋文序錄疏證》稱為《發題》，從其
　實也。今從吳說。

一往觀之，似富特色。其實就思想內容言，則祇見皆承前人成說，可謂絕
無新意。其言「或負扆御眾，服龍衮於廟堂之上」，或嫌唐突，但書中亦
見孔子素王之說，如

> （引文 3）〈公冶長〉「瑚璉」章皇疏云：「或通者曰：夫子近捨當
> 時而遠稱二代者，亦微有旨焉。謂湯武聖德，伊呂賢才；聖德則
> 與孔子不殊，賢才與顏閔豈異。而湯武飛龍，伊呂為阿衡之任；
> 而孔子布衣洙泗，顏回簞瓢陋巷。論其人則不殊，但是用捨之不
> 同耳。」
> 〈子罕〉「鳳凰不至」章皇疏引孫綽云：「孔子所以乃發此言者，以
> 體大聖之德，弟子皆稟絕異之質，壘落殊才英偉命士之才。蓋王
> 德光於上，將相備乎下。」

若然，所言之理之意，均已見於前人[4]，皇氏修飾其辭，對仗豔文[5]，即可
成《發題》之文。故云此等內容不可逕視為皇侃經術之特點。

其實，不論何時何代，經學著作多以繼承為主，創新者少。是以衛湜
說：「歷考諸家訓解，發明經旨者固不為少，其祖述先儒之意者實多。歐
陽公曰：『學者跡前世之所傳而校其得失，或有之矣；若不見先儒中間之
說，欲特立一家之學，吾未之信。』可謂至論。」[6]《論語義疏》明標前
儒名而稱引者自不少，加以「一云」、「或曰」之類，則疏文大半出於前人。
且有皇侃自己為文，而可以考其有所本者，如《發題》「但聖人雖異人者

---

[4] 「或通者曰」或為皇侃自設者，但仍似有所本。
[5] 文辭雕琢，蓋可數皇侃特色，見下第三節末段。
[6] 見《禮記集說・集說名氏》「孔穎達」下。

神明,而同人者五情」,即襲用王弼之著名命題[7]。又如〈雍也〉「弟子孰為好學」章皇疏云:「云『不幸短命死矣』者,凡應死而生曰幸,應生而死曰不幸。若顏子之德,非應死而今死,故曰不幸也。」「人生也直」章皇疏亦云:「應死而生曰幸。」案〈先進〉「季康子問弟子」章皇疏云:「孫綽曰:『不應生而生為幸,不應死而死曰不幸。』侃謂此與哀公……。」「侃謂」以下自是皇侃說,則稱引孫綽,專為引「不應生而生為幸,不應死而死曰不幸」二句。又檢《經籍籑詁》,「幸」字訓詁如此義者,即此皇疏中三處,其他經注皆所不見。是可推知〈雍也〉疏言「應死而生曰幸,應生而死曰不幸」者,皇侃實本孫綽也。可見細微至命題之句、訓詁之言,或即因仍前人,此等內容斷不可視為皇侃自說。若不加分辨,遽據此等內容而評論皇侃之學術,則未免太混。因襲猶即肯定,皇侃亦持其說,固然矣。但因襲前人成說之與自創一說,其於撰者自己,意義判然有別,此又今之學者莫不皆有深刻體會者也。

二 科段說及前後對應之理

若然,皇疏竟無皇氏自創之說乎?曰有。

> (引文 4)〈學而〉題疏:「中間講說,多分為科段矣。侃昔受師業,自〈學而〉至〈堯曰〉凡二十篇,首末相次,無別科。」

此乃所謂科段,皇侃表明前所未有。牟潤孫先生〈論儒釋兩家之講經與義疏〉[8]論此事稍詳,曰:

---

[7] 〈檀弓正義〉(見中華書局版《十三經注疏》頁 1284 上)亦見同文,則蓋出皇侃筆,唐臣修《正義》又襲焉。王弼說見《三國志‧鍾會附弼傳》裴注引。

[8] 見牟先生《注史齋叢稿》。

（引文 5）皇氏首言「中間多分科段」，則其講《論語》時分科段之處自當不少。今本「學而時習之」句下疏云：

> 此以下孔子言也，就此一章分為三段。自此至「不亦悅乎」為第一，明學者幼少之時也。學從幼起，故以幼為先也。又從「有朋」至「不亦樂乎」為第二，明學業稍成，能招朋聚友之由也。既學已經時，故能招友為次也。故〈學記〉云「一年視離經辨志，三年視敬業樂群，五年視博習親師，七年視論學取友，謂之小成」，是也。又從「人不知」訖「不亦君子乎」為第三，明學業已成，能為師為君之法也。先能招友，故後乃學成為師君也。故〈學記〉云「九年知類通達，強立而不反，謂之大成」，又云「能博喻然後能為師，能為師然後能為長，能為長然後能為君」，是也。

於全書中，此為最詳細之科分。此下則殊少見。固由《論語》多一二語為一章，無可科分，然何以獨詳於此歟？蓋〈學而〉為首章，講說時首明其例，以括全書，撰述疏時因詳記之，其後隨講隨分，而疏亦不再詳記，其或然歟？

今案：科段之詳細者，似不得獨以〈學而〉首章為最，〈堯曰〉科段亦甚詳繁。曰：

（引文 6）此篇凡有三章。雖初稱「堯曰」，而寬通眾聖，故其章內並陳二帝三王之道也。就此一章中，凡有五重。自篇首至「天祿永終」為第一，是堯命授舜之辭。又下云「舜亦以命禹」為第二，是記者序舜之命禹，亦同堯命舜之辭也。又自「予小子履」至「萬方有罪在朕躬」為第三，是湯伐桀，告天之辭。又自「周

有大賚」至「在予一人」為第四，是明周武伐紂之文也。又自「謹
權量」至章末為第五，明二帝三王，雖有揖讓與干戈之異，而安
民取治之法則同也。又下次「子張問孔子」章，明孔子之德，同
於堯舜諸聖也。上章諸聖所以能安民者，不出尊五美、屏四惡，
而孔子非不能為之，而時不值耳。故師資殷勤，往反論之也。下
又一章「不知命無以為君子也」，此章以明孔子非不能為而不為
者，知天命故也。

案〈堯曰〉一篇最短，而分之三章，且第一章復分五重，不可謂不細也。
《論語義疏》之科段，凡有三層：分篇、分章、章內分段。分篇者，即二
十篇，篇題下皇疏每有論說。如：

（引文 7）
〈學而〉題下皇疏：「以〈學而〉最先者，言降聖以下，皆須學成，
故〈學記〉云『玉不琢不成器，人不學不知道』，是明人必須學乃
成。此書既遍該眾典，以教一切，故以〈學而〉為先也。」
〈為政〉題下皇疏：「〈為政〉者，明人君為風俗政之法也。……
所以次前者，〈學記〉云：『君子如欲化民成俗，其必由學乎。』
是明先學後乃可為政化民，故以〈為政〉次於〈學而〉也。」
〈八佾〉題下皇疏：「此篇明季氏是諸侯之臣，而僭行天子之樂也。
所以次前者，言政之所裁，裁於斯濫，故〈八佾〉次〈為政〉也。
又一通云：政既由學，學而為政，則如北辰；若不學而為政，則
如季氏之惡。故次〈為政〉也。」

案：二十篇分篇，《集解》、鄭注傳本莫或有異，義疏家自不容重作。然則，

分篇科段，主為言篇次之由。是以篇題皇疏每言「所以次前者」。然〈八佾〉題疏言「又一通」，則似非皇侃一人獨為此說，前世或當代亦有人討論篇次之旨者也。又如：

> （引文 8）
> 〈顏淵〉題下皇疏：「所以次前者，進業之冠，莫過顏淵，故〈顏淵〉次〈先進〉也。」
> 〈子路〉題下皇疏：「子路，武為三千之標者也。所以次前者，武劣於文，故〈子路〉次〈顏淵〉也。」

案：〈顏淵〉二十四章，惟首章見顏淵，下二十三章與顏淵無關；〈子路〉三十章，見子路者三，餘二十七章無關於子路。可見皇疏言「所以次前」之理，或偏取篇題為說，非據整章內容。今人見此或謂穿鑿。其實二十篇編次之理，本不可以的知；不言則已，若言之，必通其理。皇侃依據篇題，通其偏理，實未失為一法。皇侃意在通理，後人以實事求是責之，斯過矣。以上，分篇之科段。

分章之科段，上（引文 6）〈堯曰〉皇疏已具〈堯曰〉三章之分，及每章大旨。〈子張〉皇疏之科段與他篇不同：

> （引文 9）〈子張〉首章皇疏：「此篇凡有二十四章，大分為五段，總明弟子稟仰記言行，皆可軌則。第一、先述子張語，第二、子夏語，第三、子游語，第四、曾參語，第五、子貢語。此是第一、子張語，自有二章也。」

此以一篇分為二十四章，而二十四章歸五大段。此分五段，依據客觀形式，

自然而然。但如此，則分篇之下，分章之上，又有合數章為一類之大段，嚴格言之，科段層次當數其四也。

　　章內分段之科段，（引文 5）〈學而〉、（引文 6）〈堯曰〉皇疏已見上。〈學而〉疏云「就此一章分為三段」，〈堯曰〉疏云「就此一章中，凡有五重」者皆是也。又如：

　　　　（引文 10）〈雍也〉「智者樂水」章皇疏：「陸特進曰：此章極辨智仁之分。凡分三段：自『智者樂水，仁者樂山』為第一，明智仁之性。又『智者動，仁者靜』為第二，明智仁之用。先既有性，性必有用也。又『智者樂，仁者壽』為第三，明智仁之功。已有用，用宜有功也。」

始讀此疏，曾以分三段之說，即出陸特進[9]。但下疏或云「云『智者樂水』者，今第一、明智仁之性」，或云「云『智者動』者，此第二、明用也」，或云「云『智者樂』者，第三、明功也」，全據三段之說，為之疏釋。然則非全疏均出陸特進，即分三段之說乃出皇侃。雖不可遽定，蓋當以「凡分三段」以下為皇侃說，陸特進語止「此章極辨智仁之分」一句，似近其實。

　　綜觀諸例，合以皇侃「昔受師業，無別科」之言，則皇疏中科段之說，大抵可以視為皇氏自作。蓋科段本身，為當時習俗，佛學自有其制，施之儒經，《周易正義》亦見其痕跡[10]。而當時講《論語》者，未有詳作科段者。於是皇氏為之，遂為學者所樂聞，此蓋亦皇疏流傳甚廣之一因與。

　　進而論之，皇疏科段之說有一特點，即經文章節或文句前後並列者，

---

[9] 陸特進不詳誰氏。
[10] 竝詳牟、張二先生文。

皇氏務欲言其間條理。如上列（引文 10），經文「智者樂水，仁者樂山；智者動，仁者靜；智者樂，仁者壽」，三段之間本無關係可言，而皇疏傅會性、用、功，遂為前後之條理。〈學而〉首章「學而時習之，不亦悅乎；有朋自遠方來，不亦樂乎；人不知而不慍，不亦君子乎」，三段前後未必有序，而（引文 5）皇疏比附〈學記〉，遂作幼學、招友、為師君之次。其餘（引文 6、7、8）等，皇疏必言所以彼章在前而此章在後之理，皆其例也。而此一特點，實不僅見於科段說而已。如：

（引文 11）〈子罕〉「子絕四：毋意，毋必，毋固，毋我」，皇疏曰：「云『毋意』者，一也。此謂聖人心也。聖人無心，泛若不係舟，豁寂同道，故無意也。云『毋必』者，二也。此謂聖人行化時也。物求則赴應，無所抑必。無所抑必，由無意，故能為化無必也。云『毋固』者，三也。此聖人已應物行化故也。固謂執守堅固也。聖雖已應物，物若不能得行，則聖亦不追固執之。亦由無意，故能無固也。云『毋我』者，四也。此聖人行教，功德成，身退之跡也。聖人晦跡，功遂身退，恒不自異，故無我也。亦由無意，故能無我也。」

四毋本可竝列，而皇疏比附聖人教化為說。聖人體無，故四毋以「毋意」為本。次行教化，應物萬端，為「毋必」；次行教化而不行，則不固執，為「毋固」；次教化功成而身退，為「毋我」。又如：

（引文 12）〈先進〉：「德行，顏淵、閔子騫、冉伯牛、仲弓；言語，宰我、子貢；政事，冉有、季路；文學，子游、子夏。」皇疏云：「侃案：四科次第，立德行為首，乃為可解。而言語次者，

言語，君子樞機，為德行之急，故次德行也。而政事是人事之別，
比言語為緩，故次言語也。文學指博學古文，故比三事為泰，故
最後也。」

此因經文自分四科，皇氏附論次序，實與科段之說並無二致。

皇侃趨向多作次序之說，此據皇侃科段之說推之，蓋可肯定。但反言
之，則次序之說，又不得一概以為皆出皇侃自說。如：

（引文 13）〈述而〉「子以四教：文、行、忠、信」，皇疏：「李充
曰：其典籍辭義謂之文，孝悌恭睦謂之行，為人臣則忠，與朋友
交則信。此四者，教之所先也，故以文發其蒙，行以積其德，忠
以立其節，信以全其終也。」

案：此疏自「發蒙」至「全終」，四教之間，略見次序。雖不得斷定，但
依常情，則當以「此四者」以下亦出李充為近是。又如：

（引文 14）〈泰伯〉「興於詩，立於禮，成於樂」，孔安國注「樂
所以成性也」，皇疏：「王弼曰：『言有為政之次序也。夫喜懼哀樂，
民之自然；應感而動，則發乎聲歌。所以陳詩採謠，以知民志風。
既見其風，則損益基焉，故因俗立制，以達其禮也。矯俗檢刑，
民心未化，故又感以聲樂，以和神也。若不採民詩，則無以觀風；
風乖俗異，則禮無所立；禮若不設，則樂無所樂；樂非禮，則功無
所濟。故三體相扶，而用有先後也。』侃案：輔嗣之言，可思也。
且案〈內則〉明學次第，『十三舞《勺》，十五舞《象》，二十始學
禮，惇行孝悌』，是先學樂，後乃學禮也。若欲申此注，則當云：

先學舞《勺》、舞《象》,皆是舞詩耳。至二十學禮後,備聽八音之
樂和之,以終身成性,故後云樂也。」

王弼論詩、禮、樂之次,詳矣。皇侃大段引錄,竝稱「輔嗣之言可思也」,
蓋贊許之。「且案〈內則〉以下,另立問難之議,謂此經詩、禮、樂之序,
與〈內則〉不符者何?「若欲申此注」以下,乃為調停之說。自明其非通
理,故稱「若欲」,謂不得已為之說,則尚可以通一端之理。答語中見「終
身成性」一句,則其謂「若欲申此注」即據《集解》引孔安國說,非據王
弼可知。蓋皇侃以《集解》為本,王弼說可謂精巧,且不與《集解》相左,
故備錄其說。至後自發答問,則仍以《集解》為本。然則次序之說,王弼
已有範例,皇侃所作方法相同。不同者,蓋王弼等前人偶於其顯著處言之,
皇侃則可言必言,每施此法為常例也。

　　為科段,說次序,其原理一也。然欲為之,必須注意經文前後之對應
關係。於是有如下諸說:

　　(引文 15)〈八佾〉「成事不說,遂事不諫,既往不咎」皇疏:「李
　　充曰:『成事不說而衰黷成矣,遂事不諫而衰謬遂矣,既往不咎而
　　衰政往矣。斯似譏宰我,而實以廣道消之慨,盛德衰之歎。言不
　　咎者,咎之深也。』案李充說,是三事並誡宰我,無令後日復行
　　也。然成、遂、往及說、諫、咎之六字先後之次,相配之旨,未都可
　　見。師說云:『成是其事自初成之時,遂是其事既行之日,既往指
　　其事已過之後也。事初成,不可解說;事政行,不可諫止;事已
　　過,不可追咎也。』先後相配,各有旨也。」

案《序錄疏證》言:「案:皇氏師事賀瑒。『師說』其賀義耶?」今案:「師

說」蓋謂師師相傳之說，非據一師也。如〈王制〉疏：「凡冕之制，……師說以木版為中，以三十升玄布衣之於上，謂之延也。……」（1326下。凡本論文引用注疏，例注中華書局版《十三經注疏》所見頁碼及上中下欄，以便檢覈。文字自不必從中華本。）《曲禮》疏：「師說云：用物穿屨頭為絇，相連為行戒也。」（1240下）等所稱「師說」內容，皆禮學常說，自不可斥謂誰氏之說。若〈郊特牲〉疏：「但魯之郊祭，師說不同：崔氏、皇氏用王肅之說，……。若依鄭康成之說，則……。」（1452下）則據崔、皇、鄭等先儒，泛稱為「師說」。又如昭七《左傳》「《詩》所謂彼日而食」與《毛詩・十月之交》「此日而食」不同，孔疏解謂「師讀不同也」，（2048下）「師」亦泛稱。吳說蓋非也。然皇侃先引李充說，而言依其說，「六字先後之次，相配之旨，未都可見」，是其說未善。遂引「師說」，並稱如此乃「先後相配，各有旨也」。是則「師說」雖非皇氏新作，但仍不妨認定皇侃特重「先後相配」也。又如〈述而〉「志於道，據於德，依於仁，遊於藝」，皇疏：「仁劣於德，倚減於據，故隨事而配之。」亦以相配為說之例。

　　總結本節所論，則一、皇疏全書中，頻見科段之說，可以視為皇侃苦心經營之結果。解經作科段，此法固非皇侃所創。但前人講《論語》，尚無科段，皇侃始作，且為之綦詳。二、皇侃作科段之說，尤注意前後科段間之關係。必欲每言前後關係之理，為之常用傅會之論、一面之理，初不以為病。三、皇疏言經文字句前後關係者，實不限科段之說，而其特點、原理則一也。

三　整理舊說

　　皇疏全書，引用先儒舊說者居半。然則必須於其取捨、編排之跡，探索皇氏之特點，進而知其意之所在。

　　皇侃於《發題》自言謂：

（引文 16）「先通何集，若江集中諸人有可采者，亦附而申之。其又別有通儒解釋，於何集無好者，亦引取為說，以示廣聞也。」[11]

通觀全書，竝存異說，乃其最顯著特點。疏中「一云」、「又一通」、「又一釋」、「一家通」、「一家云」之類，觸目皆是，均所以存異說也。且舉二例：

（引文 17）〈先進〉「季康子問弟子孰為好學」，皇疏：「侃謂：此與哀公，問同而答異者，舊有二通。一云：緣哀公有遷怒貳過之事，故孔子因答以箴之也。康子無此事，故不煩言也。又一云：哀公是君之尊，故須具答；而康子是臣為卑，故略以相酬也。故江熙曰：『此與哀公問同。哀公雖無以賞，要以極對；至於康子，則可量其所及而答也。』」

（引文 18）〈陽貨〉「子之武城，聞弦歌之聲」，皇疏：「但解『聞弦歌之聲』，其則有二。一云：孔子入武城堺，聞邑中人家家有弦歌之響，由子游政化和樂故也。繆播曰：『子游宰小邑，能令民得其可弦歌以樂也。』又一云：謂孔子入武城，聞子游身自弦歌以教民也。故江熙曰：『小邑但當令足衣食、教敬而已，反教歌詠先王之道也。』」

於是知皇侃述「一云」、「一家」之大例，皆經皇侃分析前儒各說，歸納整理，先稱「一云」言一說之要旨，後或引錄前儒原文[12]。上（引文 1）〈公冶長〉疏前言「一家云」，後云「故珊琳公曰」，亦其例耳。當知稱「一云」、

---

[11] 案：「何集」，何晏《集解》；「江集」，江熙《集注》。
[12] 亦有僅見「一云」之說，不具錄先儒原文者。

「一家」者，並非所以乾沒前人，而是與標名引錄某氏原文者，意義有層次之不同。皇疏頻見「一云」、「一家」之類，一往觀之，或嫌氾濫，其實此等處正可見皇侃整理舊說，用心之精、用力之勤，不可等閒視之。

上（引文 17、18）等，皆辨異同而竝存二說，不論是非。其於《集解》猶如此。夫皇疏以《集解》為本，故引述各說，必要辨其與《集解》如何。

> （引文 19）〈公冶長〉「夫子之言性與天道，不可得而聞也已矣」，《集解》「深微，故不可得而聞也」，皇疏：「與元亨合德，故深微不可得而聞也。或云：此是孔子死後子貢之言也。故大史叔明云：⋯⋯。侃案：何注似不如此。且死後之言，凡者亦不可聞，合獨聖乎。」

「或云」言大史叔明說之要點，如上言「一云」之大例。皇侃案之，謂何注雖未明言，但意推之，似當以為生前。且死後之說，不合於理。是仍以《集解》為本。但皇侃亦非惟注是從者。

> （引文 20）〈學而〉「賢賢易色」，皇疏：「今若有人能改易好色之心，以好於賢，則此人便是賢於賢者，故云『賢賢易色』也。又一通云：上賢字，猶尊重也。下賢字，謂賢人也。言若欲尊重此賢人，則當改易其平常之色，更起莊敬之容也。」
> 《集解》引孔安國「言以好色之心好賢則善也」，皇疏：「此注如前通也。」

> （引文 21）〈學而〉「三年無改於父之道，可謂孝矣」，皇疏：「所

以是孝者，其義有二也。一則哀毀之深，豈復識政之是非。故君薨，
世子聽冢宰三年也。二則三年之內，哀慕心事亡如存，則所不忍改
也。」

《集解》引孔安國「孝子在喪哀慕，猶若父在，無所改於父之道
也」，皇疏云：「此如後通也。」

「賢賢」有二解，皇侃明知前說合注；「無改」為孝，有二說，皇侃明言
後通合注。而皆不言是非優劣，竝列二說。可見皇侃雖用心辨析各說是否
合注，但未嘗以合注者即是，不合注即非，而竝列二說。甚至如：

（引文 22）〈學而〉「信近於義，言可復也」，皇疏：「信，不欺也。
義，合宜也。復猶驗也。夫信不必合宜，合宜不必信。若為信近
於合宜，此信之言乃可復驗也。若為信不合宜，此雖是不欺，而
其言不足復驗也。」
《集解》：「復猶覆也。義不必信，信不必義也。以其言可反覆，
故曰『近於義』也。」皇疏：「若如注意，則不可得為向者通也。
言：信不必合宜，雖不合宜，而其交是不欺。不欺，則猶近於合
宜，故其言可覆驗也。」

此例雖亦釋述《集解》義，然其解經文則自與《集解》不牟，初不以不合
注為嫌。又如：

（引文 23）〈憲問〉「高宗諒陰」，《集解》孔安國曰「諒，信也；
陰猶默也」，皇疏：「或呼倚廬為諒陰。或呼為梁闇，或呼梁庵，
各隨義而言之。」

案：「諒陰」、「梁闇」乃聚訟之府。《喪服四制》注云：「諒，古作梁。楣謂之梁。闇讀如鶉鵪之鵪。闇謂廬也。」為鄭學者必從此訓，與偽孔《書》傳及此《集解》引孔注相乖[13]。皇疏此言，暗據鄭說，而不別發議論，僅稱「各隨義而言之」，一筆帶過。皇侃雖以《三禮》之學顯著於世，而態度寬達，無所拘泥，自與賈公彥等專究鄭學者不同。

　　皇疏竝列異說，從不判定孰是孰非，而有評騭優劣者。如：

　　　　（引文 24）〈公冶長〉「未知焉得仁」，注「但聞其忠事，未知其仁也」，皇疏：「李充曰：『子玉之敗，子文之舉。舉以敗國，不可謂智也。賊夫人之子，不可謂仁。』侃案：李謂為不智，不及注也。」

注解「未知」為未知覺，李充解為不明智，皇侃謂李說不如注說之善。

　　　　（引文 25）〈述而〉「弋不射宿」，皇疏：「宿者，夜棲宿之鳥也。宿鳥夜聚有群，易得多，故不射之也。或云：不取老宿之鳥也。宿鳥能生伏，故不取也。此通不及『夜』也。」

或說「宿鳥」為老宿鳥，皇侃謂不如解為夜聚鳥之善。皇疏全書中，言「不及」、「不勝」者屢見，皆一語點評兩說優劣，但都不言何以為優劣。其詳文審評優劣者，如：

　　　　（引文 26）〈述而〉：「子疾病，子路請禱。子曰有諸。子路對曰

---

[13] 《通典》卷八十可見爭論之一端。

有之，誄曰禱爾於上下神祇。子曰，丘之禱之久矣。」《集解》：「禱，
禱請於鬼神也。孔子素行合於神明，故曰丘禱之久矣。」皇疏：「欒
肇曰：『案：說者徒謂無過可謝，故止子路之請；不謂「上下神祇」
非所宜禱也。在禮，天子祭天地，諸侯祈山川，大夫奉宗廟，此
禮祀典之常也。然則「禱爾於上下神祇」，乃天子禱天地之辭也。
子路以聖人動應天命，欲假禮祈福二靈。孔子不許，直言絕之
也。……』侃謂：若案何集，則子路自不達旨，引得舊禱天地之
誄，是子路之失，亦復何傷。若如欒義，則猶是使門人為臣之意
也。然無臣非君，而子路欲此，亦不達之甚，乃得深於請禱之過
耳，幸不須譏此而同彼。不如依何集為是也。」

此段文意難解，仍可見皇侃思慮周詳，而且評欒說不如注說，不斥言欒肇
為誤。

　　（引文 27）〈衛靈公〉「躬自厚而薄責於人」，注「自責己厚，責
　　人薄」，皇疏：「蔡謨曰：『儒者之說，雖於義無違，而於名未安也，
　　何者？以「自厚」者為「責己」，文不辭矣。厚者，謂厚其德也。
　　若自厚其德而不求多於人，則怨路塞。責己之美雖存乎中，然自
　　厚之義不施於責也。』侃按：蔡雖欲異孔，而終不離孔辭。孔辭
　　亦得為蔡之釋也。」

蔡謨浮薄，好譏前人。（引文 1）〈季氏〉疏所引，已見其痛斥「守文」不
達「玄致」之「腐學」，此又輕薄「儒者」。皇侃分析蔡說，謂蔡謨雖欲立
異，注義實可容蔡義。既抑蔡謨之輕議前儒，又不遽斥蔡義為失。此亦可
見皇侃分析之精審、評論態度之寬厚。

皇疏存異說，範圍頗廣。如：

（引文 28）〈里仁〉「觀過斯知仁矣」，注：「小人不能為君子之行，非小人之過也，當恕而無責之。觀過，使賢愚各當其所，則為仁。」皇疏：「殷仲堪解少異於此。殷曰：言人之過失，各由於性類之不同。直者以改邪為義，失在於寡恕；仁者以惻隱為誠，過在於容非。是以與仁同過，其仁可知。觀過之義，將在於斯者。」

此所以廣異聞，存之而已，與上（引文 17、18）等稱「一云」、「一家」，分辨異同者不同。全書中，正解之後，稱名引錄某氏說，並無辨說者甚多，皆此例也。

（引文 29）〈八佾〉：「君子無所爭，必也射乎。揖讓而升下而飲。其爭也君子。」皇疏：「凡情，得勝則自為矜貴。今射，雖多算，當猶自酌酒以飲少算，不敢自高，是君子之所爭也。然釋此者云，於射無爭。非今所安，聊復記之。李充曰……（案：李說凡五十四字）……欒肇曰……（案：欒說凡二百四十五字）……」

皇侃不取「無爭」說，仍云「聊復記之」，備錄李、欒二家「無爭」之說，引錄訖，亦無所評論。是《發題》所謂「以示廣聞」者。

（引文 30）〈公冶長〉首章皇疏：「別有一書，名為《論釋》云：『……（此間公冶長解鳥話之傳奇凡二百七十一字）……』然此語乃出雜書，未必可信；而亦古舊相傳云冶長解鳥語，故聊記之也。」

相傳有說，故不遽棄，亦為「聊記」，例與上同。

　　但皇侃自非求其兼收並蓄、寧濫勿漏者，亦有求簡明，回避詳說之處。

　　　　（引文 31）〈八佾〉「禘自既灌而往者」皇疏：「周禮，四時之外，
　　　　五年之中，別作二大祭，一名禘，一名祫，而先儒論之不同。今
　　　　不具說，且依注梗概而談也。……」

禘祫之說，最為繁難。皇侃精禮學，素所講究，而今講《論語》則避不詳
說。

　　　　（引文 32）〈公冶長〉「千室之邑」，皇疏：「今不復論夏殷，且作
　　　　周法：……」

此言編戶制度夏殷與周異[14]，今不欲煩言，不更論夏殷，僅據周法述說其
制。言「且」，語意與（引文 31）同。〈陽貨〉「性相近」章疏云「情性之
義，說者不同，且依一家舊釋云」，亦如此。皆謂其事異說紛紜，今不詳
論各說，僅據一家，姑且為說而已。

　　　　（引文 33）〈八佾〉「射不主皮」馬融注「天子有三侯，以熊、虎、
　　　　豹皮為之」，皇疏：「天子大射張此三侯，天子射猛虎，諸侯射熊，
　　　　卿大夫射豹也。然此注先言熊者，隨語便，無別義也。」

觀皇侃語，似當時或有議論此注三侯次序者。否則皇侃亦不當言及。今考
三侯次序，杜子春及鄭玄從虎、熊、豹之序，而鄭司農、許慎乃以熊、虎、

---

[14] 即《周禮》與〈王制〉之異。

豹為序。此注馬融以熊、虎、豹為序，實有所本，所傳不同也[15]。然皇侃釋之曰「隨語便，無別義」者，蓋當時學術雖已大備，猶不逮清人之精博，自未有參考先鄭、許慎，知其所傳本不同者。是以賈公彥、孔穎達等皆無言此義。既不知矣，則馬注次序異於鄭注《三禮》，其間無條理可言，強言之，猶無意義。皇侃謂「無別義」，一則言從其實，二則明不拘細節也。

　　皇疏中穿鑿傅會之說極多。考上節所引科段等說，大多出傅會，則皇侃自非不容傅會之說者。且觀如下諸例：

（引文 34）〈泰伯〉「三以天下讓」，皇疏：「其讓天下之位有三跡。范甯曰：『有二釋：一云：泰伯少弟季歷生子文王昌，昌有聖德。泰伯知其必有天下，故欲令傳國於季歷，以及文王。因太王病，託採藥於吳越不反，太王薨而季歷立，一讓也。季歷薨而文王立，二讓也。文王薨而武王立，於此遂有天下，是為三讓也。又一云：太王病而託採藥出，生不事之以禮，一讓也。太王薨而不反，使季歷主喪，死不葬之以禮，二讓也。斷髮文身，示不可用，使季歷主祭禮，不祭之以禮，三讓也。』」

所引范甯「又一云」之說，即傅會之最甚者。直欲傅會〈為政〉「生事之以禮，死葬之以禮，祭之以禮」，不顧大旨滅裂。泰伯事事不得禮，不知何以「可謂至德也已矣」。

（引文 35）〈先進〉「子路使子羔為費宰」章皇疏：「孔子以此語罵子路也。我言子羔學未習熟，所以不欲使之為政。而汝仍云有

---

[15] 詳《周禮·司裘》孫氏正義。

民神亦是學,何必讀書。此是佞辨之辭,故古人所以惡之也。繆協云:『子路以子羔為學藝可仕矣,而孔子猶曰不可者,欲令愈精愈究也。而于時有以佞才惑世,竊位要名,交不以道,仕不由學,以之宰牧,徒有民人、社稷,比之子羔,則長短相形。子路舉此以對者,所以深疾當時,非美之也。夫子善其來旨,故曰「是故惡夫佞者」。此乃斥時,豈譏由乎。』」

繆協說穿鑿,涉玄,與第一節所舉諸例同。皇侃前有通釋,後附繆說,無所評論,即上(引文 28)下所言「正解之後,稱名引錄某氏說,並無辨說」之例。是知皇侃雖容傅會之說,但其間自有輕重之別。

(引文 36)〈先進〉「得冠者五六人,童子六七人」,皇疏:「或云:冠者五六,五六三十人也;童子六七,六七四十二人也。四十二就三十,合為七十二人也。孔門升堂者七十二人也。」

此亦純屬巧說,皇侃但作或說,廣異聞也。

皇侃更有摒棄穿鑿之說者。

(引文 37)〈公冶長〉「子謂南容」章皇疏:「昔時講說,好評公冶、南容德有優劣,故妻有己女、兄女之異。侃謂二人無勝負也。卷舒隨世,乃為有智;而枉濫獲罪,聖人猶然,亦不得以公冶為劣也。以己女妻公冶,兄女妻南容者,非謂權其輕重,政是當其年相稱而嫁。事非一時,在次耳,則可無意其間也。」

案〈先進〉「南容三復白圭」章皇疏稱:「苞述云:南容深味『白圭』,擬

志無玷，豈與『縲絏非罪』同其流致。猶夫子之情，實深天屬；崇義弘教，必自親始。觀二女攸歸，見夫子之讓心也。」斯蓋所謂「昔時好評」之一端。皇侃言「無意其間也」，頗有鄙棄穿鑿之意。但其說「當其年相稱而嫁，事非一時」，實別無憑據，皇侃推論而已。然則皇侃此論，並非所以據事實攻破臆說，而當謂以通理破偏理者。誠可謂不拘細節，議論通達者。

上（引文 14）見王弼有詩、禮、樂次序之說，皇侃更以比於〈內則〉，強通其理。類例如：

> （引文 38）〈顏淵〉「浸潤之譖、膚受之愬不行焉，可謂明也已矣」，《集解》：「鄭玄曰：譖人之言，如水之浸潤，以漸成人之禍也。馬融曰：膚受之愬，皮膚外語，非外其內實也。」皇疏：「如馬意，則謂內實之訴可受；若皮膚外語，虛妄，則謂為膚受也。然馬此注與鄭不類也。若曲曰使相類，則當云：皮膚外語，非內實者。即是膚愬積漸，入於皮膚，非內實也。」

自知不甚通達，故云「若曲曰使相類，則當云……」，與（引文 14）言「若欲申此注，則當云……」同。而皆犀利分析，終通一面之理。

最末言皇侃之文章。上（引文 2）已見皇侃《發題》文多雕飾。而其最甚者，當舉此例：

> （引文 39）〈憲問〉「果哉，末之難矣」皇疏：「……嘗試論之：武王從天應民，而夷齊叩馬，謂之殺君；夫子疾固勤誨，而荷蕢之聽，以為硜硜。言其未達耶，則彼皆賢也，達之先於眾矣。殆以聖人作而萬物都覩，非聖人則無以應萬方之求，救天下之弊。然救弊之跡，弊之所緣。勤誨之累，則焚書坑儒之禍起；革命之

> 弊，則王莽、趙高之釁成。不掊擊其跡，則無振希聲之極致。故
> 江熙曰：『隱者之談夫子，各致此出處不乎。』」

後引江熙，則此文出皇侃手筆，蓋不容疑。而文章雕琢，對仗工整，使人
幾忘此為解經之書。此則一代風氣，或不足為奇，但皇侃似甚，姑且誌此。

四　皇疏引書雜識

　　皇疏引據前儒《論語》注釋，甚為豐富，是以吳承仕云：「何晏所集
七家，並何為八；江熙所集十三家，並江為十四；皇疏所引二十八家，並
皇為二十九：通為五十一。除複重及皇疏不見徵引者，得四十五家。其稱
舊說、或說、又一通、又一說者不在此數。自漢末迄梁，《論語》義具是
矣。」今就皇疏引書，有數事可言。

　　一、皇疏引江熙《集注》所收各家，皆逕稱其名引錄，如「繆播曰」、
「欒肇曰」、「蔡謨曰」、「李充曰」等，不煩言江熙引，例皆見上。然而又
有言「江熙稱或曰」、「江熙稱彥升曰」者[16]。案《發題》列江熙所集十三
家，有「袁弘」字「叔度」，馬國翰以為「袁喬」字「彥叔」之誤。吳承
仕因謂皇疏稱「江熙稱彥升曰」，當即袁喬說，「叔」字譌「升」。皇侃不
知彥叔之即袁喬，故不得稱名，止從江書曰「江熙稱彥升」耳。若然，則
皇侃引書，知其人則逕稱名，不知則從實寫「某稱某曰」，甚有條法。且
經日本人傳抄數百年，未見全亂，殊可珍重。皇疏又有稱「繆協稱袁氏
曰」[17]、「繆協稱中正曰」[18]者，當皆繆協書[19]稱引前人說，因皇侃不知是

---

[16] 並見〈為政〉。
[17] 見〈述而〉。
[18] 見〈泰伯〉。

誰氏，故稱之如此。然皇疏又屢見稱「袁氏曰」者[20]，皇侃亦不知其名也，而逕稱「袁氏」，不言「江熙稱」或「繆協稱」者何？此有二解。一謂本當有「江熙稱」、「繆協稱」等字，傳抄失落而已。又一謂此等實非江熙、繆協等所引，而直就袁氏書引錄者。今謂後一解似近其實。〈子張〉亦見「袁氏注曰：溫，和潤也」一條。皇侃引《論語》舊說，江熙所集外，又有二十八家，其間人物、著書多不見史誌，而袁喬注《論語》不僅見《晉書》，亦見《隋志》著錄。皇侃引之，理所當然。其若如此，則皇侃引袁氏說，所出計有三，曰江熙所引，曰繆協所引，曰袁氏注原本，而皇疏稱名必為分別。經千百年而猶可考見皇氏用語之微，可不珍重哉？此亦可見皇侃參考前人《論語》類書極其廣泛。

　　一、皇侃注意《集解》抄本之不同文字。〈公冶長〉注「節者，栭也。刻鏤為山也」，皇疏云：「又有一本注云『山節者，刻欂櫨為山也』。」〈雍也〉注「言當如祝鮀之佞，而及如宋朝之美」，皇疏云：「一本云『反如宋朝之美也』，通者云：『佞與淫異，故云反也。』」後一例乃前儒即論不同傳本文字，皇侃述之而已，未必親見不同抄本。前者是否出皇侃親見，未可知也。至於鄭注，則皇侃有親見者。疏中稱引鄭注，或曰「鄭玄注」，或曰「鄭注」，或曰「鄭注《論語》」，或曰「鄭康成曰」，亦有言「鄭《論》」本」。而尤可注意者，《雍也》集解引苞氏「孔子為魯司寇」，皇疏：「余見鄭注本云：『孔子初仕魯為中都宰，從中都宰為司空，從司空為司寇也。』」又「孟之反不伐」，集解引孔安國「魯大夫孟之側也」，皇疏：「余見鄭注本：『姓孟，名之側，字之反也。』」獨此二處特言「余見鄭注本」，何也？

---

[19] 繆協無考。（2013 年補注：馬國翰云「書中引『中正』二條，蓋必素所尊敬者」，所謂「書」即繆協書。吳承仕《序錄疏證》以「書」為皇《疏》，論馬說之失，是吳氏誤會馬氏文意，非馬氏之失。）

[20] 見〈子路〉、〈憲問〉、〈子張〉等。

豈謂其餘引鄭注具出傳聞乎？今案：皇氏言「余見鄭注本」，蓋謂所見鄭注或本如此，非謂鄭注正本。何以知之？則所引鄭注，惟獨此二條可疑。案吐魯番新出鄭注[21]，前者云「時孔子仕魯，以原為家邑臣」，後者云「孟之返，魯大夫，名之側」，皇疏所引皆顯然不同。又案〈檀弓〉注云「孔子由中都宰為司空，由司空為司寇」，蓋即前者所本；後者云「姓孟，名之側，字之反」，蓋據真鄭注「孟之返，名之側」臆測言也。其實「孟」為氏，非姓，見哀十一年杜預注，鄭玄殆無異義，後人不知姓氏有別，乃誤耳。然則皇侃所謂「余見鄭注本」，均極庸陋，當非鄭玄原文。蓋淺人偶記備忘之語，傳抄或誤入鄭注者與。清人輯鄭注《論語》，皆逕錄此二條，無所辨別；潘維城知孟之反「孟」非其姓，而稱「鄭君偶誤」，胥未為得。蓋不詳玩皇侃語意之過也。要此可知皇侃親見鄭注《論語》，且不止一本也。

一、〈微子〉首章皇疏三引鄭注《尚書》。一曰：「父師者，三公也。時箕子為之。」二曰：「少師者，大師之佐，孤卿也。時比干為之。」三曰：「微子與紂同母。當生微子，母猶未正，及生紂時，已得正為妻也。故微子大而庶，紂小而嫡也。」案：前二條偽孔傳亦略同，後一條鄭說本《呂氏春秋》。可據偽孔而特引鄭注，可見梁朝亦未嘗專尚偽孔《書》。

一、皇疏多據《白虎通》，而無引《家語》者。案〈為政〉注「所損益，謂文質三統也」，皇疏：「案《大傳》云：『王者始起，改正朔，易服色。』夫正朔有三本，亦有三統，明王者受命各統一正也。朔者，蘇也，革也。言萬物革更於是，故統焉。又《禮・三正記》云：『正朔三而改，文質再而復。』《尚書大傳》云：『夏以孟春為正，殷以季冬為正，周以仲冬為正。』又曰：『夏以十三月為正，色上黑，以平旦為朔；殷以十二月

---

[21] 今據王素先生考錄本。

為正，色尚白，以雞鳴為朔；周以十一月為正，色尚赤，以半夜為朔也。』
《白虎通》云：『王者受命，必改正朔者，明易姓，示不相襲。明受之於
天，不受之於人，所以變易民心，革其耳目以化。』又云：『……（此間述
三正之由，共八十九字）……』又云：『……（此間述改正義，共八十六字）……』
三統之義如此。」此大段論述三統之義，所引有《大傳》、《禮·三正記》、
《尚書大傳》、《白虎通》，而引錄《白虎通》特詳。其實，所引《大傳》、
《禮·三正記》、《尚書大傳》莫不皆出《白虎通》，先後錯綜次序，抽錄
之而已。是皇疏論三統之義，前後凡三百五十餘字，全據《白虎通》，無
所旁考也。又〈八佾〉「哀公問社」章皇疏：「然夏稱『后氏』，殷周稱『人』
者，《白虎通》曰：『夏以揖讓受禪為君，故褒之稱「后」。后，君也。又
重其世，故「氏」係之也。殷周以干戈取天下，故稱「人」也。』《白虎
通》又云：『夏得禪授，是君與之，故稱「后」也。殷周從人民之心而伐
取之，是由人得之，故曰「人」也。』案〈檀弓〉疏亦引《白虎通》，與
此大同，蓋出皇侃筆；至〈祭法〉疏引熊安生說，則說同而不言《白虎通》。
皇侃重用《白虎通》，與劉炫之輕視《白虎通》[22]正成對比。又〈子路〉「正
名」章皇疏引《韓詩外傳》：「孔子侍坐季孫，季孫之宰通曰：君使人假馬，
其與之不乎？孔子曰：君取臣謂之取，不謂之假。季孫悟，告宰通曰：今
日以來，云君有取謂之取，無曰假也。故孔子正假馬之名，而君臣之義定
也。」案〈玉府〉疏引王肅說及〈鄉飲酒〉疏，均見引用《家語》，內容
與此同。何注《公羊》亦有此說，而其疏言出《家語》。又考皇疏全書無
一稱引《家語》，是疑南朝未行《家語》，而有《白虎通》、《韓詩外傳》等
可以據用，無《家語》猶無礙也。

　　一、皇疏博考前人《論語》注書，偶爾引錄《白虎通》、《韓詩外傳》

---

[22] 詳下第二章。

等，而除此以外，皇疏引書可謂絕少。如〈公冶長〉「左丘明恥之」皇疏：
「范甯曰：藏怨於心，詐親於形外。揚子《法言》曰：友而不心，面友也，
亦丘明之所恥。」引揚子者蓋范甯，非皇也。又〈雍也〉「仲弓曰：居簡
而行簡，無乃大簡乎」，皇疏：「虞喜曰：《說苑》曰：孔子見伯子，伯子
不衣冠而處。弟子曰：夫子何為見此人乎？曰：其質美而無文繁，吾欲說
而文之。孔子去，子桑伯子門人不悅，曰：何為見孔子乎？曰：其質美而
文繁，吾欲說而去其文。故曰：文質修者謂之君子，有質而無文謂之易野。
子桑伯子易野，欲同人道於牛馬。故仲尼曰：大簡無文繁，吾欲說而文之。」
考今本《說苑》，末句作「故仲弓曰大簡」。蓋虞喜用孔子答弟子語，接「大
簡」之下，遂改「仲弓」為「仲尼」，雖為造作，無妨大義。然則引虞喜
說猶即引《說苑》，無以異矣，而皇侃不引《說苑》。又如〈學而〉皇疏引
「許氏《說文》云『開口吐舌謂之為曰』」，竟不類《說文》語，當不可謂
皇侃所見《說文》如此，蓋皇侃得之傳說而已。〈公冶長〉「吾與汝弗如也」
皇疏：「秦道賓曰：『《爾雅》云：「與，許也。」仲尼許子貢之不如也。』」
今本《爾雅》無「與，許」之訓。此亦皇侃未檢原書，僅襲前儒傳說也。
此等可見皇侃未嘗親為考索群書也。

　　一、余嘉錫先生《讀已見書齋隨筆》第一條論「引書記書名卷數之始」，
引汪遠孫《借閒隨筆》曰：「頃閱梁皇侃《論語疏》卷七『子謂衛公子荊』
節云：『事在《春秋》第十九卷襄公二十九年傳也。』是卷引《春秋傳》
凡七處，皆記卷數。卷十『雖有周親』節云：『《尚書》第六〈泰誓中〉文。』
則六朝已有之矣。」余先生謂：「《提要》及余蕭客以為始於唐人，汪氏謂
已見於六朝，可謂愈推愈密矣。」今案：《十三經》注疏絕無此例，且《春
秋》經傳，言何公何年足矣，必言卷第則千古未見其例。又考皇侃檢書不
勤，則此等必非出皇侃，殆無疑義。蓋出日本學人備忘記之與。待日後查
諸抄本。

要之，皇疏參考研討《論語》類諸書，廣泛周詳，而其餘各類書籍則絕少參考引用。

五　結論

本章第一節見魏晉以來作玄學、佛學之說者太多，皇侃承在其後，當何所作為？由第二、第三節所述，可知皇侃所作乃廣蒐舊說，分析討論，整理而集其大成。而其整理方法自見特色，一言蔽之，當云「通」也。廣存異說，不拘一格，即與注乖，或涉荒誕，存而錄之；或論說涉煩雜，無關要旨，則置之不論，不汲汲議論，亦不尚知識之多，以查檢群書為末事，此皆可見態度之曠達。竝列異說，詳細分析，歸納分類，辨其異同，而不欲以是非斷論；又或前後條理難以覓見，或彼此矛盾難以會合，仍試以一邊之理，及用傅會之法，而必欲為之通釋，是惟理是求，思考之精闢。然此等特點，正與牟潤孫先生所論南朝談辨之學符合[23]。牟先生論述主據史籍。今經研究《論語義疏》編撰方法而得此結論，若合符節，豈非所以互相印證者也。又如皇侃考論精審，追求通理，而且常用一邊之理、傅會之說者，牟世金先生云「玄學家追求的『勝理』，並不以儒道佛的至理為準則，可以不顧原意，也可以超越甚至違反原意」[24]，亦正可為其說解。然而，皇疏之所以特見重於世者，殆在其「勤」乎。皇侃參考前儒著書，雖祇限《論語》類，可謂網羅殆盡；評析前儒各說，細微必辨，章章具備；科段說之類，亦必施之全書：若此則前世諸儒固所不及，獨皇侃能為之，是為可貴。不然，則參考前儒、評析異說、為之科段，當時學者其誰或不

---

[23] 參考牟先生〈論儒釋兩家之講經與義疏〉、〈論魏晉以來之崇尚談辯及其影響〉、〈從唐代初期的政治制度論中國文人政治之形成〉、〈唐初南北學人論學之異趣及其影響〉四篇，均見《注史齋叢稿》收錄。

[24] 見牟先生《文心雕龍研究》第一章第三節。

解也。必也在其勤，功力貫穿全書，考索全面，始可成此集大成之業，為世所重也。

　　2013 年補注：最近蒙影山輝國老師就本章所論皇侃科段說有所指正，大旨謂《論語義疏》之科段說不得認為皆出皇侃創說，并具體指正本章理解皇疏之誤。其一，（引文 4）〈學而〉疏「中間講說，多分科段」，筆者曾從（引文 5）牟潤孫說，謂「中間」猶言「書中」。影山老師指出何晏序云「中間為之訓解，至于今多矣」，皇侃疏「中間謂苞氏、孔、周、馬之徒」，故日傳皇疏抄本於〈學而〉疏「中間講說」字旁有注，或云「漢以來」，或云「漢魏」，或云「苞氏、周、馬之間」。然則「中間講說，多分科段」，猶謂皇侃以前學者往往分科段。今案：除《集解》所引外，皇侃當未見苞氏、周、馬等之訓解，「中間講說」不宜包含苞氏、周、馬等早期學者，然「中間」或可作為時間理解，確有可能。其二，（引文 10）〈雍也〉疏之科段說，筆者曾因下文皆據此科段進行疏解，故疑出皇侃。影山老師謂此科段說當出「陸特進」，其下「今第一，明智仁之性，此明智性也」以下為皇說。唯因根本氏刊本於「今第一」上加入標題「云智者樂水者」，割裂上下文，使人不易察覺上引「陸特進」說，「今第一」以下皇侃自說之邏輯關係。此說頗有道理。詳見《斯文》一二二號（2013 年 3月）載〈皇侃與科段說——『論語義疏』を中心に〉一文。影山老師讀書精細，筆者常受教益，記此補充。

第二章

二劉學術風貌

一　劉文淇分析劉炫說

　　劉焯、劉炫為隋之大儒，影響唐初學術極深廣。然二劉之書均已亡佚，祇得就唐人《五經正義》推測其說。今為考見二劉學術之大要，清人自有各家輯本，又如陳熙晉《春秋述義拾遺》，千年之後仍欲與孔穎達商榷得失者，雖可參考，終不如劉文淇《左傳舊疏考正》之就孔疏剖析舊疏體例，切合實用，啟發後人者。《五經正義》稱名引二劉說者寥寥無幾，今欲討論其學術，必須辨識二劉說與《五經正義》之關係。辨識二劉說與《五經正義》之關係，即以檢討劉文淇說為首務。劉文淇書依經文次序逐條為說，且有前後矛盾之處。本節整理評述劉文淇說。

　　劉文淇自序云：「世知孔沖遠與諸儒刪定舊疏，非出一人之手；又永徽中就加增損，書始布下，知非孔氏之舊。至於舊疏原文與夫孔沖遠等所刪定、于仲謐等所增損者，雖復覺其蹖駁，概謂無跡可尋。近人有以〈舜典〉、〈武成〉、〈呂刑〉疏中每引『大隋』，謂非唐人之語。然僅此孤證，於全書體例未嘗細為區分。」所謂近人之說，見王鳴盛《尚書後案》[1]、錢大昕《潛研堂答問》。是乾嘉諸儒未有致力分析孔疏體例，辨別每條疏文之為出劉炫，抑出孔穎達也。[2]可見劉文淇為《考正》實屬創義，自當

---

[1] 《蛾術編》刊本後出，劉氏或未及見。是以劉毓崧續撰《尚書舊疏考正》即引《尚書後案》。

[2] 案：劉文淇自序署時嘉慶二十五年。

敬重。

《左傳正義》固有明引劉炫說者，但在少數。是以劉文淇以為：「唐人既據光伯[3]為本，而疏中引光伯說，除規過百餘條外，僅亦有百數十條。豈有據以為本之書，而所徵引者寥寥若此乎。唐人將劉炫姓名削去耳。」[4]更進而謂：「唐人所刪定者，僅駁劉炫說百餘條，餘皆光伯《述議》也。」[5]今欲辨識疏文之出劉炫或唐前諸儒也，抑出孔穎達等唐人也，必須為之分析考定。疏中見有「今讚曰」、「今刪定」、「今知不然者」、「今以為」諸語，是出孔穎達等編《正義》者評審舊說，則其前所述乃出唐前舊疏，可以無疑。至其餘，乃待分析疏文內容。

有其平明易識者，如王鳴盛等言疏中見「大隋」語，當出隋人，非唐人語，一望即知。又如劉文淇自序云：

（引文 1）文十三年傳「其處者為劉氏」疏：「討尋上下，其文不類，深疑此句或非本旨。蓋以為漢室初興，捐棄古學，《左氏》不顯於世，先儒無以自申。劉氏從秦從魏，其源本出劉累，插注此辭，將以求媚於世。」此疏未著何人之說，無以知為光伯語。及檢襄二十四年傳「在周為唐杜氏」疏云：「炫於『處秦為劉』，謂非丘明之筆；『豕韋』、『唐杜』，不信元凱之言。」則前疏為光伯語，顯然可見。

劉文淇參考前後，據後疏明稱劉炫名，知前疏亦出劉炫，是「顯然可見」者。又如：

---

³ 案：劉炫字光伯。
⁴ 見《左傳舊疏考正》隱十一年條。
⁵ 見《左傳舊疏考正》自序。

（引文 2）

襄二十九年「為之歌〈頌〉」，杜注「〈頌〉者，以其成功告於神明」，
《正義》：「成功者，營造之功畢也。天之所營在於命聖，聖之所營在於
任賢，賢之所營在於養民。民安而財豐，眾和而事濟，如是則司牧之功
畢矣，故告於神明也。劉炫又云：干戈既戢，夷狄來賓，嘉瑞悉臻，
遠近咸服，群生遂其性，萬物得其所，即成功之驗也。……」（2007 下）

《毛詩‧關雎序》「〈頌〉者，以其成功告於神明者也」，《正義》：
「成功者，營造之功畢也。天之所營在於命聖，聖之所營在於任賢，賢
之所營在於養民。民安而財豐，眾和而事節，如是則司牧之功畢矣。干
戈既戢，夷狄來賓，嘉瑞悉臻，遠邇咸服，群生盡遂其性，萬物各得其
所，即是成功之驗也。……」（272 下）

《左傳》疏與《毛詩》疏文義全同，惟一二語詞不同而已。劉文淇於自序
舉此例，言：「據《詩疏》知此疏皆光伯語，據此疏知《詩疏》皆非沖遠
筆也。」《毛詩》、《左傳》二疏均以劉炫《述議》為藍本。今此兩段相同，
《詩》疏全不見劉炫名，而《左傳》疏見之，是知《詩》疏文亦出劉炫。
但《左傳》疏前半不言出誰氏，而《詩》疏與後半聯貫，中間無所分割，
是知前半亦出劉炫。此乃《左傳》、《毛詩》二疏相較，因其文同，且有劉
炫名，知上下皆出劉炫，亦「顯然可見」之類。又如劉文淇子毓崧續撰《尚
書舊疏考正》，據《新唐書‧曆志》引劉炫說，論《尚書‧允征》正義中
語義相同者當出劉炫，亦屬「顯然可見」之類。
　　又有疏文內容前後矛盾，則知其不當均是孔穎達等自為之說。如：

（引文 3）

桓五年「始殺而嘗」，杜注：「建酉之月，陰氣始殺，嘉穀始熟，故薦嘗於宗廟。」《正義》：「哀十三年，子服景伯謂吳太宰曰：『魯將以十月上辛有事於上帝、先公，季辛而畢。』彼雖恐吳之辭，亦是八月嘗祭之驗也。何則？……知十月是嘗祭之常期，周之十月是建酉之月也。」（1749 上）

哀十三年《正義》云：「周之十月，非祭上帝、先公之時，且祭禮終朝而畢，無上辛盡於季辛之事。景伯以吳信鬼，皆虛言以恐吳耳。」（2172 上）

桓五疏以為建酉夏八月即周十月為嘗祭之常期，哀十三疏以為周十月非其時，兩說乖違，劉文淇即謂「非一人之筆也」。今案劉說理則然也，但就此例言，桓五疏專為討論嘗祭時節，論之頗詳[6]，至哀十三疏則主為言景伯虛言，十月非其時，說之甚簡略，則或出一時疏忽，有未可知者。至若：

（引文 4）

莊二十二年疏：「此傳『鳳凰于飛』下盡『莫之與京』，襄十年傳稱衛卜禦寇，姜氏問繇曰『兆如山陵，有夫出征，而喪其雄』，哀九年傳稱晉趙鞅卜救鄭，遇水適火，史龜曰『是謂沈陽，可以興兵，利以伐姜，不利子商』，三者皆是繇辭，其辭也韻。則繇辭法當韻也。郭璞撰自所卜事，謂之《繇林》，其辭皆韻，習於古也。」（1775 上）

哀十七年「衛侯貞卜，其繇曰：『如魚窺尾，衡流而方羊裔焉，大

---

[6] 即引文省做……處。

國滅之將亡。闔門塞竇，乃自後踰。』」疏：「劉炫以為卜繇之辭，
文句相韻，以『裔焉』二字宜向下讀之。知不然者，《詩》之為體，
文皆韻句；其語助之辭，皆在韻句之下。……（中間舉例今略）……
此之『方羊』與下句『將亡』自相為韻，『裔焉』二字為助句之辭。
且繇辭之例，未必皆韻。……（中間舉例今略）……是或韻或不韻，
理無定準。劉以為『裔焉大國』謂土地遠焉之大國，近不辭矣。
又以『方羊』為縱恣之狀而規杜過，非也。」（2179下）

莊二十二疏云「繇辭法當韻」，而哀十七疏則云「繇辭之例，未必皆韻」，
正相矛盾。是以劉文淇謂莊二十二疏「非唐人筆也」。但莊二十二疏說與
哀十七所述劉炫說同，則進而推論莊二十二疏蓋出劉炫，未必為過。

又有一段疏文前後文意重複，可知非出一人之筆者。

（引文 5）
隱三年經「八月庚辰，宋公和卒；冬十有二月，癸未，葬宋穆公」，
杜注：「始死書卒，史在國承赴，為君故，惡其薨名，改赴書也。
書葬則舉諡稱公者，會葬者在外，據彼國之辭也。」《正義》云：
「諸侯曰薨，禮之正名。魯史自書君死曰薨，若鄰國亦同書薨，
則與己君無別。國史自在己國，承他國赴告，為與己君同，故惡
其薨名，雖赴稱薨，皆改赴書卒，略外以別內也。
至於書葬，則五等之爵，皆舉諡稱公者，會葬者在於國外，據彼
國之辭。彼國臣子稱君曰公，書使之行，不得不稱公也。
又，云『惡其薨名，改赴書』者，《釋例》曰：『天子曰崩，諸侯曰薨，
大夫曰卒，古之制也。《春秋》所稱，曲存魯史之義。內稱公而書
薨，所以自尊其君，則不得不略外，諸侯書卒以自異也。至於既

葬，雖邾許子男之君，皆稱謚而言公，各順臣子之辭，兩通其義。』
是其說也。」（1722 中）

劉文淇云：「『又云惡其薨名，改赴書者』以上，既將杜注『惡其薨名改赴
書』及『會葬據彼國之辭』，全行改訖，不應又重舉『惡其薨名改赴書』
一句解之。所釋雖引《釋例》，然上疏亦用《釋例》之意，何必重疊其辭。
此必異人之說。……經永徽中刪削，無以考其姓名，然必非唐人語也。」
又如：

（引文 6）
桓二年「宋督弒其君與夷及其大夫孔父」，注「孔父稱名者，內不
能治其閨門，外取怨於民，身死而禍及其君」《正義》：
「宣四年傳例曰：『弒君，稱君，君無道也；稱臣，臣之罪也。』
故知稱督，以弒罪在督也。諸言父者，雖或是字，而春秋之世，
有齊侯祿父、蔡侯考父、季孫行父、衛侯林父，乃皆是名。故杜
以孔父為名。文七年『宋人殺其大夫』，傳曰：『不稱名，眾也，
且言非其罪也。』不名者非其罪，則知稱名者皆有罪矣。
杜既以孔父為名，因論為罪之狀：『內不能治其閨門』，使妻行於
路，令華督見之；『外取怨於民』，使君數攻戰而國人恨之；『身死
而禍及其君』。故書名以罪孔父也。《釋例》曰：『……（引《釋例》
凡一百三十六字）……』是以孔父行無可善，書名罪之也。
案：《公羊》、《穀梁》及先儒，皆以善孔父而書字。知不然者，案
『宋人殺其大夫司馬』，傳稱『握節以死，故書其官』；又『宋人
殺其大夫』，傳以為無罪不書名。今孔父之死，傳無善事，故杜氏
之意，以『父』為名。言若齊侯祿父、宋公茲父之等。『父』既是

名，『孔』則為氏。猶仇牧、荀息被殺，皆書名氏。蓋孔父先世以孔為氏，故傳云『督攻孔氏』也。婦人之出，禮必擁蔽其面。孔父妻行，令人見其色美，是不能治其閨門。及殤公之好攻戰，孔父須伏死而爭，乃從君之非，是取怨於百姓，事由孔父，遂禍及其君。似公子比劫立，加弒君之罪。杜君積累其惡，故以書名責之。劉君不達此旨，妄為規杜，非也。」（1740 中）

案：此疏「是以孔父行無可善，書名罪之也」以上皆述杜注之說。「案《公羊》、《穀梁》及先儒，皆以善孔父而書字」，言有異義，而其下為駁說，更述杜說。然前後述杜之說，顯為重複，是以劉文淇云：「若非異人之說，則所引『宋人殺其大夫』傳、『齊侯祿父』之等，與所謂『內不能治閨門，外取怨於民』，不應重言疊見矣。」又參疏末言「劉君不達此旨」，則知「『皆以善孔父而書字』以上為光伯語，『知不然者』以下乃唐人駁劉之辭」。

又有上下語意聯貫，可知其所出者。

（引文 7）

桓三年經「三年春正月」，杜注「經之首時必書王，明此曆天王之所班也。其或廢法違常，失不班曆，故不書王。」《正義》：

「桓公元年、二年、十年、十八年凡四年，於春有王；九年春，無王無月；其餘十三年，雖春有月，悉皆無王。《穀梁傳》曰：『桓無王，其曰王何也？謹始也。其曰無王何也？桓弟弒兄，臣弒君，天子不能定，諸侯不能救，百姓不能去，以為無王之道，遂可以至焉爾。元年有王，所以治桓也。』二年有王，『正與夷之卒也』。十年有王，『正終生之卒也』。十八年書王，范甯注云：『此年書王，以王法終治桓之事。』先儒多用《穀梁》之說。賈逵云：『不書王，

弒君、易祊田、成宋亂,無王也。元年治桓,二年治督,十年正曹伯,十八年終始治桓。』杜以正是王正,曆從王出,故以為王者班曆,史乃書王,明此曆天王之所班也。其或廢法違常,失不班曆,則諸侯之史不得書王。言此十三年無王,皆王不班曆故也。

劉炫規過云:然天王失不班曆,經不書王,乃是國之大事,何得傳無異文?

又昭二十三年以後,王室有子朝之亂,經皆書王,豈是王室猶能班曆?又襄二十七年再失閏,杜云『魯之司曆頓置兩閏』。又哀十三年十二月螽,杜云『季孫雖聞仲尼之言,而不正曆』。如杜所注,曆既天王所班,魯人何得擅改?

又子朝奔楚,其年王室方定,王位猶且未定,諸侯不知所奉,復有何人尚能班曆?昭二十三年秋乃書『天王居於狄泉』,則其春未有王矣。時未有王,曆無所出,何故其年亦書王也?若春秋之曆必是天王所班,則周之錯失,不關於魯,魯人雖或知之,無由輒得改正。襄二十七年傳稱『司曆過,再失閏』者,是周司曆也?魯司曆也?而杜《釋例》云:『魯之司曆始覺其謬,頓置兩閏,以應天正。』若曆為王班,當一論王命,寧敢專置閏月,改易歲年?哀十二年十二月螽,仲尼曰:『火猶西流,司曆過也。』杜於《釋例》又云:『季孫雖聞此言,猶不即改。明年復螽,於是始悟,十四年春乃置閏,欲以補正時曆。』既言曆為王班,又稱魯人輒改,改之不憚於王,亦復何須王曆?

杜之此言,自相矛楯,以此立說,難得而通。……

今刪定:……劉君不尋此旨,橫生異同,以規杜過,恐非其義也。」

(1746 上)

此疏論《春秋》經文,桓公十八年中有十四年不書王之事。先述《穀梁傳》、賈逵等桓公無王道之說,次述杜預王不班曆之說。次稱「劉炫規過云」,以下為劉炫駁杜說。劉炫說甚詳析,而「又子朝奔楚」以下則所以更詳論前「又昭二十三年以後」以下一段而已,所言事一也。總結言「杜之此言,自相矛楯」,謂此桓三年注乃與哀十三年注、《釋例》等相為矛盾。「今刪定」以下則孔穎達等反駁劉說之辭。劉文淇謂「此云『然天王失不班曆』,『然』者承上文而言之,非發端之語詞也」,以為「今刪定」以上,本皆劉炫文,惟經「唐人橫加『劉炫規過云』五字」,分割兩段,一似前半述《穀梁傳》、賈逵無王道說,及述杜注王不班曆之說者出於唐人《正義》,獨規杜之說乃出劉炫。其實劉炫先述《穀梁》等先儒義及杜注義,後始駁杜說,故有「然」字其間也。又如:

(引文 8)

文元年「履端於始,舉正於中,歸餘於終」,注「步曆之始,以為術之端首。期之日,三百六十有六日;日月之行,又有遲速,而必分為十二月,舉中氣以正月。有餘日則歸之於終,積而為閏,故言歸餘於終。」《正義》:「日月之行,有遲有速。日行遲,月行速。凡二十九日過半,月行及日,謂之一月。過半者,謂一日於曆法分為九百四十分,月行及日,必四百九十九分,是過半二十九分。今一歲氣周,有三百六十五日四分日之一。其十二月一周,唯三百五十四日,是少十一日四分日之一未得氣周。細而言之,一歲止少弱十一日。所以然者,一月有餘分二十九,一年十二月,有餘分三百四十八。是一歲既得三百五十四日,又得餘分三百四十八。其四分日之一,一日為九百四十分,則四分日之一為二百三十五分。今於餘分三百四十八內,取二百三十五以當卻四分日

之一，餘分仍有一百一十三。其整日唯有十一日，又以餘分一百
一十三減其一日，九百四十分唯有八百二十七分。是一年有餘十
日八百二十七分，少一百一十三分不成十一日也。

劉炫云：則一歲為十二月，猶有十一日有餘未得周也。分一周之日
為十二月，則每月常三十日餘。計月及日為一月，則每月唯二十
九日餘。前朔後朔相去二十九日餘，前氣後氣相去三十日餘，每
月參差，氣漸不正。但觀中氣所在，以為此月之正，取中氣以正
月，故言舉正於中也。月朔之與月節，每月剩一日有餘，所有餘
日歸之於終，積成一月則置之為閏，故言歸餘於終。」（1837 上）

劉文淇亦謂此疏全出劉炫，唐人橫加「劉炫云」三字而已，故云：「前則
舊疏原文，光伯承舊說而申明之。『則』者承上之辭，若前為唐人語，光
伯豈反申明其說乎。」意謂「劉炫云」以上原為劉炫所引先儒之說，劉炫
承之而自為之說，故稱「則」以示承上文。唐人橫加「劉炫云」，而仍留
「則」字，則文意割裂，「則」無所承矣。今案：上說十二月於一年少十
一日四分日之一，其實少十日八百二十七分，不足十一日也。然則劉炫說
「猶有十一日有餘未得周」，仍據少十一日四分日之一，是據其大概之說，
未嘗全承上說之詳。劉文淇必謂「光伯承舊說而申明之」，未知得否，但
合上（引文 7）等諸例觀之，又頗似或然。止得謂蓋然也，而猶不可必。
以上劉文淇分析疏文，辨識劉炫舊說之法。（2013 年補注：「劉炫云則」四字，
筆者後有新解，以為「劉炫云」猶言「劉炫說」。請參看札記「云曰當名詞解」，見 2009
年北京大學出版社出版《儒家典籍與思想研究》第一輯所載拙文《基於文獻學的經學史研
究》。）

　　劉文淇於疏中辨別說之出劉炫者與其出孔穎達等者，識之既多，心有
所得，近乎知孔穎達等編書之大概以及劉炫《述議》之體例。

（引文 9）

襄公二十五年「齊人以莊公說」，杜注「以弒莊公說晉也」，疏：「正
義曰：**劉炫云：**杜意晉謀伐齊，齊人乃弒莊公以說晉也。炫謂莊公
死後，晉始謀伐齊。齊人以莊公伐晉，晉欲報伐莊公，既以此說
晉。言晉讎既死，今新君服從晉也。」

又「男女以班，賂晉侯以宗器、樂器」，疏：「正義曰：**劉炫云：**哀
元年『蔡人男女以辨』，與此同。杜意男女分別，將以賂晉也。炫
謂男女分別，示晉以恐懼服罪，非以為賂也。」

又「及處守者皆有賂」，杜注「皆以男女為賂」，疏：「正義曰：杜
以上句『男女以班』與『賂』連文，故云：『皆以男女為賂。』劉
炫以為男女以班，示降服於晉。有賂者皆有貨財賂之，非以男女為
賂。與杜異也。」（1984 中）

此疏凡三段，前二者皆迻引劉炫文為說，先述「杜意」，後稱「炫謂」即
其駁杜之說。劉文淇說：「此光伯《述議》規杜過者。據此知光伯《述議》
有先申杜意而後駁之者。又，凡疏中言『劉炫規過云』者，『規過』二字
乃唐人所加，非光伯本文，亦據此類可知。」據此，則後一段亦當與前二
段同例，而唐人不更標「劉炫云」，「炫謂」改為「劉炫以為」爾。要之，
此劉文淇言劉炫《述議》之體例，先述杜意，後始駁之；而孔穎達等編撰，
或沒劉炫名，或改「炫謂」為「劉炫規過云」等。如上（引文 7）桓三年
疏，劉文淇以為「劉炫規過云」以上亦即劉炫說，上下聯貫讀之，則先述
杜義，後駁杜說，正合此例。又如：

（引文 10）

僖公十年「遂殺丕鄭、祁舉及七輿大夫」，杜注「侯伯七命，副車七乘」，疏：「正義曰：《周禮・大行人》云『侯伯七命，貳車七乘』，貳即副也。每車一大夫主之，謂之七輿大夫。服虔云：『下軍之輿帥七人，屬申生者。』襄二十三年下軍輿帥七人。往前申生將下軍，今七輿大夫為申生報怨，欒盈將下軍，故七輿大夫與欒氏。炫謂服言是。」（1802 上）

襄二十三年「唯魏氏及七輿大夫與之」，杜注「七輿，官名」，疏：「正義曰：僖十年傳言『七輿大夫』，杜云『侯伯七命，副車七乘』，謂副車每車有一大夫主之。則此『七輿大夫』，杜亦為主副車之官也。劉炫云：『若是主公車，則當情親於公，不應曲附欒氏。服虔云「下軍輿帥七人」。炫謂服言是。』」（1976 上）

劉文淇就僖十年疏言：「此光伯《述議》語。光伯先引《大行人》以申杜氏，又引服虔說，謂服言為是，以規杜過。」意謂全疏皆出劉炫《述議》，而《述議》之例，先述杜說，後為駁說。襄二十三年疏亦如此，惟中間猶見「劉炫云」為少異耳。

至謂孔穎達等編定之體例，則多乾沒劉炫名以及劉炫規杜例必反駁，皆見上（引文 1、2、6、7）等外，[7]其最要者，襄二十九年傳「為之歌〈小雅〉」，疏與《毛詩・關雎序》疏文大同，例同上（引文 2），劉文淇乃曰：「孔沖遠作《五經正義》，彼此文義相同，原無足怪。惟是《詩》、《書》、《左傳》據劉炫為本，三疏多有同者；《易》、《禮》不據光伯，遂無一同者：是可疑也。」劉文淇自注云：「昭四年傳『四嶽三塗』疏與《詩・崧

---

[7] （引文 9、10）等劉炫非杜而孔無反駁處，劉文淇皆有解釋，不足為疑。

高》疏同三百餘字,昭七年傳『則自取謫於日月之災』疏與《詩‧十月之交》疏同百餘字,昭十三年傳『使諸侯歲聘以志業』疏與《尚書‧周官》疏同五百餘字,昭二十八年傳『詩曰唯此文王帝度其心』與《詩‧皇矣》疏同五百餘字。」劉文淇意謂,其當俱出劉炫舊文,始可有《詩》、《書》、《左傳》疏文字相同者。反言之,三疏文字相同者,即可疑其為劉炫舊文也。今案:其祇可疑而不可必者,自容有二疏同據他書者。如《儀禮》賈疏與《禮記》孔疏亦有大段同文之例,則所據舊疏既非出一人,[8]自當以為所據舊疏之外別有一書,為二疏各皆因襲。以上劉文淇推論劉炫《述議》體例及孔穎達等編正義之大例。

劉文淇分析《正義》,實屬草創,《考正》一書雖多精義,仍有論之未得其的者,甚或有劉文淇前後論旨不同者,不得不做分別觀。曾為條記辨證劉文淇具體考證之失誤,今不更論,僅就有關孔疏與二劉說之關係者稍作辨析。

劉文淇依據孔穎達〈正義序〉更為推論,而其說頗有可疑者。劉文淇自序言「今一依孔氏序例,細加析別」,是劉文淇立論以孔氏〈正義序〉為本。

（引文 11）
莊六年傳「夫能固位者,必度於本末而後立衷焉」,疏:「正義曰:君子……言文王子孫本幹枝葉,適子庶子皆傳國百世,由文王之德堪使蕃滋故也。劉炫云:度其本,謂思所立之人有母氏之寵,有先君之愛,有彊臣之援,為國人所信服也。度其末,謂思所立之人有度量,有知謀,有治術,為下民所愛樂也。」(1764 下)

---

[8] 賈疏以黃慶、李孟悊為本,孔疏以皇侃、熊安生為本,互不相涉。

劉文淇謂：「此光伯《述議》語。前則舊疏原文，光伯解『度其本
末』與舊疏異。若為唐人之筆，不當引劉說以自駁；即引之，亦
宜在前而駁正之。今劉說在後，又無駁難，故知前為舊疏也。知
非唐人先言己意而引劉說在後別為一解者，孔序：『據劉炫為本，
其有缺漏以沈氏補焉，若兩義俱違則特申短見。』是孔氏止此三
例也。」

今案：此疏有兩說，前說不言出誰氏，後說標劉炫名。劉文淇以為前說乃
劉炫引述前儒之說[9]，非孔穎達等之說。今案其說蓋是也，[10]而猶未可必。
何則？孔氏三例，本謂取材之例，并非行文之例。是以使孔氏誠止此三例，
猶不得謂唐人必無「先言己意而引劉說在後別為一解」之例也。隱三年《正
義》：「……故服虔云『……』是也。劉炫云『……』，劉又難服云『……』。」
（1724 中）《正義》自解與服同，猶引錄劉說及劉難服之說置後。又，僖十
六年「公子季友卒」，注「稱字者，貴之」，《正義》：「季是其字，友是其
名，猶如仲遂、叔肸之類，皆名字雙舉。劉炫以季為氏而規杜過，非也。
炫云：季友、仲遂皆生賜族，非字也。」（1808 中）《正義》以劉炫規杜過
為非，而仍引炫說殿後，豈非「引劉說在後，別為一解」者？至劉文淇云
「引之，亦宜在前而駁正之」，則亦有其例。如昭十二年「克己復禮，仁
也」疏：「《正義》曰：劉炫云：……。今刊定云：……。」劉文淇說：『『今
刊定』以下乃唐人語，序所謂『特申短見』者也。引劉說在前而申己見於
後，乃一定之例。據此知疏中凡引劉說在後而與前疏不同者，皆為光伯駁
正舊疏，非唐人之說也。」劉氏復引孔序語，以證孔疏文例；更據此「引
之，亦宜在前而駁正之」之例，重謂若孔穎達等說與劉炫異，則孔穎達等

---

9 劉文淇此言「舊疏」，據劉炫以前之舊疏，非據劉炫《述議》對《正義》為舊疏。
10 上（引文 7），其例也。

說當在劉說之後，不當在前。因是推測之論，或不誤而不可必也。

「前疏皆出光伯」之說又有可疑者，若依劉文淇說，前有別說，後有劉炫說，而唐人無駁義者，是《正義》同劉炫說。[11]然則如（引文 11）莊公六年疏，前說一九七字，劉說五十六字；又如桓五年「啟蟄而郊」疏，前說三一〇字，劉說十九字。唐人同劉說而劉說甚略，不取前說而載之獨詳，豈非失輕重之宜？

又如隱五年傳「凡物不足以講大事……」，《正義》：「物謂事物。……人君一國之主，在民之上，……。劉炫云：捕魚、獵獸其事相類，……。人君以下云云同。今若人君所行不得其軌，……。」(1726 下)劉文淇說：「此光伯《述議》語，前則舊疏原文。『人君一國之主』以下舊疏解傳『君將納民於軌物』三句，劉說略與之同，唐人約其意，故言『人君以下云云同』，謂同於舊疏也。」又「鳥獸之肉不登於俎」，《正義》：「登訓為升。…… 禮，水土之品、籩豆之物，苟可薦者莫不咸在，豈皆公親之也。劉炫云：此言田獵之時，……。祭祀水土云云同。」(1727 中)劉文淇說：「此光伯《述議》語，前則舊疏原文。所謂『祭祀水土云云同』者，唐人約其義，謂劉說同舊疏也。若謂前為唐人語，豈光伯見唐人疏而同之哉？必不然矣。」又「將萬焉，公問羽數於眾仲」下疏、(1727 下)襄十一年傳「歌鐘二肆」疏 (1951 上)等，例皆同，劉文淇說亦同。今案：凡此等皆前有一說，後有「劉炫云」之體例，而劉炫說中與前說語有重複，用「云云」省之。劉文淇意，前說是劉炫《述議》所引舊疏文，唐人撰定《正義》，見劉炫自說中語與前引舊疏重複，遂為省文。此有疑者，若如其說，《述議》之為書，先備錄舊疏全文，其下乃劉炫自申己意，且其自說中每有一段文字與舊疏相同。著書之體，豈得如此？蓋劉文淇亦自覺其可疑，故後卷中所言與此不

同。昭元年傳「書曰『秦伯之弟鍼出奔晉』，罪秦伯也」，《正義》：「《釋例》曰：『秦伯有千乘之國，……』……《公羊》以為……。劉炫云：奔者，迫窘而去……。《例》曰以下同也。」（2022下）劉文淇說：「光伯所引《釋例》與疏首所引《釋例》同。若謂前為舊疏，則舊疏既引《釋例》，光伯不應更引之；若謂前為唐人所引，亦不應於光伯所引者約其辭於後，於己所引者詳其文於前。此可見刪改之踳駁矣。」又「其生不殖；美先盡矣，則相生疾」，疏：「《正義》曰：此僑重述不及同姓之意。……故《晉語》云：異姓則異德，……。劉炫云：違禮而娶，……。○注『同姓』至『生疾』○《正義》曰：劉炫云：人之本心，……。《晉語》云云同。」（2024中）劉文淇說：「此疏釋傳，前為舊疏原文，後乃光伯《述議》語。其曰『《晉語》云云同』者，唐人約光伯之語，謂與舊疏同耳。若前為唐人語，豈光伯見唐人疏而同之哉？必不然矣。」又引包慎言說：「舊疏有為光伯所引者，有唐人所引者。唐人既兩載之，其有同者則約其辭曰『云云同』，後將舊疏姓名削去，便似前為己說，遂致踳駁耳。」今案：包氏說較劉文淇說為妥。前說非《述議》所引，而為唐人所引，乃可釋「若謂前為舊疏，則舊疏既引《釋例》，光伯不應更引之」之疑。惟因劉文淇拘於孔序，以為唐人除劉、沈二家外，更無自引舊疏之例，故未敢遽從包說。是以雖覺其可疑，仍祇得歸咎「唐人刪改之踳駁」爾。

劉氏另有一證，今不可依據。劉氏自序云：「光伯之疏，本名《述議》。《隋經籍志》及《孝經疏》云：『述議者，述其義疏議之』，雖指《孝經述議》而言，其餘《詩》、《書》及《左氏傳》光伯皆名《述議》，應亦『述其義疏議之』。然則光伯本載舊疏，議其得失。」今案《隋志》云：「秘書監王劭於京師訪得《孔傳》，送至河間劉炫。炫因序其得喪，述其議疏，講於人間。」《孝經疏》云：「炫敘其得喪，述其義疏議之。」《孝經疏》文出《隋志》無疑，而《隋志》今本作「述其議疏」，蓋謂劉炫自為古文

孔傳《孝經》撰述義疏而已。劉文淇據《孝經疏》，謂引述先儒舊疏而評議之，疑非是。總之，「劉炫云」以前之說，劉文淇必謂亦出劉炫，雖或其然，而未必皆是矣。

又，杜序《正義》有攻駁賈逵說者，劉文淇即言：「此駁賈氏說，非唐人語。孔序以蘇氏『旁攻賈服』為非，又謂光伯『聰惠辯博，固亦罕儔』，當亦指其駁正賈服諸家之說。沖遠據光伯為本，但辨明規杜失者百餘事，他人無所攻擊也。」並為自注，列舉《正義》全書中駁賈氏說凡三十九條、駁服氏說凡百二十六條、駁賈服說凡二十條，意謂凡是攻駁賈服之說者，皆出舊疏，非唐人所為。案：《正義》意在專守本注，故孔穎達等「辨明規杜失者百餘事」。而劉氏言「他人無所攻擊」，則祇可視為劉氏經驗之說。何謂？劉氏通觀全疏，於其稱「今讀曰」、「今刪定」等明知出唐人之處，除反駁劉炫規杜之說外，未見有攻擊他人之說。是此說出劉氏經驗，推而廣之，蓋少例外，未嘗不可以敬重。至其據孔序，以為唐人意必如此，則未見其是也。案孔序云：「今校先儒優劣，杜為甲矣，故晉宋傳授，以至於今。其為義疏者，則有沈文阿、蘇寬、劉炫。然沈氏於義例粗可，於經傳極疏。蘇氏則全不體本文，唯旁攻賈服，使後之學者，鑽仰無成。劉炫於數君之內，實為翹楚。然聰惠辯博，固亦罕儔；而探賾鉤深，未能致遠。」「旁攻賈服」主謂蘇氏「不體本文」而「唯旁攻」者為不宜，非謂攻駁賈服即為不可。「聰惠辯博」，更不足以為唐人不攻駁賈服之證。要不可必謂唐人絕不駁賈服也。

又，僖二十八年疏引劉炫說攻駁《公》、《穀》義，劉文淇云：「此光伯《述議》駁二傳以申《左氏》也。疏中駁二傳者不少，辭義辨博，皆當為光伯語。」此亦劉文淇經驗之說，不可忽視，而別無根據，亦不可以必。〈正義序〉言劉炫「聰惠辯博」，自不足證其駁二傳而「辭義辨博」者皆劉炫說也。

　　本節小結：一、孔疏既有明引劉炫說者，亦有「今讚曰」、「今刪定」等語，即知其上文出舊疏；而書中前後及《詩》、《書》、《左傳》三疏內互見與此同文者，即知出劉炫，此等皆顯然可見，絕無疑義。其餘劉文淇論上下文或有重複，或有矛盾，當出舊文，非皆唐人筆，蓋皆可信。二、劉文淇推論劉炫《述議》之體例，先述先儒舊說，亦述杜注義，後始述己意，殆近其實。至劉文淇每謂《正義》引「劉炫云」以上亦皆劉炫舊文，則蓋是而猶不可必。劉文淇又論《詩》、《書》、《左傳》三疏文字相同者，可疑其出劉炫筆；疏文除駁劉炫百餘條外，全皆出劉炫或沈文阿舊疏：則其說大概不誣，但自不當無例外，故其每段疏文是否出劉炫，則難以的知。

二　二劉學術推論

　　上節評述劉文淇分析《左傳正義》辨識劉炫舊文之法，有顯然可見初無疑義者，有可知大概不可的知者。今就《詩、書正義》案之，更有一事可以辨識文出舊疏者：

　　（引文 12）

　　〈武成〉題疏：「此篇『無作神羞』以下，惟告神，其辭不結，文義不成，非述作之體。案《左傳》……欲征則殷勤誓眾，既克則空話禱神，聖人有作，理必不爾。竊謂『神羞』之下，更合有言。簡編斷絕，經失其本，所以辭不次耳。或初藏之日，已失其本；或壞壁得之，始有脫漏，故孔稱五十八篇以外，『錯亂磨滅，不可復知』。明是見在諸篇亦容脫錯。但孔此篇首尾具足。既取其文為之作傳，恥云有所失落，不復言其事耳。」（183 下─184 上）

　　《詩‧靈臺》疏：「諸儒皆以廟、學、明堂、靈臺為一，鄭必知皆異處者，袁準《正論》云：『……（引袁氏文一千一百餘字）……』」竊

以準之此論可以申明鄭意。……」（524 中下）

《左傳》成三年疏：「《史記・齊世家》曰：『……』〈晉世家〉
云：『……』然此時天子……，準時度勢，理必不然。竊原馬遷
之意，所以有此說者，當讀此傳『將授玉』以為『將授王』，……。」
（1901 上）

案：此等稱「竊」，語氣與「今刪定」之等迥異，可知非出奉敕官撰之筆
也。[12]劉氏《舊疏考正》無《毛詩》，劉毓崧《尚書舊疏考正》舉此疏而專
以其言孔傳缺陷為非出唐人之證，《左傳舊疏考正》不言此疏，故今更補
為一例。[13]

　　但《左傳》劉炫好為規杜之說，每為孔穎達等譏正，故其可以確知劉
炫說者猶不為少。至《詩》、《書》則《正義》不常言劉炫，考索惟難。因
其可以確知者少，今欲考二劉學術，亦不得不寬緩範圍，不求其確，而求
其大概。案劉文淇說，《詩》、《書》、《左傳》三疏同文，可疑其文出劉炫；
《左傳正義》大致沿襲劉炫舊疏，非特為論證者，均可疑為舊疏說。今依
其說而更廣之，凡《詩》、《書》、《左傳》三疏內容，自非有明證知為唐人
手筆，則暫可以為出二劉舊疏。此舉二事為例：其一、「甲，鎧；胄，兜
鍪也」，為書傳常訓。就此訓詁，觀諸經義疏如何為釋。

　　（引文 13）

　　《書・說命中》「惟甲胄起戎」傳「甲，鎧；胄，兜鍪也」，孔疏：

---

[12] 此非謂孔穎達等不用「竊」字。《尚書正義》孔穎達序即見「竊以古人言語」等語。
[13] 案：《齊世家》索隱引王劭說：「齊頃公戰敗朝晉而授玉，是欲尊晉侯為王。太史公探
　　其旨而言。」劉炫與王劭，學術關係甚為密切。劉炫此說推測司馬遷誤讀書，且與王劭
　　說異，則其言「竊」之意庶可見矣。

「經傳之文，無鎧與兜鍪。蓋秦漢已來始有此名，傳以今曉古也。古之甲冑，皆用犀兕，未有用鐵者。而鍪鎧之字皆從金，蓋後世始用鐵耳。」（175 上）

《書・費誓》「善敹乃弓矢」傳「言當善簡汝甲鎧、冑兜鍪」，孔疏：「《說文》云：『冑，兜鍪也。兜鍪，首鎧也。』經典皆言甲冑，秦世已來始有鎧、兜鍪之文。古之作甲用皮，秦漢已來用鐵。鎧鍪二字皆從金，蓋用鐵為之，而因以作名也。」（255 上）

〈夏官・序官〉「司甲」注「甲，今之鎧也」，賈疏：「今古用物不同，其名亦異。古用皮，謂之甲；今用金，謂之鎧，從金為字也。」（832 上）

《儀禮・既夕》「甲冑干笮」注「甲，鎧；冑，兜鍪」，賈疏：「古者用皮，故名甲冑；後代用金，故名鎧、兜鍪。隨世為名故也。」（1149 中）

《禮記・曲禮上》「獻甲者執冑」，孔疏：「甲，鎧也。謂鎧為甲者，言如龜鼈之有甲也。冑，兜鍪也。」鄭注：「甲，鎧；冑，兜鍪也。」（1244 上中）

《禮記・少儀》「甲，若有以前之，則執以將命；無以前之，則袒橐奉冑」，孔疏：「甲，鎧也。有以前之，謂他物也。謂……。袒，開也。橐，弢鎧衣也。冑，兜鍪也。若無他物，……。」鄭注：「甲，鎧也。有以前之，謂他摯幣也。橐，弢鎧衣也。冑，兜鍪也。」（1514 中下）

《禮記・儒行》「儒有忠信以為甲冑，禮義以為干櫓」，孔疏：「注云：『甲，鎧；冑，兜鍪也。干櫓，小楯大楯也。』甲冑干櫓，所以禦其患難。儒者以忠信禮義，亦禦其患難，謂有忠信禮義則人不敢侵侮也。」鄭注如孔疏所引。（1669 下—1670 上）

《左傳》僖二十二年「邾人獲公冑」，杜注「冑，兜鍪」，孔疏：「《說文》云：『冑，兜鍪。首鎧也。』書傳皆云冑，無兜鍪之文。言兜鍪，舉今以曉古。蓋秦漢以來語。」（1813下）

案〈考工記〉云「函人為甲，犀甲七屬，兕甲六屬」云云，是甲冑古用犀兕之皮，自有明文。故《周禮》、《儀禮》賈疏皆言古用皮，今用鐵。《書》、《左傳》孔疏更據《說文》證漢有「兜鍪」之文，遂謂古用皮謂甲冑，秦漢以來用鐵稱鎧、兜鍪，傳注用鎧、兜鍪釋甲冑，是以今曉古之法。[14]引《說文》而考兜鍪之起於秦漢以來，全非解釋經注所需，是自為之說。是以賈疏不言，而不可以謂賈疏疏失。既非釋經注所必需，而《書》疏重見，亦見《左傳》疏，則當為孔穎達稍得意之說，特好言之者。然《禮記正義》於〈少儀〉、〈儒行〉皆僅引述注文，更無說，於〈曲禮〉乃云：「謂鎧為甲者，言如龜鱉之有甲也」，與《書》、《左傳》疏全不相類。若然，則彼說殆非出孔穎達，而當出二劉，可以推知也。事例之二，是南岳名實之論：

（引文 14）

《詩‧崧高》「崧高維嶽」傳「嶽，四嶽也，東嶽岱，南嶽衡，西嶽華，北嶽恒」，孔疏：「傳言四岳之名，東岳岱，南岳衡，《爾雅》及諸經傳多云泰山為東岳，霍山為南岳者，皆山有二名也。《風俗通》云：『泰山，山之尊，一曰岱宗。……衡山，一名霍，言萬物霍然大也。……』是解衡之與霍，泰之與岱，皆一山有二名也。

若然，《爾雅》云『江南衡』，《地理志》云『衡山在長沙湘南縣』。張揖《廣雅》云『天柱謂之霍山』，《地理志》云『天柱在廬江灊

---

[14] 案《書》疏每論各類文獻與孔安國之先後，以孔安國目為前漢最早時人，故有「秦、漢以來」以及「以今曉古」之說。

縣』，則在江北矣，而云衡霍一山二名者，本衡山一名霍山。漢武帝移岳神於天柱，又名天柱亦為霍，故漢魏以來衡霍別耳。郭璞《爾雅》注云：『霍山，今在廬江灊縣西南，別名天柱山。漢武帝以衡山遼曠，故移其神於此，今其土俗人皆呼之為南岳。南岳本自以兩山為名，非從近也。』而學者多以霍山不得為南岳，又言從漢武帝始乃名之。如此言，為武帝在《爾雅》前乎？斯不然矣。竊以璞言為然。何則？孫炎以霍山為誤，當作衡山。案書傳，〈虞夏傳〉及《白虎通》、《風俗通》、《廣雅》並云霍山為南岳，豈諸文皆誤？明是衡山一名霍也。」（566 上中）

《左傳》昭四年「四嶽」，孔疏：「《釋山》云：『河南華，河東岱，河北恒，江南衡。』李巡曰……《釋山》又云：『泰山為東嶽，華山為西嶽，霍山為南嶽，恒山為北嶽』，岱泰、衡霍二文不同者，此二嶽者皆一山而二名也。……《白虎通》云……應劭《風俗通》云……《風俗通》又云：『泰山，山之尊者，一曰岱宗。……衡山，一名霍山，言萬物霍然大也。……』是解衡之與霍，泰之與岱，皆一山有二名也。

張揖云『天柱謂之霍山』，《漢書‧地理志》云『天柱在廬江灊縣』，《風俗通》亦云『霍山廟在廬江灊縣』。如彼所云，則霍山在江北，而得與『江南衡山』為一者，本江南衡山一名霍山。漢武帝移嶽神於天柱，又名天柱為霍山，故漢魏以來衡霍別耳。郭璞注《爾雅》云：『霍山，今廬江灊縣，灊水出焉，別名天柱山。漢武帝以衡山遼曠，故移其神於此，今其土俗人皆呼之為南嶽。南嶽本自以兩山為名，非從近來也。』而學者多以霍山不得為南嶽，又云從漢武帝來始有名。即如此言，為武帝在《爾雅》之前乎？斯不然矣。

是解衡霍二名之由也。

書傳多云五嶽，此傳云四嶽者，中嶽嵩高即大室是也，下別言之，故此云四嶽。」（2033上中）

《書‧舜典》「五月南巡守，至于南岳」，傳「南岳，衡山」，孔疏：「《釋山》云：『河南華，河東岱，河北恒，江南衡。』李巡曰……《釋山》又云：『泰山為東岳，華山為西岳，霍山為南岳，恒山為北岳。』岱之與泰，衡之與霍，皆一山有兩名也。

張揖云『天柱謂之霍山』，《漢書‧地理志》云『天柱在廬江灊縣』，則霍山在江北，而與『江南衡』為一者，郭璞《爾雅》注云：『霍山，今在廬江灊縣，灊水出焉，別名天柱山。漢武帝以衡山遼曠，故移其神於此，今其土俗人皆呼之為南岳。南岳本自以兩山為名，非從近來也。』而學者多以霍山不得為南岳，又云從漢武帝來始乃名之。即如此言，謂武帝在《爾雅》前乎？斯不然矣。是解衡霍二名之由也。

書傳多云五岳，以嵩高為中岳。此云四岳者，明巡守至於四岳故也。《風俗通》云：『泰山，山之尊者，一曰岱宗。……衡山，一名霍山，言萬物霍然大也。……』」（128中）

《周禮‧大宗伯》「以血祭祭社稷、五祀、五嶽」，注「五嶽，東曰岱宗，南曰衡山，……」，賈疏：「此南嶽衡。案《爾雅》『霍山為南嶽』者，霍山即衡山也。故《地理志》揚州霍山為南嶽者，山今在廬江。彼霍山與冀州霍山在崧華者別。」（758中）

《周禮‧大司樂》「四鎮五嶽崩」，注「五嶽，岱在兗州，衡在荊

州，……」，賈疏：「案《爾雅》：『霍山為南嶽。』案《尚書》及
《王制》注皆以衡山為南嶽不同者，案郭璞注云：『霍山，今在盧
江灊縣西南，灊水出焉，別名天柱山。武帝以衡山遼遠，因讖緯皆
以霍山為南嶽，故移其神於此，今其土俗人皆謂之南嶽。南嶽本自
以兩山為名，非從近來。』如郭此言，即南嶽衡山自有兩名。若其
不然，則武帝在《爾雅》前乎？明不然也。
案：灊縣霍山，一名衡陽山，則與衡嶽異名實同也。或曰：荊州之
衡山。亦與盧江灊縣者別也。」（791 中）

《禮記・王制》「五月南巡守，至于南嶽」，孔疏：「按《爾雅・釋
山》云『霍山為南嶽』，郭注：『山在衡陽湘南縣南。』郭又云：『今
在盧江灊縣西。漢武帝以說衡山遼曠，因讖緯皆以霍山為南嶽，故
移其神於此，其土俗人皆呼為南嶽。南嶽本自兩山為名，非從近
也。』如郭此言，則南嶽衡山自有兩名，一名衡山，一名霍山。
自漢武帝以來，始徙南嶽之神於盧江霍山耳。」（1329 上）

此即劉文淇言「昭四年疏與〈崧高〉疏同三百餘字」者。（見上節 p.42）今
案：《詩》、《書》、《左傳》三疏大同小異，《書》疏且可疑是刪簡移用《左
傳》疏文。其說主據郭璞《爾雅》注，要謂荊州衡山，在漢長沙湘南，古
自有衡霍二名；揚州霍山本名天柱，在漢盧江灊縣，後武帝移嶽神於天柱，
又名天柱為霍山。《爾雅》言南嶽，或稱衡山，或稱霍山，均指荊州衡山，
非揚州霍山，因《爾雅》在武帝之前，不得謂揚州霍山為南嶽故也。賈公
彥〈大宗伯〉疏以為霍山即衡山，二名一實，並以揚州霍山在盧江者當之，
更不言荊州衡山。至其云冀州霍山，雖見〈職方氏〉，乃在河東，南北懸

隔，今古未有與南嶽相嫌者。[15]今考若據郭璞及孔穎達說，揚州霍山至漢武帝後始有南嶽之名，賈公彥以揚州霍山釋〈大宗伯〉，說顛倒耳。蓋舊時義疏為專門學術，分析經注語文為主，不若史學家考訂之實事求是。是以二名一實之說足以解釋，並據書傳言霍山在何地而已，初不思其實兩地相隔不啻千里也。〈大司樂〉疏則引郭璞注，其說當與孔穎達同，而其言「灊縣霍山，一名衡陽山，則與衡嶽異名實同」，是仍以揚州霍山一地二名當南嶽衡山，與〈大宗伯〉疏同。至末後謂「或曰荊州之衡山，亦與廬江灊縣者別也」，始與孔穎達說同。但郭璞明言武帝始移嶽神於廬江灊縣之霍山，則《周禮》南嶽自不可以為灊縣霍山。賈公彥明引郭璞為說，而其說則顯乖郭旨，且以推郭之說為或說附後。是疑賈公彥所據舊說當如〈大宗伯〉疏，後見據郭璞注以為武帝不當在《爾雅》前之說，頗新異且有力，遂採其說，加入疏中，而未得折中，故其說一右一左，錯綜互見也。〈王制〉孔疏以引郭注為主，最為簡明。但亦可見其與《詩》、《書》、《左傳》三疏之不同。同出孔穎達等編訂，三疏行文極相類似，而惟獨〈王制〉疏不同，何也？三疏引郭注後，必為「為武帝在《爾雅》前乎」之說，甚至〈大司樂〉疏引郭注本非其舊說，亦仍有此句，而惟〈王制〉疏獨無之，何也？〈王制〉疏引郭注「山在衡陽湘南縣南」，一語破的，明說南嶽為荊州衡山今在長沙湘南者，非揚州霍山今在廬江灊縣者，《詩》、《書》、《左傳》三疏不曾引以為證，何也？〈王制〉孔疏及〈大司樂〉賈疏引郭注均有「因讖緯皆以霍山為南嶽」一句，而《詩》、《書》、《左傳》三疏皆不見。不但不見矣，《詩》、《左傳》疏更言「漢武帝移嶽神於天柱，又名天柱亦

15　「崧華」不詳何地？今蒙李零老師指教，乃為兩地。然〈職方氏〉「河內曰冀州，其山鎮曰霍山」與「河南曰豫州，其山鎮曰華山」並列，欲言霍山所在，不可舉華山為說。不知兩地為何所？姑存疑。

為霍山」，[16]一似漢武以後天柱始有霍山之稱，與「因讖緯皆以霍山為南嶽」以為因其既有霍山之名，武帝始移神於此者不合。然則，《詩》、《書》、《左傳》三疏之與〈王制〉疏，雖其同出孔穎達等編訂，內容絕不相干，孔穎達等未嘗為之互勘，求其統一。反言之，則大抵《詩》、《書》、《左傳》三疏之內容，不可即以為孔穎達等所為，而當謂多出二劉手筆也。[17]

今更以《詩》、《書》、《左傳》三疏與皇侃《論語疏》、賈公彥《周禮、儀禮疏》相較，則其間學術方法及態度全然不同。皇侃自為梁朝學術，固無與於二劉以後之新風。賈公彥撰疏與孔穎達同時或稍後，而其專門禮學，淵源北朝，方法態度與孔疏大異。《禮記正義》性質特別，以皇侃舊疏為本，而經孔穎達等編訂。孔穎達等學術又受之於二劉，故與《詩》、《書》、《左傳》疏相較，有同有異，錯綜複雜，考辨較難。本節討論《詩》、《書》、《左傳》三疏與《論語》、《周禮》、《儀禮》三疏全然不同、又與《禮記正義》有同有異之特點，且目為二劉學術特點。不言劉炫而言二劉者，《詩》、《書》二疏孔序皆竝言劉焯、劉炫，與《左傳》疏序獨舉劉炫為本者不同，故泛稱二劉也。

或曰：為孔為劉，辨析惟難。本節例證，亦多未有確證可知出二劉者，

---

[16] 《書》疏不言者，已經刪簡耳。

[17] 又案：邵晉涵以「如此言為漢武帝在《爾雅》前乎，斯不然矣」以上皆為郭注，郝懿行以為是《音義》，非注。今考〈大司樂〉疏即知「武帝在《爾雅》前乎」等並非郭璞語，邵、郝兩家說具非。又詳玩《詩疏》，言「斯不然矣」下即言「竊以璞言為然」。以武帝不當在《爾雅》前，故知「學者」之說「斯不然矣」，知其不然矣，則當知其然者，故言「竊以璞言為然」，文意連貫，不可中斷。「竊以璞言為然」固非郭璞語，則「斯不然矣」亦非郭璞語可知。實則「斯不然矣」一句，《詩》、《書》、《左傳》三疏常見，皆條舉前人或說之矛盾，多反詰之辭，訖，稱「斯不然矣」，下為解惑，述正解。又本節發首（引文12）曾說疏言「竊以」當出舊疏。然則此亦當為二劉語耳。若然，此《詩》疏言「竊以」云云，正合二劉常法；至《左傳》、《書》疏於「斯不然矣」下竟無解說，僅言「是解衡霍二名之由也」了結者，豈出孔穎達等整理之筆與？今不得定知，存疑。

則何不姑仍舊稱，概以孔穎達目之？為何必言二劉耶？曰：劉文淇已發其端，辨別劉孔，並已論定疏文實多劉氏之舊。若言其實，則概稱為孔猶不如概目為劉之近是，此一也。孔氏等所為，主為加工刪訂，況多譏評舊疏之說，自不宜混言，此二也。三經《正義》所見學術態度，與皇侃、賈公彥有截然不同而高明卓絕者。史傳多極言二劉學術之卓絕，而不言孔穎達等多所創義。則此等學術特點自當歸之二劉，不可歸孔穎達等，此三也。本節例證亦有可證其出二劉，非出孔穎達等者，則二劉確有此等特點。至其餘例證即或實出孔穎達等手，又不得謂二劉即無此等特點，而反可謂孔穎達等做二劉之學術，此四也。賈公彥、孔穎達等，於二劉為後輩。今欲討論孔、賈之學術，自以辨別劉孔為便。既可推溯至二劉，則當為其說，不必避難而因仍舊名，此五也。若謂此等特點可歸二劉，則孔穎達等編訂《正義》之大概，稍可以言。大抵《詩》、《書》二疏以因襲二劉為主，《左傳》疏緣劉炫專難杜注，孔穎達等反駁辨論者較多，至《禮記》則因襲皇侃舊疏與孔穎達等改編者相半。知此則讀諸經義疏更為便利，此六也。以此六事，本節且據三經《正義》推論二劉學術特點。讀者若覺不便，則本節所述「二劉」字眼逕改「三經《正義》」讀之，未嘗不可也。

　　大概論之，二劉學術與舊學不同之特點，可以謂之現實、合理、文獻主義。

（引文 15）

襄二十四年疏：「正義曰：《漢書・律曆志》載劉歆《三統》之術，以為五月二十二分月之二十乃為一交。以為交在望前，朔則日食，望則月食；交在望後，望則月食，後月朔則日食；交正在朔，則日食既，前後望不食；交正在望，則月食既，前後朔不食。而二十一年九月十月頻月日食，此年七月八月頻月日食。⋯⋯今七月

日食既而八月又食，於推步之術，必無此理。蓋古書磨滅，致有錯
誤。
劉炫云：漢末以來八百餘載，考其注記，莫不皆爾，都無頻月日食
之事。計天道轉運，古今一也。後世既無其事，前世理亦當然，而今有
頻食，於術不得有。交之所在，日月必食。日食在朔，月食在望。
日月共盡一體，日食少則月食多，日食多則月食少。日食盡則前後望
月不食，月食盡則前後朔日不食。以其交道既，不復相捧故也。
此與二十一年，頻月日食，理必不然。但其字則變古為篆，改篆
為隸；書則縑以代簡，紙以代縑；多歷時代，年數遙遠，喪亂或
轉寫誤失其本真。先儒因循，莫敢改易；執文求義，理必不通。後
之學者，宜知此意也。」（1978下—1979上）

劉文淇說「劉炫云」以上亦皆劉炫舊文，蓋然也。案：劉炫此說，所以非
杜預。杜預《長曆》云：「自古已來，諸論《春秋》者多違謬。或造家術，
或用黃帝以來諸曆，以推經傳朔日，皆不得諧合。……天行不息，日月星
辰各運其舍，皆動物也。物動則不一，雖行度大量可得而限，累日為月，
累月為歲，以新故相斂，不得不有毫毛之差。此自然之理也。故《春秋》
日有頻月而食者，有曠歲而不食者，理不得一。而算守恆數，故曆無有不差
失也。……學者固當曲循經傳日月食，以斂晦朔也。以推時驗，而見皆不然，
各據其學，以非《春秋》，此無異度己之跡而欲削他人之足也。」今為評
論：兩家論說，均深得理，以其邏輯性言，殊不可以優劣斷。今述杜預意
謂自然現象甚為複雜，人類智慧本不可盡知一切。算術可言天象之大概，
而不足以知其一切運動，其實從未有一曆法推得一切準確。然則與其拘泥
算術小慧，無寧固信經典記載。偉哉，君子之言也。劉炫自知直言「推步
之術，必無此理」，不足以破杜說。於是更立兩說：一謂近八百年來竟無

其事，則春秋古時亦當無其事，以其天象運動古今一故也。此據近事推論古事，是為現實主義。今既如此，古亦當然，並無保證，但人多信之。又一說謂日月共盡一體。此則自造模式，演說道理。亦絕不足證其真實，但因其說形象，人多信之。蓋劉炫邃於曆術，此說當為其所深信，非專為攻杜而發者也。然世之經師非皆通曆術，不通曆術則杜說實勝，是以「先儒因循，莫敢改易，執文求義」。劉炫破之，非誤也，且言之有理，不易反駁。但若不通曆術者，或仍固執杜說，亦不可謂誤也，又是情理之自然，不可厚非。於是乎劉炫多為世人所仇恨，亦自然之勢也。

（引文 16）

《詩・公劉序》箋下疏：「案《譜》以公劉當太康之時，韋昭之注《國語》以不窋當太康之時。不窋乃公劉之祖，不應共當一世。太康，禹之孫；不窋，后稷子。計不窋宜當太康，公劉應在其後。〈豳譜〉欲言遷豳之由，遠本失官之世。不窋以太康之時失稷官，至公劉而竄豳，其遷豳之時不必當太康也。

又《外傳》稱后稷勤周十五世而興，〈周本紀〉亦以稷至文王為十五世。計虞及夏、殷、周有千二百歲，每世在位皆八十許年乃可充數耳。命之短長，古今一也。而使十五世君在位皆八十許載，子必將老始生，不近人情之甚。以理而推，實難據信。若使此言必非虛誕，則不窋之與公劉，彌是不共世。……」（541 中）

此論周先世，而引后稷至文王十五世之說。依其說，周先世每代在位必在八十年之久，公劉為不窋之孫，中間必經百餘年，自不可共當太康之世也。其實千二百年僅十五世，自不可信，是以譙周謂《國語》「世后稷」不過言世為稷官，非指棄其人言。此疏自知不可信，但仍欲據以為說，故止言

「難據信」，不便明言不可信耳。而其論不可信，則言「命之短長，古今一也」，與上例「天道轉運，古今一也」語意全同。

（引文 17）

昭二十一年：「二至二分，日有食之，不為災。日月之行也，分，同道也；至，相過也。」疏：「日月之行，交則相食，自然之理。但日為君象，月為臣象；陰既侵陽，如臣掩君。聖人因之設教，制為輕重：以夏之四月純陽之月，時陽極盛，陰氣未作。正當陽盛之時，不宜為弱陰所侵，以為大忌，此月日食，災最重也。餘非陽盛之月，為災稍輕。……

劉炫云：此皆假其事以為等差，其實災之大小不如此也。且《詩》云『十月之交，朔月辛卯，日有食之，亦孔之醜』，先儒以為周之十月，夏之八月，秋分之月也，而甚可醜惡。……明此是先賢寓言，非實事也。」

注下疏曰：「日之行天，一日一周；月之行天，二十九日有餘已得一周。日月異道，互相交錯，月之一周，必半在日道裏，從外而入內也；半在日道表，從內而出外也。或六入七出，或七入六出，凡十三出入而與日一會，曆家謂之交道。通而計之，一百七十三日有餘而有一交。交在望前，朔則日食，望則月食；交在望後，望則月食，後月朔則日食。此自然之常數也。交數滿則相過，非二至乃相過也。傳之所言，……皆假託以為言也。」（2098 上）

依劉文淇說推之，此疏亦或全出劉炫舊文。此疏依據曆學，言其「自然之理」，「自然之常數」。杜預則以「物動不一，不得不差」為「自然之理」，故譏言「算守恆數，故曆無有不差失」。兩說欲據「自然之理」是同，惟

結論正相反。

（引文 18）

《詩・十月之交》疏：「日者太陽之精，至尊之物，不宜有所侵，侵則為異。但聖賢因事設教，以為等級耳。……計古今之天，度數一也。日月之食，本無常時，故曆象為日月交會之術，大率以百七十三日有奇為限。而日月行天，各自有道，雖至朔相逢，而道有表裏。若月先在裏，依限而食者多；若月先在表，雖依限而食者少。杜預見其參差，乃云：『日月動物，雖行度有大量，不能不少有盈縮，故有雖交會而不食者，或有頻交而食者。』……然日月之食，於算可推而知，則是雖數自當然，而云為異者，人君者，位貴居尊，恐其志移心易。聖人假之靈神，作為鑒戒耳。夫以昭昭大明，照臨下土，忽爾殲亡，俾畫作夜，其為怪異，莫斯之甚。故有伐鼓用幣之儀、貶膳去樂之數，皆所以重天變，警人君者也。而天道深遠，有時而驗，或亦人之禍釁，偶與相逢。故聖人得因其變常，假為勸戒，使智達之士，識先聖之深情；中下之主，信妖祥以自懼。（2013 年補注：此句「聖人」以下三十二字，襲用僖十五年《左傳》杜注語，惟「知達之主」改作「智達之士」為小異。）但神道可以助教，而不可以為教。神之則惑眾，去之則害宜。故其言若有若無，其事若信若不信，期於大通而已矣。經典之文，不明言咎惡，而《公》家董仲舒、何休及劉歆等以為發無不應，是知言徵祥之義，未悟勸沮之方。杜預論之當矣。

日月之食，大率可推步而知，亦有不依交限而食者。襄二十四年秋七月甲子朔，日有食之，既，八月癸巳朔，日有食之。於法算，前月之日食既，則後月不得食，而《春秋》有之。……」（446 上）

上節引劉文淇說，此疏與昭七年傳「則自取譴於日月之災」疏同百餘字，
疑當為劉炫舊文。(p.43) 案彼疏云：「此傳彼記，皆是勸戒辭耳。日月之
會，自有常數。每於一百七十三日有餘，則日月之道一交，交則日月必食。
雖千歲之日食，皆豫算而盡知，寧復有教不修而政不善也。……人君者，
位貴居尊，志移心溢，或淫恣情欲，壞亂天下。聖人假之神靈，作為鑒戒。
夫以昭昭大明，照臨下土，忽爾殲亡，俾晝作夜，其為怪異，莫斯之甚。故鳴之
以鼓柝，射之以弓矢；庶人奔走以相從，嗇夫馳騁以告眾；降物辟寢以哀
之，祝幣史辭以禮之；立貶食去樂之數，制入門廢朝之典；示之以罪己之
宜，教之以修德之法：所以重天變，警人君者也。而天道深遠，有時而驗，
或亦人之禍釁，偶與相逢。故聖人得因其變常，假為勸戒，知達之士，識先聖之
幽情；中下之主，信妖祥以自懼。但神道可以助教，而不可專以為教。神之則惑
眾，去之則害宜。故其言若有若無，其事若信若不信，期於大通而已矣。世之學
者，宜知其趣焉。」(2048 下—2049 上)「人君者，位貴居尊」以下，幾乎全
同，而「鳴之以鼓柝」以下十句，《詩》疏簡為「伐鼓用幣之儀、貶膳去
樂之數」二句，則昭七年疏文更近原始，可疑《詩》疏據而刪簡。又案莊
公二十五年疏：「古之曆書亡矣。漢興以來，草創其術。《三統》以為五月
二十三分月之二十而日月交食；近世為曆者，皆以為一百七十三日有餘而
日一食：是日食者，曆之常也。古之聖王，因事設戒。夫以昭昭大明，照
臨下土，忽爾殲亡，俾晝作夜，其為怪異，莫斯之甚。故立求神請救之禮、責
躬罪己之法。正陽之月，陽氣尤盛。……」(1780 中)「昭昭大明」六句全
同，而其下「故立求神請救之禮、責躬罪己之法」則又與「故有伐鼓用幣
之儀、貶膳去樂之數」不同。三疏幾同文，而改文自如，不留斧鑿痕跡，
自可疑出劉炫手筆。[18]

---

[18] 此仍有疑者，《詩》疏云「杜預論之當矣」，不知據何書何文？而《禮記・昏義》疏云：
「杜預以為假日食之異以戒懼人君，其言若信若不信，不可定以為驗也。」（1682上）

　　就內容言，《詩》疏引杜預「有頻交而食」之說，並無駁議，後又謂襄二十四年頻月日食為不依交限而食者，與襄二十四年疏必言傳文有誤者不同，若謂均出劉炫，似為矛盾。今案：前段引杜預語，其上云「古今之天，度數一也」，固為劉炫語氣；「交會之術，百七十三日有奇為限」，亦《左傳》疏常見之說。「而日月行天」以下，乃所以解釋每當交會之時，食有多少不同之理。而其解釋用「道有表裏」之說，即與昭二十一年疏[19]所述正同。依此說，雖則每當交會時日食有多少之異，而非交會之時則必不容有日食，自不當有頻月日食。後乃引杜預，文稱「杜預見其參差，乃云」，是知引杜說主為證食有多少不同之事，非謂杜說盡得其理。然則此疏引杜預，其上文皆似劉炫語，即引杜預語，亦未必非出劉炫筆，不足深疑也。至後段「日月之食」以下，則可以疑出唐人手筆。上文先述日月行天之理、推算之術，中間稱「然日月之食，於算可推而知」，承前啟後，次述聖賢假日食鑒戒之義，大段文章無間斷矣。至此反言「日月之食，大率可推步而知，亦有不依交限而食者」，重論前提問題，不成文章之體。且襄二十四年疏（引文 15）云「天道轉運，古今一也」，「頻月日食，理必不然」，劉炫之言也。則此言「有不依交限而食者」，並謂《春秋》有頻月日食者，必非劉炫之意，當出唐人手筆。然而據此補筆，反更可證上文之出劉炫。[20]

　　綜觀諸文，二劉所重在古今不易之事實，深信曆術原理，[21]而極知天譴災異為聖賢設教之方，並非事實也。

　　　頗似據《詩》、《左傳》疏所共見「聖人得因其變常，假為勸戒，……若信若不信，期
　　　於大通而已矣」一段文字。然則此一段文字豈出杜預與？但若誠杜預語，劉文淇《左傳》
　　　專家豈可不知而以為劉炫說耶？今不知，存疑。

[19] 見上（引文 17）。

[20] 案：此云「有不依交限而食者」，謂非交會之時而食；上云「依限而食者多」，或云「雖依限而食者少」，謂其交會之時，或食或否。語言類似而其實不同。

[21] 推算數據，則古疏今密，未可拘泥。

（引文 19）

昭三年晏子曰「箕伯、直柄、虞遂、伯戲，其相胡公、大姬已在
齊矣」，杜注：「四人皆舜後，陳氏之先。胡公，四人之後，周始
封陳之祖。大姬，其妃也。言陳氏雖為人臣，然將有國，其先祖
鬼神已與胡公共在齊。」

疏曰：「言箕伯四人，其皆助胡公、大姬，神靈已在齊矣。神之在否，
不可測度，而晏子為此言者，以陳氏必興，姜姓必滅，示己審見其
事，故言先神歸之。其實神歸以否，非晏子所能知也。」（2031 中）

此疏明言鬼神不可知，釋說晏子之言非言其實，而借喻為言而已。與上（引
文 18）等所見天譴災異為聖賢設教之方，並云「神道可以助教，而不可
以為教；神之則惑眾，去之則害宜」等說，甚相符合。

　　二劉亦不信緯書怪異之說，可見其合理主義精神一貫。

（引文 20）

〈咸有一德〉「受天明命」傳「所征無敵，謂之受天命」，《正義》：
「天道遠而人道近。天之命人，非有言辭文話，正以神明祐之，
使之所征無敵，謂之受天命也。緯候之書，乃稱有黃龍、玄龜、
白魚、赤雀，負圖銜書，以授聖人。正典無其事也。漢自哀平之
間，緯候始起，假託鬼神，妄稱祥瑞。孔時未有其說，縱使時已
有之，亦非孔所信也。」（165 下）

〈泰誓上〉序「惟十有一年」《正義》：「緯候之書言受命者，謂有
黃龍、玄龜、白魚、赤雀，負圖銜書，以命人主。其言起於漢哀
平之世，經典無文焉。孔時未有此說，〈咸有一德〉傳云『所征無

敵，謂之受天命』，此傳云『諸侯竝附，以為受命之年』。是孔解
受命，皆以人事為言，無瑞應也。」（179 下）

此蓋可見二劉喜好《偽孔書》之意[22]以及現實合理主義之態度，不必以為
出唐人也。[23]又如「筮短龜長」之論，可見二劉之合理主義與賈公彥等態
度迥別。

（引文 21）

僖四年「卜人曰：『筮短龜長，不如從長。』」杜注：「物生而後有
象，象而後有滋，滋而後有數。龜象筮數，故象長數短。」孔疏：
「『筮數』以上皆十五年傳文。……龜以本象金、木、水、火、土
之兆以示人，故為長；筮以末數七、八、九、六之策以示人，故
為短。《周禮・占人》『掌占龜』鄭玄云『占人亦占筮，言「掌占
龜」者，筮短龜長，主於長者』，亦用此傳為說。案《易・繫辭》
云：『筮之德，圓而神；卦之德，方以智。』『神以知來，智以藏往。』
然則知來藏往是為極妙，雖龜之長，無以加此。聖人演筮以為《易》，所
知豈短於卜。卜人欲令公舍筮從卜，故云筮短龜長，非是龜能實長。
杜欲成筮短龜長之意，故引傳文以證之。若至理而言，卜筮實無
長短。」（1793 中）

〈洪範〉「龜從筮逆」，孔傳「龜筮相違」，孔疏：「此經龜從筮逆，
其筮從龜逆，為吉亦同，故傳言龜筮相違，見龜筮之智等也。若
龜筮智等，而僖四年《左傳》云『筮短龜長』者，於時晉獻公欲

---

[22] 孔傳《書》、《孝經》皆二劉所最喜好，見諸書記載。

[23] 然有宋以來，不喜注疏者，每以多緯書說為口實，近誣也。《五經正義》及賈氏《二禮
疏》自多引述緯書，而此等處即見非薄緯書之言，他更不見尊重緯書之說者。

以驪姬為夫人，卜既不吉而更令筮之，神靈不以實告，筮而得吉，必欲用之。卜人欲令公舍筮從卜，故曰『筮短龜長』，非是龜實長也。《易‧繫辭》云：『筮之德，圓而神；卦之德，方以智。』『神以知來，智以藏往。』然則知來藏往是為極妙，雖龜之長，無以加此。聖人演筮為《易》，所知豈是短乎。明彼長短之說乃是有為言耳。」（191下）

〈曲禮上〉「凡卜筮日」，孔疏：「案《易‧繫辭》云：『定天下之吉凶，成天下之亹亹者，莫大乎蓍龜。』又云：『蓍之德，圓而神；卦之德，方以智。』『神以知來，智以藏往。』又〈說卦〉云：『昔者聖人幽贊於神明而生蓍。』據此諸文，蓍龜知靈相似，無長短也。所以僖四年《左傳》云『筮短龜長，不如從長』者，時晉獻公卜娶驪姬不吉，更欲筮之，故太史史蘇欲止公之意，託云『筮短龜長』耳，實無優劣也。若杜預、鄭玄，因『筮短龜長』之言，以為實有長短。故杜預注傳云『……』是也。象所以長者，……故為長；數短者，……故以為短也。又鄭康成注〈占人〉云『……』是鄭及杜預皆以為龜長筮短。」（1251下）

〈月令‧孟春〉「命太史釁龜、筴、占兆，審卦吉凶」，注：「筮短，賤於兆也」，孔疏：「《左傳》僖四年：『……』杜元凱注云：『……』是筮短龜長之事也。」（1381下）

〈春官‧占人〉「掌占龜」，注：「占人亦占筮，言『掌占龜』者，筮短龜長，主於長者」，賈疏：「按《左氏》僖四年傳云：『……』是龜長筮短之事。龜長者，以其龜知一二三四五天地之生數，知本；《易》知七八九六之成數，知末。是以僖十五年傳『……』如《易》歷三聖而窮理盡性，云短者，以其《易》雖窮理盡性，仍六經並列；龜之繇辭，譬若讖緯圖書，不見不可測量：故為長短。馬融曰云『筮史短，龜史長』者，非鄭義也。」（805中）

僖四年疏與〈洪範〉疏，論旨無異，且中間五十餘字全然同文，蓋出二劉也。其說雖引〈繫辭〉為證，其實據常情為本，以為《易》筮聖人所作，《周易》為經典；龜卜則已失其傳，並無其書，當無《易》筮短於龜卜之理。然則「筮短龜長」自是卜人有為而言，非筮實短於龜。杜注祇欲證成傳文，不可以為得實之說。《禮記》疏不同於此。〈月令〉鄭注既明稱「筮短」，故其疏直述「筮短龜長之事」而已。《五經正義》以不破注為例，不得不爾，不可據此以論《禮記》疏之與《左傳》、《書》疏之間學術有不同。但《曲禮》疏則因經有卜筮之事，於解釋經注之外，廣論有關卜筮問題，可謂卜筮之綜說，於經注無所拘束，最可考見《正義》所持學說。案此〈曲禮〉疏，上半說「筮短龜長」為假託之辭，實無優劣，與僖四年、《洪範》二疏同旨。但下半又言杜預、鄭玄說則以為實有長短，斯乃與二疏異趣。此亦可證僖四年、〈洪範〉二疏非孔穎達等創說，而原出於二劉。至若賈公彥，乃專述鄭注之言，鄭云「筮短龜長」，故述其說。但因已有「聖人演筮以為《易》，所知豈短於卜」之疑義，故強為解釋，謂《易》雖出聖人而為經典，仍與五經並列，不若龜之繇辭，不可測量也。疑者以為《周易》聖經，筮不當短於龜；釋者反謂《周易》不過經典，不若讖緯圖書之神秘難測。賈公彥必為此牽強之說者，既有疑義，並有「實無優劣」之說，不得不為之也。賈公彥之學術，則以鄭注為根本，探討鄭注說之體系化，即試圖使鄭玄學說體系更為完整、更少矛盾。是以〈大卜〉賈疏云：「大卜所掌，先《三兆》、後《三易》、次《三夢》者，筮短龜長，夢以叶卜筮，故以先後為次。」（802 中）為釋經《三兆》、《三易》、《三夢》之次序，援引「筮短龜長」為說。〈占人〉注明據「筮短龜長」為說，賈公彥無需更論其說得實與否；〈大卜〉卜筮之次序可用「筮短龜長」解釋，更可證「筮短龜長」說之有道理：故〈大卜〉疏即引據「筮短龜長」為說。與此相較，

則二劉以現實、常情為根本，必先自己考論事實當如何，據其結論反觀先儒之說。若先儒之說與己不合，則為之解釋或評析，如此云「筮短龜長」為卜人假託之辭，又云杜預證「筮短龜長」之言，並非其實，皆是也。可見二劉最重事實，絕不拘泥先儒說，更不為專門鄭學，若就其本質而言，與賈公彥之學術全然不同。

摒棄傅會，知之為知之，不知為不知，亦可謂合理主義精神之一端。

（引文 22）

〈顧命〉：「赤刀、大訓、弘璧、琬琰在西序，大玉、夷玉、天球、河圖在東序」，疏：「此西序、東序各陳四物，皆是臨時處置，未必別有他義。下二房各有三物，亦應無別意也。」（239下）

又「大輅在賓階，面；輟輅在阼階，面」，傳「大輅，玉；輟輅，金」，疏：「地道尊右，故玉輅在西，金輅在東。」（240上）

《禮》有玉輅、金輅，玉貴於金，既有明文，等差顯白。玉輅在西階，金輅在東階，則玉輅在右[24]，是地道尊右，可以為說，初無嫌疑。至於東西序房四物、三物，則或東或西，無條理可言，故疏云「無別意」。當時義疏家有無為之傅會，說或東或西之理者？今未考得，但自容有其事。疏言「別無意」，所以杜絕傅會之說也。此與皇侃《論語疏》之每見傅會，不可同日而語。

（引文 23）

《詩・大明》箋「問名之後，卜而得吉，則文王以禮定其吉祥，

---

[24] 因皆南面，故以西為右。

謂使納幣也」，疏：「此箋上有『問名』，『卜而得吉』即納吉也，『定
其吉祥』為納幣也，下有『親迎』，是四禮見矣。無納采與請期者，
詩人之作，舉其大綱，非如記注能備言其事。上箋云『求昏』者，
即納采也。唯請期之文不見耳。既親迎，明請之可知也。

六禮，納采、納吉、納徵三禮言『納』，餘不言『納』者，以『問
名』、『請期』、『親迎』皆須復名而後可言。其名既復，不須以『納』
配之。采也，吉也，徵也，三者皆單。是夫氏於女之禮，故加『納』，
見行之於彼也。」（507下）

此疏「六禮」以下，解釋傳箋之外，自發一問。其實《昏禮》六禮之名目，
此詩止見「親迎」，箋始言「問名」、「納幣」，[25]六禮僅見其三，則三言「納」，
三不言「納」，與傳箋全無關係，牽連涉之而已。牽連而別發此論，當是
特所欲言。此亦所以摒棄傅會之說。案〈士昏〉疏云：「納采言『納』者，
以其始相采擇，恐女家不許，故言『納』。問名不言『納』者，女氏已許，
故不言『納』也。納吉言『納』者，男家卜吉，往與女氏，復恐女家翻悔
不受，故更言『納』也。納徵言『納』者，納幣帛則昏禮成，復恐女家不
受，故更云『納』也。請期、親迎不言『納』者，納幣則昏禮已成，女家
不得移改，故皆不言『納』也。」（961中）可見賈公彥《儀禮疏》——憑
據禮節意義而說其言「納」之與不言，與《詩》疏之意正相反。雖未可斷
言《詩》疏既知《儀禮疏》之說，而欲為箴砭，但其必有意排斥類此傅會
之說，則可以無疑矣。[26]然《詩疏》說，「采」、「吉」、「徵」單言不成詞，
故須配一「納」字；「問名」、「請期」、「親迎」須兩言始可言，自然已成

---

25 納幣即納徵。

26 賈公彥撰訂《儀禮疏》，自在二劉之後，亦當在《正義》之後，但其說多本北朝以來舊
   說，必非賈公彥自創。《儀禮疏》此說當在《詩疏》之前，不可以成書先後為疑。

詞，不須更配「納」字。語詞之自然，別無意義可言。是排除傅會義理，代之以語言之自然。此則又為《詩》、《書》、《左傳》三疏常見之說，所以疑為二劉之說也。如：

（引文 24）

《書》「仲虺之誥」疏：「〈康誥〉、〈召誥〉之類，二字足以為文，『仲虺誥』三字不得成文，以『之』字足成其句。〈畢命〉、〈冏命〉不言『之』，〈微子之命〉、〈文侯之命〉言『之』，與此同。猶《周禮·司服》言『大裘而冕』，亦足句也。」（161 上）

此言諸「之」字、「而」字，初無義意，專為成文足句而配者也。（2013 年補注：又如〈呂刑〉「墨罰之屬千，……大辟之罰其屬二百」疏（250 中下））單字配字之說，自非二劉首創，如〈堯典〉「瞽子」孔傳云：「舜父有目，不能分別好惡，故時人謂之瞽，配字曰瞍。」意謂時人稱舜父為瞽，故稱舜為「瞽子」，若獨言舜父，則通常配瞍字為「瞽瞍」。但二劉特好為此說，與當時諸義疏家不同。又常見有言「文勢」者：

（引文 25）

〈堯典〉「九族既睦，平章百姓」，傳：「百姓，百官。言化九族而平和章明。」疏：「經傳之言百姓，或指天下百姓。此下句乃有『黎民』，故知百姓即百官也。平章與百姓，其文非九族之事。傳以此經之事，文勢相因，先化九族，乃化百官，故云『化九族而平和章明』，謂九族與百官，皆須導之以德義，平理之，使之協和；教之以禮法，章顯之，使之明著。」（119 中）

《召南·羔羊》序：「〈鵲巢〉之功致也。〈召南〉之國化文王之政，

在位皆節儉正直，德如羔羊也。」疏：「經先言羔羊，以服乃行事，故先說其皮；序後言羔羊，舉其成功，乃可以化物：各自為**文勢**之便也。」（289 上）

此外如〈皇皇者華〉疏每言「為文之勢」、「觀其文勢」、「上下文勢」（407上、中、下），又如或言「立文之勢」（510 上）、「作文之常勢」（535 上）等莫不皆據文法自然以釋經注文辭之參差不同，亦所以捫絕傅會穿鑿也。又如〈行葦〉疏言「經直言『莫遠』而箋言『無遠無近』者，以作者句有所局，不得遠近竝言，舉遠則近可知矣」（534 中）等，亦據立文之勢而釋經言遠不言近之由，雖不見「文勢」等字，方法態度固無不同。據事情自然而捫絕傅會穿鑿，是《詩》、《書》、《左傳》疏所常見之學術態度，而為皇侃《論語疏》、賈公彥《二禮疏》所不見，《禮記正義》偶見一二而已，故疑其出二劉也。

二劉讀書精敏，於古書語例頗多心得，疏中偶言，欲以啟世人之蒙，亦可見睥睨世人之意。

（引文 26）
宣十二年「可勝既乎」疏：「重物不可舉者謂之不勝，用之不可盡者亦言不勝。史傳多有其事，今人無復此語，故少難解耳。」（1882 中）
成十一年疏：「世人多疑娣姒之名，皆以為兄妻呼弟妻為娣，弟妻呼兄妻為姒，因即惑於傳文，不知何以為說。今謂……」（1909 中）
襄公二年「馬牛皆百匹」疏：「《司馬法》『丘出馬一匹、牛三頭』，則牛當稱頭，而亦云匹者，因馬而名牛曰匹，并言之耳。經傳之文，此類多矣。《易‧繫辭》云『潤之以風雨』，《論語》云『沽酒市脯不食』，〈玉藻〉云『大夫不得造車馬』，皆從一而省文也。」（1929 上）

《詩·葛覃》傳「中谷，谷中也」疏：「中谷、谷中，倒其言者，古人之語皆然，詩文多此類也。」（276 中）

《書·大誥》疏：「此經云『猷大』，傳云『大道』。古人之語多倒，猶《詩》稱『中谷』，谷中也。」（198 中）

二劉思考不拘於經文傳注，綜考諸多古文事例，其間規律自可見，此可視為歷史語言學之態度，與專作義疏之學者固不相同。是以其論古音亦具卓識。

（引文 27）

《書·太甲上》「阿衡」孔傳「阿，倚」，疏：「古人所讀，阿倚同音，故阿亦倚也。」（164 上）

襄二十九年疏：「『多見疏』，猶《論語》云『多見其不知量』也。服虔本作『祇見疏』，解云『祇，適也』，晉宋杜本皆作『多』。古人『多』『祇』同音。張衡〈西京賦〉云：『炙炮夥，清酤多；皇恩溥，洪德施』，『施』與『多』為韻，此類眾矣。」（2005 上）[27]

襄十年疏：「古人讀『雄』與『陵』為韻，《詩·無羊、正月》皆以『雄』韻『蒸』，韻『陵』，是其事也。」（1948 上）

昭七年疏：「張升《皮論》云：『賓爵下革，田鼠上騰；牛哀虎變，鮌化為熊；久血為燐，積灰生蠅。』傳玄〈潛通賦〉云：『聲伯忌瓊瑰而弗古兮，晝言諸而暮終；嬴正沈璧以祈福兮，鬼告凶而命窮；

---

[27] 案今本《文選》「多」作「詑」，李注引《廣雅》「詑，多也」，並謂音支。頗疑張衡原作「多」，後人欲與「施」字音協，故加「支」旁為「詑」字。高步瀛《文選李注義疏》引汪師韓、宋翔鳳、孫志祖三家之說，可參。

黃母化而為黿兮，鯀殛變而成熊。』二者所韻不同，或疑張升為
『能』。著作郎王劭云：『古人讀「雄」與「熊」者，皆于陵反。
張升用舊音，傅玄用新音。張升亦作「熊」也。』案《詩・無羊》
與〈正月〉及襄十年衛卜禦寇之繇，皆以『雄』韻『陵』，劭言是
也。」（2049 中）[28]

案：〈太甲〉及襄二十九疏所言，「施」、「祇」、「倚」支韻字與「多」、「阿」
歌韻字相通，是顧炎武古音第六部「『五支』之半」與「七歌」同屬，段
玉裁所謂「古弟十七部之字，多轉入於支韻中」者。襄十年疏說出昭七年
疏引王劭說，一也。劉文淇言昭七疏引王劭者，非孔穎達等始引之，而為
劉炫所引，其說蓋是。王劭說「雄」、「熊」東韻字，古音當讀於陵反，讀
蒸韻。或謂傅玄賦以「終」、「窮」、「熊」為韻，皆東韻；張升乃以「騰」、
「熊」、「蠅」為韻，「騰」、「蠅」登蒸韻字，[29]無乃登韻「能」字訛為東韻
「熊」字乎？王劭答謂古人讀「雄」、「熊」字皆讀於陵反，讀蒸韻。張升
東漢人，所據古音，故「熊」與「騰」、「蠅」登蒸韻字為韻；傅玄晉人，
所據新音，故「熊」與「終」、「窮」東韻字為韻。此說精闢至極，自應為
之特筆大書。今之言古音學史者，必言陸德明「古人韻緩，不煩改字」以
及沈重「協韻」之說，以為南北朝末期，學者多方探討，不限一途，勤則
勤矣，而因不具歷史觀點，不知古今音有不同，終不得擺脫當時語音體系
而考索古音真相。「韻緩」、「協韻」二說，誠為當時通論，故昭十二年「有
酒如淮，有肉如坻」，劉炫以為「淮坻非韻，淮當作濰」，《正義》駁劉曰：

---

[28] 案：「皮論」，錢大昕以為當作「反論」，嚴可均以為當作「友論」，不可論定，姑仍
舊本。（2013年補注：段注《說文》「能」字引亦作「反論」。孫志祖《胵錄》「反論
語」條亦以作「反」為正。）

[29] 登、蒸，《廣韻》同用。

「古之為韻，不甚要切，故《詩》云『汎彼柏舟，在彼中河；髧彼兩髦，實維我儀』，又云『為絺為綌，服之無斁』，儀河、綌斁尚得為韻，准坻相韻，何故不可。」（2062 上）坻、濰，脂韻；准，皆韻。脂、皆二韻同屬顧炎武古音第二部，段玉裁古音弟十五部，「准」字實不煩改。但陸德明、孔穎達等以為古人韻緩，則亦未為得，非知古音而云爾。然則王劭、二劉之古音說，據不同時代韻文實事，歸納而立體例，方法科學，歷史觀點十分突出，與當時通行之「韻緩」、「協韻」等說，非同日而可言者。今之言古音學史者，又謂吳棫、陳第為清代古音學之先驅。實則王劭、二劉之音學，未成體系，未見著書，有讓於吳、陳，至見識之精審，則可許在其上也。陳言「時有古今，地有南北」，備受學者重視，膾炙人口，豈不見王劭不僅辨別古今，且已知後漢為古音、晉為今音，與今日學者上古音、中古音之大概界限，若合符節，何精闢之至也。顧炎武《唐韻正》備錄襄十年疏、昭七年疏，而《音論》未及王劭、劉炫一字，後之學者皆以《音論》為古音學史之綱要，而多不習《唐韻正》，遂不知隋代即有王、劉之音學。王劭論古音，雖復未成體系，自非一時即興之說，故《史記・周本紀》「赧王延立」索隱曰：「《尚書中候》以赧為然，鄭玄云：『然讀曰赧。』王劭案：『古音人扇反，今音奴板反。』」此王劭語，亦分古音今音為說。蓋王劭與劉炫自當有切磋討論之宜，而其學術態度亦頗相通。傳統義疏學家，不通詩文[30]，必不得博考漢以後詩文用韻，又囿於討論經傳文字之範圍，不得超出韻緩、協韻兩說之外，自然也。王劭以博通文獻著，史傳所稱，亦不拘舊學傳統，敢於創說。〈曲禮〉正義云：「隋秘書監王劭，勘晉宋古本，皆無『稷曰明粢』一句，立八疑十二證，以為無此一句為是。……王

---

[30] 如《顏氏家訓》曰：「俗間儒士，不涉群書，經緯之外，義疏而已。吾初入鄴，與博陵崔文彥遊，嘗說《王粲集》中難鄭玄《尚書》事。崔轉為諸儒道之，始將發口，懸見排蹙，云：『文集只有詩賦銘誄，豈當論經書事乎。且先儒之中，未聞有王粲也。』」

劭既背《爾雅》之說，又不見鄭玄之言，苟信錯書，妄生同異，改亂經籍，深可哀哉。」（1269 中）多勘書本，條列諸多疑事實證，敢為改經，以致孔穎達等攻駁，頗與二劉類似。當知二劉學術亦與時代應運而興，顏推之、王劭等人之與二劉之間，不可否認有共同趣向也。（2013 年補注：隋代風氣請參拙著《北京讀經說記》所收〈《毛詩正義》的歷程〉。又，劉知幾以劉炫為己宗，贊賞王劭，思想立場相近。）

　　上來所述可見，二劉論說常以羅列各類實事為證，而其範圍又甚廣泛，故亦常見引漢以來史事為說者。此亦皇侃、賈公彥等舊義疏家所不為。如〈舜典〉疏論渾天儀而云：「江南宋元嘉年，……太史丞錢樂鑄銅作渾天儀，傳於齊梁。周平江陵，遷其器於長安，今在太史臺矣。……」（127 上）又昭二十一年疏云：「此無射之鐘在王城鑄之，敬王居洛陽，蓋移就之也。秦滅周，其鐘徙於長安，歷漢、魏、晉，常在長安。劉裕滅姚泓，又移於江東，歷宋、齊、梁、陳，其鐘猶在。東魏使魏收聘梁，收作〈聘遊賦〉云『珍是淫器，無射高縣』是也。及開皇九年平陳，又遷於西京，置太常寺，世人悉共見之。至十五年敕毀之。」（2097 上）又如襄二十九年「子其不得死乎，好善而不能擇人」疏：「昔有當塗貴邳國公蘇威嘗問曰：『知人是善，然後好之。何以言其不能擇人？』有曰：『好善，仁；擇人，鑒。雖有仁心，鑒不周物，故好而不能擇也。』劉炫以此言亦有所切於彼。」（2006 上）後見劉炫評語，則蘇威問答是劉炫所記可知。此等儼然為史家雜記之筆，皇侃、賈公彥等疏絕不可見。又如《詩・韓奕》序箋「梁山，今左馮翊夏陽西北」，疏云：「漢於長安畿內立三郡，謂之三輔：京兆在中，馮翊在東，扶風在西。外郡之長謂之太守，此三輔者謂之京兆尹、左馮翊、右扶風。『左』、『右』猶外郡之名『太守』也。計此止須言馮翊耳，不須言左，但《漢書》稱馮翊、扶風之人，皆并言左右，故鄭亦連言左。范曄《後漢書》始於馮翊、扶風之人不言左右耳，以前皆并言左右，服虔《左

傳解贊》云『右扶風賈君』是也。」（570 中）有無「左」、「右」字，與經注文義全不相干，而《正義》詳考史書言不言左右之例，論謂范曄《後漢書》始不言左右，其前皆并言左右。是考歷代史書語言習慣，皇侃、賈公彥等義疏家無意為之，恐亦無力為之者。又若上節（引文 4），二劉欲論繇辭當韻而云：「郭璞撰自所卜事，謂之《辭林》，其辭皆韻，習於古也。」是據後世俗事以證經典文字。又如襄十九年：「齊侯圍高唐。見衛在城上，號之，乃下。問守備焉，以無備告。捫之，乃登。」賈逵、杜預以為齊侯以夙沙衛告誠，捫而禮之，欲生之；衛志於戰死，故不順齊侯之捫而還登城。服虔引彭汪疑賈說，云：「齊欲誅衛，呼而下與之言，固可取之。無為捫之，復令登城。」孔疏為之解釋曰：「衛已下城，齊侯不即執取者，或有所隔礙，不得取之。漢末曹操與馬超對語，徐晃與關羽對語，皆讎敵交言而不能相取，亦何怪古之人乎。」（1969 上中）是引三國故事，以證春秋之事，亦可謂據後世俗事證經典之法[31]。又如襄二十四年「其次有立言」疏：「老、莊、荀、孟、管、晏、楊、墨、孫、吳之徒，制作子書，屈原、宋玉、賈逵、楊雄、馬遷、班固以後，撰集史傳及制作文章，使後世學習，皆是立言者也。」（1979 中）累舉古今作者，不厭其煩，以共實證，亦非皇侃、賈公彥等義疏之體。

　　網羅各類事例，分析條理，而謂其無義例者，[32]亦可以為二劉學術之重要特點。

31　案：徐晃與關羽對語，見裴注《蜀書》引《蜀記》。

32　綜合諸例考之，義疏所謂「無義例」殆皆可以理解為「無義意」。（「義意」亦常見之語，非「意義」之誤倒。）如此經言如何與彼經言如何，語言不同，但其間並無深意，即可謂「無義例」。彼此不同，並無規律，即意義無別也。蓋杜預等言「無義例」，本就《春秋》經文體例為說，至後世則用之漸泛，未必皆可謂體例。本論文凡言「義例」、「無義例」，皆沿襲諸疏用詞，彼此不同之間無義意可言即為「無義例」。

（引文 28）

〈螽斯〉疏：「傳言『興也』，箋言『興者喻……』，言傳所興者欲以喻此事也。興、喻名異而實同。或與傳興同而義異，亦云『興者喻……』，〈摽有梅〉之類也。亦有興也不言興者，或鄭不為興，若『厭浥行露』之類。或便文徑喻，若〈綠衣〉之類。或同興，箋略不言喻者，若〈邶風〉『習習谷風』之類也。或疊傳之文，若〈葛覃〉箋云『興焉』之類是也。然有『興也』不必要有興者，而有興者必有『興也』。亦有毛不言興，自言興者，若〈四月〉箋云『興人為惡有漸』是也。或興喻竝不言，直云猶、亦、若者。雖大局有準，而應機無定。鄭云喻者，喻猶曉也。取事比方以曉人，故謂之為喻也。」（279 上中）

此疏綜合諸例，分析歸納傳箋說興之例，計有傳言興箋言喻而實同者、傳言興箋言喻而義異者、傳言興箋不言即不以為興者、傳言興箋不言而徑喻者、傳言興箋略而不言者、傳不言興而箋自言興者、皆不言興、喻而言猶、亦、若者，共七例，而其結論，則謂「大局有準，而應機無定」，意謂不可以例論。欲言其無義例，而先分類羅列各類事例，以此實事為據，反謂實無義例。諸事畢見，則餘人無可再論其有義例也。

（引文 29）

〈靈臺〉「矇瞍奏公」，傳「有眸子而無見曰矇，無眸子曰瞍」，疏：「矇瞍皆無目之名，就無目之中以為等級。矇者言其矇矇然無所見，故知有眸子而無見曰矇，即今之青盲者也。矇有眸子，則瞍當無，故云無眸子曰瞍。

其瞽亦有眸子，矇之小別也。故〈春官〉『瞽矇』注鄭司農云『無

目眹謂之瞽,有目眹而無見謂之矇,有目而無眸子謂之瞍』,亦與此傳同也。此則對而為名。其總則皆謂之瞽:《尚書》謂舜為瞽子,《外傳》云『吾非瞽史』,〈周頌〉有〈有瞽〉之篇,《周禮》有〈瞽矇〉之職,是瞽為總也。《周禮》『瞽矇』二字已是為官名,故文不及瞍;此言瞍,不言瞽,各從文之所便。《外傳》稱『矇誦瞽賦』,亦此類也。《周禮》上瞽、中瞽、下瞽,以智之高下為等級,不以目為次第矣。」（525 中）

瞽有泛言無見者,非釋此經注所須也。此疏不厭繁重,羅列〈堯典〉、〈周語〉、〈周頌〉、《周禮》諸文例。對照《周禮》疏,其間差異顯然。案《春官・序官》疏:「案《詩》有『矇瞍』,案《尚書》有『瞽瞍』,於此文有『瞽矇』。據此三文皆文不具,司農參取三處而為三等解之。諸文皆瞽在上而矇瞍在下,先鄭即以瞽為無目眹,當第一。『無目眹』謂無目之眹脈,謂之瞽。『有目眹而無見謂之矇』,謂矇矇然有眹脈而無見也。云『有目無眸子謂之瞍』者,謂目精黑白分明而無眸子人者,謂之瞍。」（754 上中）賈疏僅舉《詩》「矇瞍」、《尚書》「瞽瞍」及此《周禮》「瞽矇」共六字之文,以為《周禮》、《尚書》皆上言「瞽」,下言「瞍」、「矇」,《詩》則「矇瞍」並列,「瞽」終不在下,是故先鄭注以瞽為第一。執隻文片語,強為其說,雖則巧為立說,言之有條理,奈其理不通達,不免稍嫌牽強,終不如《詩》疏說之具體現實且詳備。惟此則學風之不同,不可遽議其間優劣者也。

（引文 30）

〈天保〉「于公先王」,箋「公,先公,謂后稷至諸盩」,疏:「『先公謂后稷至諸盩』,俗本皆然,定本云『諸盩至不窋』,疑定本誤。

〈中庸〉注云『先公，組紺以上至后稷也』，〈司服〉注云『先公，
不窋至諸盩』，〈天作〉箋云『諸盩至不窋』，所以同是先公而注異
者，以周之所追王，大王以下；其太王之前皆為先公。而后稷，
周之始祖，其為先公，書傳分明，故或通數之，或不數之。
此箋『后稷至諸盩』，〈中庸〉注『組紺以上至后稷也』，—— 組紺
即諸盩，大王父也。—— 一上一下，同數后稷也；〈司服〉注『不
窋至諸盩』，〈天作〉箋『諸盩至不窋』，亦一上一下，不數后稷。
皆取便通，無義例也。何者？以此及〈天作〉俱為祭詩，同有先
王先公，**義同而注異，無例明矣。**」（412 下）

鄭注四經「先公」，或數后稷，或不數后稷，或先古後新，或先新後古，
不同。案皇侃《論語疏》、賈公彥《二禮疏》等為疏之體，以經注語言為
議論前提，見經注有互不相同者，必欲解釋所以不同之理。故〈司服〉注
「先公，謂后稷之後，大王之前，不窋至諸盩」，疏云：「后稷雖是公，不
諡為王，……特尊之，與先王同……是以鄭云『后稷之後，大王之前』，
不數后稷。……經皆云先公，注或言后稷，或不言后稷者，〈中庸〉云『周
公成文武之德，追王大王、王季，上祀先公以天子之禮』，后稷既不追王，
故注先公中有后稷也。〈天保〉詩云『禴祠烝嘗』，是四時常祭，故注先公
中有后稷。〈天作〉詩是祫之祭，禮在后稷廟中，不嫌不及后稷，故注不
言后稷。各有所據，故注不同也。」（781 下）是賈公彥《周禮疏》一一就
四處經注解說其或言后稷或不言后稷之理。又案〈中庸〉注「先公，組紺
以上至后稷也」，孔疏：「此經云『追王大王、王季，上祀先公』，則先公
之中包后稷也，故云『組紺以上至后稷也』。案〈司服〉云『享先王則袞
冕，先公則鷩冕』，以后稷為周之始祖，祫祭於廟，當同先王用袞，則先
公無后稷也，故鄭注〈司服〉云『先公，不窋至諸盩』。若四時常祀，唯

后稷及大王、王季之等，不得廣及先公，故〈天保〉云『禴祠烝嘗，于公先王』，是四時常祀，但有后稷、諸盩以下，故鄭注〈天保〉云『先公，謂后稷至諸盩』。此皆盡望經上下釋義，故不同。」（1628 下—1629 上）《禮記正義》雖不言及〈天作〉，但就〈中庸〉、〈司服〉、〈天保〉三處經注，一一釋其或言后稷或不言后稷之義，其說與〈司服〉疏略同，可以知矣。《禮記正義》與《詩》疏同出孔穎達等編訂，而其說不與《詩》疏同，反與《周禮》疏同，當為何解？且觀〈天作〉之疏。彼序「祀先王、先公也」，箋：「先公，諸盩至不窋」，疏：「諸盩至不窋，於時並為毀廟，唯祫乃及之。此言祀者，乃是時祭，其祭不及此等先公，而箋言之者，因以『先公』之言，廣解先公之義，不謂時祭皆及也。時祭先公，唯后稷耳。若直言『先公謂后稷』，嫌此等不為先公。欲明此皆為先公，非獨后稷，故除去后稷而指此先公也。或緣鄭此言，謂此篇本為祫祭。案〈玄鳥〉箋云『祀當為祫』，若鄭以為祫，亦當破此祀字。今不破祀字，明非祫也。〈天保〉云『禴祠烝嘗，于公先王』，彼舉時祭之名，亦兼言公、王；此亦時祭，何故不可兼言公、王也？彼祭亦不盡及先公，而箋廣解先公；此何故不可廣解先公也？且此詩若是祫祭，作序者言『祫於太祖』，則辭要理當；何須煩文言『先王、先公』也？以此知所言祀者，正是時祭。」（585 下）此疏「或緣鄭此言，謂此篇本為祫祭」，正謂〈司服〉疏所述之說。「案〈玄鳥〉」以下，乃駁難之說。「或」說僅止二句，簡之又簡，至其駁說則有聲有色，接連為反詰之語，大段議論，亦不惜篇幅，何也？是則可疑《周禮》疏所述，實義疏家舊說，舊說《毛詩》者皆為其說，而二劉始破之。《周禮》疏、《禮記正義》皆因襲舊說，未改據二劉說，故《正義》同出孔穎達等刪訂，而《詩》疏與《禮記》疏不同也。今更評析新舊二說，可謂：舊說以經注文字為前提，專力探討此等不同文字之間有何條理可言；至二劉則先知其事當無不同，反觀其文字差異，遂謂實無義例可言。換言之，舊說

探討文字，二劉探討事情。又換言之，舊說之理在文字之間，二劉之理在文字之外。以此為舊義疏學與二劉學術之根本差異，蓋不甚遠。此亦所以謂二劉學術為現實合理主義也。

就經注文之間差異，審覈諸例，摒除傅會穿鑿而判為「無義例」之說，《詩》、《書》二疏最為常見，而亦不可謂二疏所特有。上第一章（引文 33）皇侃《論語疏》言「隨語便，無別義也」，語意頗相似，但《論語疏》一書不排斥傅會，不可以此一例概其全書耳。《周禮》、《儀禮》疏「無義例」之說絕少見，其僅見者如《周禮·大宰》「大喪，贊贈玉、含玉」，疏：「含玉，始死用之；贈玉，於葬乃用。此文後云含玉者，用之則有先後，此作文先後，無義例。」（650 下）案〈典瑞〉云「大喪，共飯玉、含玉、贈玉」，（778 下）是先言含玉，後言贈玉。然則先後之間無義例，自可知也。其《周禮》「鄭氏注」疏云：「或云注，或云傳，不同者，立意有異，無義例也。」（639 上）此正所以破舊說穿鑿，而有所本。皇侃以為「自漢以前為傳，自漢以後為注」，見《禮記正義》（1229 下），而《禮記正義》及《儀禮·喪服》疏（1096 下）皆非之，《尚書序》疏（116 中）說之尤為詳盡。然則此說雖見《周禮疏》，不得謂出賈公彥創義。依其皇侃仍為舊說，且《尚書疏》論之最詳備，《周禮》、〈喪服〉、《禮記》疏皆甚簡略，則此新說或出二劉，又未可知也。至若《禮記·祭法》疏云：「虞氏云『有』者，以『虞』字文單，故以『有』字配之，無義例也。……此並熊氏之說也。」（1587 中）是則熊安生說「有虞氏」所以有「有」字者，言「虞」單字不便，故配「有」字，實無義例。此說不僅見「無義例」語，且邏輯方法，正與上（引文 29、30）《詩》、《書》正義無異，而其說確出熊氏無疑，不可謂至二劉始有「無義例」之說。其實「無義例」之說，用之最多，言之最有力者，則杜預《春秋釋例》及《經傳集解》是也。杜預之意，見《經傳集解序》云：「或曰：《春秋》以錯文見義。若如所論，則經當有事同文異而無其義也。

先儒所傳皆不其然。答曰：《春秋》雖以一字為褒貶，然皆須數句以成言，非如八卦之爻，可錯綜為六十四也。固當依傳以為斷。」《釋例‧公即位例》云：「劉、賈、潁又欲為傳文生例，云……博據傳詞，殊多不通。案……此皆同意而別文之驗也。傳本意在解經，非由文以生例也。若當盡錯綜傳辭以生義類，則不可通。」又〈大夫卒例〉云：「丘明之傳，月無徵文，日之為例者二事而已，其餘詳略皆無義例，而諸儒溺於《公羊》《穀梁》之說，橫為《左氏》造日月褒貶之例。」又〈氏族例〉云：「尋案《春秋》諸氏族之稱，甚多參差，而先儒皆以為例。」又〈侵伐襲例〉云：「言左氏不明義例，不以為義例，則異同詳略皆本史也。而諸君區區溺意于亂文，欲于無意之中求義。」類似之言，多不勝舉，當知《釋例》每譏先儒傅會穿鑿，無義例處求義例。今不敢論杜氏學術，但「釋例」之學，不論作者意之所在，若言其實際意義，則在杜絕傅會穿鑿。譬若淩廷堪《禮經釋例》不為其師翁方綱所重，因其羅列諸例，不足為著作也；而其意義重大，影響深遠，則因諸例畢見，後之為說者不可違此諸例而自立體例也。杜預於劉、賈、許、潁諸儒之後，而徧列諸例，則先儒之傅會穿鑿，不辨自顯矣。劉炫治杜注《左傳》而專為規杜之說，為唐人所詬病。但惟研究之深刻，始可為攻駁之論，所謂「操吾戈以伐我」者也。《左傳》疏少見其自為「無義例」之說者，正因杜預注及《釋例》已多言之故。是以或有述杜預說而稱「無義例」者，如：

（引文 31）

襄公十四年疏：「《釋例》云：『諸侯奔亡，皆迫逐而苟免，非自出也。傳稱孫林父、甯殖出其君，名在諸侯之策，此以臣名赴告之文也。仲尼之經，更沒逐者之名，主以自奔為文，責其君不能自安自固，所犯非徒所逐之臣也。衛赴不以名，而燕赴以名，各隨

赴而書之。義在於彼，不在此也。』杜言在彼不在此者，義在自
出為罪，不在名與不名。以其失國已足罪，賤不假復以名責，故
史記隨赴而書，仲尼依舊為定也。〈曲禮〉云：『諸侯失地，名；
滅同姓，名。』記之所言，當據《春秋》為義。滅同姓名，《春秋》
既依用之，則失地書名亦是大例，而杜云名與不名無義例者，
案……」（1955 下）

此杜說以為或名或不名實無義例，而未用「無義例」語，正義述其說乃言
「無義例」。又或有《釋例》言無義例，而注言似以為有例，劉炫遂駁其
注者：

（引文 32）
桓二年「冬，公至自唐」，疏：「僖二十八年公會諸侯于溫，遂圍
許，經書『公至自圍許』；襄十年公會諸侯于柤，遂滅偪陽，經書
『公至自會』：二文不同。《釋例》曰『諸若此類，事勢相接，或
以始至，或以終致，蓋時史之異耳』，無他義也。」（1743 下）[33]
襄公十一年經「公至自會」，注「以會至者觀兵，而不果侵伐」，
疏：「劉炫云：『杜《釋例》自言「事勢相接，或以始至，或以終
致，是時史異辭」，何為此注而云不果侵伐？』今知劉說非者，……」
（1949 中）

劉炫見襄十一年注謂「不果侵伐」，似據經止言「自會」不言侵伐而知。
是則與《釋例》以為經書「公至自會」等實無義例者自相矛盾，故立說攻

---

[33] 《四庫》館臣編錄《釋例》，據此疏補加「無他義也」一句，疑非。

杜注。是用杜預《釋例》無義例之說而攻駁杜預注之自作體例。[34]（2013
年補注：有補注說者，襄二十九「公至自伐齊」疏：「往年圍齊，今以伐致，傳既不說，
杜亦不解。……史異辭，無義例。」（1967 下））「無義例」之說，實為杜預論述之
關鍵，為杜注《左傳》作疏，無論贊述與駁難，都不得須臾離此。至於他
經，則未必皆有此說，而《詩》、《書》正義最常見「無義例」之說。若〈禹
貢〉正義云：「青州『濰、淄其道』與此『恒、衛既從』，同是從故道也；
荊州『雲土夢作乂』與此『大陸既作』，同是水治可耕作也。其文不同，史
異辭耳，無義例也。」（147 上）較之（引文 32）桓二、襄十一正義述《釋
例》，其意其言豈或稍異。意者二劉研習杜預之學，學術方法多所取資焉。
但此乃出臆測，非有明證，不便妄說。今可言者，二劉常法，列舉實事以
破棄先儒傅會穿鑿之說，斯乃與杜預同，而與皇侃《論語疏》、賈公彥《二
禮疏》不同，是可無疑義也。

　　二劉引書，範圍廣博。《詩》、《書》、《左傳》疏引詩賦頗多，皇侃《論
語疏》、賈公彥《二禮疏》及《禮記正義》絕少引用。上（引文 27）亦見
引張衡〈西京賦〉等例，他如〈禹貢〉揚州「島夷卉服」孔傳「南海島夷
草服，葛越」，疏：「葛越，南方布名，用葛為之。左思〈吳都賦〉云：『蕉
葛升越，弱於羅紈』，是也。」（148 下）〈王風〉鄭譜「殺幽王於戲」，疏：
「《史記》云『麗山』，《國語》言『於戲』，則是麗山之下有地名戲。……
潘岳〈西征賦〉述幽王之亂滅，云『軍敗戲水之上，身死麗山之北』，則
戲亦水名。韋昭云『戲，山名』，非也。」（330 上）以左思賦證孔傳，引潘
岳以駁韋昭，是專門義疏學者無力為之，亦無意為之者。又如襄公十年「親
受矢石」，孔疏：「《周禮・職金》『凡國有大故而用金石，則掌其令』，鄭
玄云：『用金石者，作槍雷之屬。』雷即礌也。兵法，守城用礌石以擊攻

---

[34] 孔穎達反駁劉炫，以為注云「不果侵伐」，非據經文「自會」而知。今不論其是非。

者，陳思王〈征蜀論〉云『下礧成雷，榛殘木碎』是也。」（1947中）歷引
《周禮》、「兵法」、曹植文以考「矢石」當為何物。較之〈職金〉賈疏則
曰：「云『金石者，作槍雷椎棒之屬』者，皆謂守城禦捍之具。」（882上）
僅此一句為疏解。是知賈公彥等舊義疏學，旨在通理，知其為守城禦捍之
用足矣，既不求其實為何物，又不為廣徵文獻，為之考證；又知二劉之學，
與舊時義疏學，為截然不同之學術也。但二劉亦限於引據著名詩文，印證
其事，── 晉人潘岳所作文學作品，何得以為周王史實？二劉廣徵著名詩
賦，欲與經傳互相印證而已。── 未能遍考文籍，考證其實。是以孫詒讓
等之精博又在二劉之上。賈〈職金〉疏、襄十年疏、孫〈職金〉正義，三
者相較，其間學術之差異顯然矣。至於昭二十六年「咸黜不端」疏：「諸
本『咸』或作『減』。傅咸為《七經詩》，其〈左傳詩〉有此句，王羲之寫
亦作『咸』。杜本當然。」（2114下）不僅能引傅咸詩，且以其王羲之書本
為據，引書證文之功，可謂至矣。《論語義疏》、《儀禮疏》、《禮記正義》
不引漢以來詩賦，《周禮疏》偶引之，而疑或據類書等轉引，是以〈考工
記〉序先鄭注「迆讀為『倚移從風』」之移」，疏引司馬相如〈上林賦〉為
釋，（907上）而〈輪人〉先鄭注「揱讀為『紛容揱參』之揱」，疏乃稱：「此
蓋有文，今檢未得。」（907下）其實〈上林賦〉「紛容揱參，倚移從風」，
兩句相連。[35]是知舊時義疏家以至賈公彥之等，實不諳誦漢賦，偶見引文，
亦未嘗一檢原文，固不可謂彼輩閑習其文也。哈佛燕京《引得》系列中有
《詩》、《三禮》、《左傳》注疏引書引得，雖復錯誤極多，[36]尚約略可見各
書引書範圍之大概，《詩》、《左傳》二疏引漢以來詩文較多，《儀禮》、《禮

---

[35] 賈疏此失，既見《困學紀聞》，清人姜宸英、戴震等又各言之，非有意掠美，即為失檢。
[36] 如《儀禮賈疏引書引得》出服虔注《公羊傳》、許慎注《儀禮》，《周禮注疏引書引得》
　　出《散文通義》等，皆由不得句讀，創造古書，可謂最絕。又上引傅咸《七經詩》等失
　　收亦多。

記》疏所絕無,《周禮》疏偶見一二耳。[37]

引錄史書,情形亦同詩文。上言二劉常引漢以來史事為說,並引《書》、《左傳》疏敍述南北朝至隋時重器移地之說。其餘《詩》、《書》、《左傳》三疏引漢以來史書史事者亦常見。(2013年補注:〈大雅・召旻〉疏有一大段論奄者之害,其文實出范曄《後漢書・宦者傳論》。)〈舜典〉疏云「大隋造《律》」云云,(129上)又云「漢及後魏贖罪皆用黃金,後魏以金難得,合金一兩收絹十匹,……今《律》……」(129中)[38]等。又如《詩》、《書》、《左傳》疏皆引《晉書》[39]等,其例多矣。《論語義疏》不引史書,《三禮疏》偶引《漢書》及其注等,餘不多見。如〈秋官・職金〉「掌受士之金罰、貨罰」,注引《書》曰「金作贖刑」,賈疏云:「古者言金,金有兩義。若相對而言,則有金、銀、銅、鐵為異;若散而言之,總謂之金。……但古出金贖罪,皆據銅為金。……」(882上)鄭注引《書》即偽孔本〈舜典〉,其疏自可引漢以來史事為證,如上引孔疏,而賈疏不引,可見孔賈之異。至《禮記正義》於〈郊特牲〉言「今禮及隋禮」云云,(1455中)〈昏義〉言「今唐禮母見子,但起立,不拜也」,(1680上)二言唐禮者,自非皇侃、熊安生之言,若非後人補筆,則當為孔穎達等所述也。

二劉引書範圍廣博,但引文亦必當有轉引者,固不得謂皆出二劉自引。例如〈尚書序〉疏:「顧氏引《帝王世紀》云:『神農母曰女登,……(此間今省一百一十九字)……十四月而生堯』,又云:『舜母曰握登,見大虹,感而生舜』。此言『謂之三墳』『謂之五典』者,……」(113下)案:「此言」以下論事既異,當非顧氏語。然則此引顧氏,專為引《帝王世紀》,是此

---

[37] 《周禮注疏引書引得》錄「左思《吳都賦》」、《禮記注疏引書引得》錄「陳思王詩」一條,均出誤錄《釋文》文,非注疏。

[38] 未暇詳考,不知兩「後魏」當如何解。孫氏《秋官》正義引亦如此,則似不以為文有訛誤。

[39] 或為王隱《晉書》,或非。

疏引《帝王世紀》而轉據顧氏也。又如〈武成〉「散鹿臺之財，發鉅橋之粟」，疏：「〈周本紀〉云：『命召公釋箕子之囚；命畢公釋百姓之囚，表商容之閭；命閎夭封比干之墓；命南宮括散鹿臺之錢，發鉅橋之粟，以賑貧弱也。』《新序》云『鹿臺其大三里，其高千里』，則容物多矣。此言鹿臺之財，則非一物也。《史記》作『錢』，後世追論以錢為主耳。」（185 中）案今本《史記》，〈周本紀〉作「鹿臺之財」，〈殷本紀〉、〈齊世家〉作「鹿臺之錢」。不知二劉所見本如何？但〈殷本紀〉集解曰：「如淳曰：『《新序》云鹿臺，其大三里，高千尺。』」檢《詩、左傳引書引得》，亦不見有引《新序》，頗疑二劉據〈殷本紀〉注轉引《新序》者。又〈小雅・小弁〉「弁彼鸒斯」，疏：「此鳥名鸒而云斯者，語辭，猶蓼彼、蕭斯、菀彼、柳斯。以劉孝標之博學而《類苑・鳥部》立『鸒斯』之目，是不精也。」（452 中）羅列單字配語辭之事證，固是二劉常法。此言雖輕鄙劉孝標，亦二劉參用類書之確證也。若襄四年疏：「《說文》云：『羿，帝嚳射官也。』賈逵云：『羿之先祖，世為先王射官，故帝嚳賜羿弓矢，使司射。』《淮南子》云：『堯時十日並出，堯使羿射九日而落之。』《楚辭・天問》云：『羿焉彈日，烏焉解羽。』《歸藏易》亦云『羿彈十日』也。言雖不經，難以取信，要言嚳時有羿，堯時亦有羿，則羿是善射之號，非復人之名字。」（1933 上）〈五子之歌〉疏（156 下）略同。其稱「言雖不經，難以取信」，固據堯使羿射日，事屬怪誕，二劉不信神異，故謂不經。但襄九年疏自稱「世有《歸藏易》者，偽妄之書，非殷易也」，（1942 上）而此引《歸藏易》者，豈謂事既不經，不嫌據偽妄之書也？今案《海外東經》郭璞傳正引《淮南子》、《楚辭》、《歸藏易》，疑疏文或本此。但今本郭璞傳「天問」稱「離騷」，「烏焉解羽」作「烏焉落羽」，又不合此二疏，則或據其他類書等，亦不可知也。又如《司馬法》傳本殘缺，而《左傳》、《詩》疏得引逸文者，實據服虔注等轉引，互勘諸疏可以見也。諸如此類，皆不得逕視為疏家自引

之文。

　　二劉引書不僅廣博，且為精審。偽孔《書序》疏云：「案今《世本》、《帝繫》及《大戴禮・五帝德》并《家語・宰我問》、《太史公・武帝本紀》，皆以黃帝為五帝。此乃史籍明文，而孔君不從之者，孟軻曰：『信書不如其無書。吾於〈武成〉，取二三策而已。』言書以漸染之濫也。孟軻已然，況後之說者乎。」（114 上）──徧列文籍之與孔序不合者，而引《孟子》為說，既見其博極文獻，又見不拘文獻之態度。二劉常考各類文獻之不同性質，心有成見，絕不一視同仁。如〈舜典〉疏：「王者所為巡守者，《孟子》稱晏子對齊景公云：『天子適諸侯曰巡守。巡守者，巡所守也。』……《白虎通》云：『王者所以巡狩者何？巡者循也，狩者牧也。為天子循牧養人。』彼因名以附說，不如晏子之言得其本也。」（127 下）《白虎通》說解固以聲訓為本，此疏言「因名以附說」，正得其要。而謂其不如晏子言之得本，則漢儒所尚重聲訓，二劉乃嫌其傅會牽強，未得其實也。〈王制〉「天子五年一巡守」，孔疏專引《白虎通》，以為「巡守」義解（1328 中），與〈舜典〉疏全然乖異。是知不取《白虎通》即出二劉之見。是以《白虎通》云「公者通也，公正無私之意也」，昭七疏乃引環濟《要略》云「自營為厶，八厶為公，言公正無私也」（2048 上），不引《白虎通》為說；〈王制〉疏引《白虎通》「三皇禪於繹繹之山，……繹繹者無窮之意，……三王禪於梁甫之山，梁者信也，甫者輔也……」，而稱「所禪之山，與《管子》不同者，異人之說，未知孰是」（1329 中），不以《白虎通》因名附說為不信。《尚書》《左傳》疏與《禮記》疏之間，差異顯然。又如襄十四年，尹公佗射公孫丁，與〈離婁〉尹公之佗稱「不忍以夫子之道反害夫子」者，其事正相反。孔疏謂：「孟子辨士之說，或當假為之辭。此傳應是實也。」（1957 中）是以《孟子》所載，多權宜之言，非皆實事。二劉於《大戴禮》亦持審慎之見，謂：「《大戴禮》遺逸之書，文多假託，不立學官，世無傳

者。」（524下）惟因如此，〈曲禮〉「大夫士去國」疏引《大戴禮・王度記》
「大夫俟放於郊三年，得環乃還，得玦乃去」為說，（1258下）〈檜風・羔
裘〉箋「得玦乃去」，疏乃專引《荀卿書》、《穀梁》注而不引《大戴禮》。
（381中）《公羊傳》亦以為漢儒所為，不可輕信：〈泰誓〉疏「《公羊傳》，
漢初俗儒之言，不足以取正」，（180上）〈顧命〉疏「《公羊傳》，漢世之書」
（237下）等言皆是也。《鄭志》今不知是否出後人假託，但義疏家皆以為
是鄭玄真說。但〈崧高〉疏乃曰：「或以為〈雜問志〉有云『……』……
〈雜問〉之志，首尾無次。此言或有或無，不可信也。」（566上）是信《鄭
志》而不信其中〈雜問志〉一篇，謹慎且審辨。〈陳風・東門之楊〉孔疏
云：「毛以秋冬為昏之正時。秋冬為昏，無正文也。《荀卿書》云：『霜降
逆女，冰泮殺止。』……荀在焚書之前，必當有所憑據。毛公親事荀卿，
故亦以為秋冬。《家語》云：『……霜降而婦功成，嫁娶者行焉……』《家
語》出自孔家，毛氏或見其事，故依用焉。」又云：「鄭以昏姻之月，唯
在仲春。……鄭不見《家語》，不信《荀卿》，以《周禮》指言『仲春之月，
令會男女』，故以仲春為昏月。」（377下）又，偽孔《書序》疏：「《尚書緯》
及《孝經緯》皆云三皇無文字，……與此說不同，何也？……緯文鄙近，
不出聖人。前賢共疑，有所不取；通人考正，偽起哀平。則孔君之時，未
有此緯，何可引以為難乎。」（113中）又，〈伊訓〉序疏：「劉歆、班固不
見古文，謬從《史記》。皇甫謐既得此經，作《帝王世紀》乃述馬遷之語，
是其疏也。」（162下）且不論說之得否，而其必欲討論不同時期作者與當
時文獻條件之關係，當稱精審。他如「《六韜》之書，後人所作」，見〈泰
誓〉疏 （181下），「《世本》傳寫多誤」，見宣二年疏（1867中）等，辨別真
偽之說，所在多見。《史記》與《詩》、《書》、《左傳》往往不符，所以三
疏言馬遷之妄者最為常見，不更舉例。

　　鑒別文獻性質，本為讀書考古之先務，古人自多論說，固非至二劉始

為之。仍就注疏所引為例,則如哀十三年疏引鄭玄云「不可以《國語》亂周公所定法」,又引傅玄云「《國語》非丘明所作,凡有共說一事而二文不同,必《國語》虛而《左傳》實,其言相反,不可強合也」(2171 下)。又如〈漸漸之石〉疏引《駁異義》云:「《爾雅》者,孔子門人作以釋六藝之文言,蓋不誤矣」(500 中),〈鳧鷖〉疏引《鄭志》云:「《爾雅》之文雜,非一家之注,不可盡據以難《周禮》」(538 中),〈樂記〉疏引馬昭云:「《家語》王肅所增加,非鄭所見,又《尸子》雜說不可取證正經,故鄭言未用」(1534 上)等,漢魏以來儒者多所探討。而大體情勢,南北朝末期,義疏學一則偏重義理,如皇侃《論語義疏》,二則自成專門,如《顏氏家訓》所譏,是以不能廣泛討論文籍,精辨文獻性質,如賈氏《二禮疏》是也。[40]《偽古文尚書》問題顯著,《周禮》、《儀禮》疏自亦有論述。〈大司樂〉先鄭注「九德之歌,《春秋傳》所謂『水、火、金、木、土、穀謂之六府……』」,賈疏:「此文七年趙宣子曰:『勸之以九歌,……正德、利用、厚生謂之三事。』注云:『正德,人德;利用,地德;厚生,天德。』此本《尚書・大禹謨》之言。賈服與先鄭並不見《古文尚書》,故引《春秋》也。」(790下)〈大射〉注:「諸公,大國有孤卿一人,與君論道,亦不典職,如公矣」,賈疏:「《成王周官》云:『立大師、大傅、大保,茲惟三公,論道經邦,燮理陰陽』,是三公論道,無職。此大國立孤一人論道,與公同,亦無職,故云『不典職如公』也。縱鄭不見《周官》,於《周禮》三公亦無職,〈考工記〉云『或坐而論道』,亦通及三公矣。」(1029 下)此等說漢人未見《古文尚書》,言之猶如口頭禪,未經親身探討。何以知之?則〈地官序官〉「保氏」,賈疏引《鄭志》:「趙商問:案《成王周官》『立大師、大傅、大保,茲惟三公』,……《成王周官》是周公攝政三年事,……鄭答曰:……」

---

[40] 若《伊訓》疏引顧氏說:「止可依經誥大典,不可用傳記小說。」(162下)亦似審辨文獻之意,但其分文獻為經典與傳記小說,則仍為經學專門之態度,全不類二劉之博達。

（698 中）賈公彥自引《鄭志》，又不曾謂《鄭志》為偽作，則鄭玄見《周官》，最有明證。而言「縱鄭不見《周官》」，何也。是知賈公彥言漢人未見《古文尚書》，不過販賣之說，不得視為賈氏研究之心得。又如夷狄名目，〈職方氏〉云「四夷、八蠻、七閩、九貉、五戎、六狄」，〈明堂位〉有「九夷、八蠻、六戎、五狄」，《爾雅》曰「九夷、八狄、七戎、六蠻，謂之四海」，三者不同。而鄭玄箋〈小雅‧蓼蕭〉序與《爾雅》同文，〈夏官‧職方氏〉及〈秋官‧布憲〉注引《爾雅》乃作「九夷、八蠻、六戎、五狄」，既與今本《爾雅》不同，又與《詩》箋不同。〈職方氏〉賈疏引《鄭志》調和〈職方氏〉與〈明堂位〉之說，而不檢《爾雅》，逕以〈職方氏〉注所引《爾雅》為《爾雅》原文，遂謂〈蓼蕭〉序箋不合《爾雅》者，或後人傳寫者誤。（862 中）〈蓼蕭〉孔疏則廣考鄭注諸書，言〈雒師謀〉、〈我應〉注與〈蓼蕭〉箋同，〈職方氏〉、〈布憲〉注引《爾雅》相同而與〈蓼蕭〉箋等不同，遂謂《爾雅》本有兩本。並云：「今李巡所注，『謂之四海』之下更三句云：『八蠻在南方，六戎在西方，五狄在北方。』此三句唯李巡有之，孫炎、郭璞諸本皆無也。李巡與鄭同時，鄭讀《爾雅》蓋與巡同，故或取上文，或取下文也。」（420 上）意謂鄭玄與李巡同時，鄭玄所據《爾雅》當如李巡本，作：「九夷、八狄、七戎、六蠻，謂之四海。八蠻在南方，六戎在西方，五狄在北方。」〈雒師謀〉、〈我應〉注及〈蓼蕭〉箋取其上文，故作「九夷、八狄、七戎、六蠻，謂之四海」；〈職方氏〉、〈布憲〉注九夷之外皆取下文，故作「九夷、八蠻、六戎、五狄」。當知二劉考證文獻之博且精，賈公彥等不得望其項背也。

二劉自以博極文獻自負，故《詩》、《書》、《春秋》三疏中，「徧檢書傳」之說最為常見。如〈堯典〉疏：「徧檢今之書傳，無堯即位之年。孔氏此傳言堯年十六以唐侯升為天子，必當有所案據，未知出何書。」（123 中）〈皇皇者華〉疏：「徧檢書傳，不見訓『懷』為『和』。」（407 下）僖三

十年注「昌歜，昌蒲菹」疏：「徧檢書傳，昌蒲之草，無此別名，未知其所由也。」（1831 上）案：徧檢書傳，自非皇侃、賈公彥等所可得而言，《論語義疏》、《二禮疏》不見此說。《禮記正義》乃見一二。如〈文王世子〉「夢帝與我九齡」，疏：「皇氏云以『九齡謂鈴鐸。謂天以九箇鈴鐸而與武王』。徧驗書本，『齡』皆從齒。解為鈴鐸，於理有疑，亦得為一義。」（1404 中）[41]「徧驗書本」以下評論皇說，當出孔穎達等手筆。而此「徧驗書本」專謂檢查此經各種抄本文字異同，非廣蒐文獻之謂也。

　　二劉學術超絕，亦不免輕慢之失。〈毛詩正義序〉云：「焯、炫等負恃才氣，輕鄙先達，同其所異，異其所同」，則其有更改經文之事，不足為怪。昭十二年「有酒如淮，有肉如坻」，劉炫欲改「淮」為「濰」，見上文。（p.73）又如成公十年「居肓之上，膏之下」，劉炫以「釋者為膏，連心之脂，不得稱膏，以為膏當為鬲，改易傳文」。（1906 下）二劉所作，義疏也，非訂寫經本，且義疏之為書，不具經文。則所謂改易，無非言其改易之意而已，自不容有逕改原文者。此與孔穎達等譏王劭「妄生同異，改亂經籍」，而王劭止為當無「稷曰明粢」之論說，亦無不同。〈漢廣〉「南有喬木，不可休息；漢有遊女，不可求思」，傳：「喬，上竦也。思，辭也。漢上游女，無求思者。」《正義》：「經『求思』之文在『遊女』之下，傳解『喬木』之下先言『思辭』，然後始言『漢上』。疑經『休息』之字作『休思』也。何則？《詩》之大體，韻在辭上。疑『休』『求』字為韻，二字俱作思。但未見如此之本，不敢輕改也。」（282 上）[42]此〈漢廣〉疏疑經文字誤，而

---

[41] 案「皇氏云以」，「云」、「以」二字意重。《禮記疏》偶有此例。（2013年補注：參札記「云曰當名詞解」，見 p.40 補注。）

[42] 「《詩》之大體，韻在辭上」，亦見哀十七年疏，見上節（引文 4），而〈關雎〉疏論之最詳，曰：「《詩》之大體，……『之』、『兮』、『矣』、『也』之類，本取以為辭，雖在句中，不以為義，故處末者皆字上為韻。『之』者，『……』之類也。『兮』者，『……』之類也。『也』者，『……』之類也。『矣』者，『……』之類也。『乎』

「不敢輒改」，稍見謹慎耳。此更有一疑案，可疑二劉改文，事蹟惡劣者。

（引文 33）

〈大宗伯〉「五命賜則」，注：「則，地未成國之名。王之下大夫四
命，出封加一等，五命，賜之以方百里、二百里之地者。方三百
里以上為成國。」賈疏：「但成國之賦有三：若以出軍言之，《春秋》
襄公傳云『成國不過半天子之軍』，謂據公五百里而言，以其侯伯
為次國二軍故也。若以執圭為成國而言，可及伯，即下經『七命賜
國』者是也。若以千乘為成國言之，唯公及侯，以其伯三百里，不
得出千乘，故鄭注《論語》云『公侯之封乃能容之』是也。」（761 中）

〈明堂位〉「封周公於曲阜，地方七百里，革車千乘」，注「兵車
千乘，成國之賦也」，孔疏：「案《左傳》云：『成國不過半天子之
軍。』案《論語》，『千乘之賦，居地方三百一十六里有畸』。諸侯
之地，三百里而下未成國也。公則五百里，侯四百里，計地餘有
千乘，故謂之成國。」（1488 下）

〈坊記〉注「成國之賦千乘」孔疏：「襄十四年《左傳》『成國不
過半天子之軍』，謂滿千乘則為成國，是公侯之封也。案：千乘之
賦，……」（1618 下）

〈大雅・板〉「大邦維屏」箋「大邦，成國諸侯也」，孔疏：「以言

者，『……』。〈伐檀〉『且漣猗』之篇。此等皆字上為韻，不為義也。然人志各異，
作詩不同，必須聲韻諧和，曲應金石，亦有即將助句之字以當聲韻之體者，則『……』、
『……』、『……』、『……』之類是也。」（274下）綜合分析，而羅列各類事例，不
僅「之」、「兮」諸字每得其事，且亦有語助辭入韻例，言論方法頗與上（引文 28）〈螽
斯〉疏論傳箋言興例相似。然則此等諸疏蓋皆出二劉也。（2013年補注：本書日文版出
版後，曾請平山久雄老師指正，平山師賜教函云：敦煌本S.2729《毛詩音》「息」下云
「炫以休求韻，疑息當為思」，可證孔疏此說正出劉炫。筆者推論二劉特色，據謂此說
出二劉，今蒙平山師以敦煌遺書證成之，知筆者推論不誤，不勝欣喜。）

大邦則不兼小國，故知為成國諸侯也。〈大宗伯〉云『五命賜則』，
注云『則，未成國之名』，又云『七命賜國』，則伯以上為成國也。
襄十四年《左傳》『成國不過半天子之軍，周為六軍，諸侯之大者
三軍可也』，〈明堂位〉注『成國之賦千乘』，則侯地四百里以上始
為成國，其伯未成國也。」（550 中）

《左傳》襄公十四年「成國不過半天子之軍」，杜注「成國，大國」，
孔疏：「《周禮・大宗伯》『以九儀之命正邦國之位，五命賜則，七
命賜國』，鄭玄云：『則，地未成國之名。王之下大夫四命，出封
加一等，五命，賜之以方百里、二百里、三百里之地者。方四百里
以上為成國。』如鄭之言，成國者唯公與侯耳。伯雖與侯同命，
地方三百里，未得為成國也。成國乃得半天子之軍，未成則不得
也。〈夏官〉序云『大國三軍，次國二軍，小國一軍』，當以公侯
為大國，伯為次國，子男為小國也。諸侯五等，唯有三等之命，
伯之命數可以同於侯，其軍則計地大小，故伯國之軍不得同於侯
也。」（1957 下—1958 上）

成國之說，〈大宗伯〉疏最明晰，可分三種。〈夏官序〉言「王六軍，大國
三軍，次國二軍，小國一軍」，雖不明說於公侯伯子男五等為如何，但經
學通說固以為周法公為大國、侯伯為次國、子男為小國，若以公侯為大國、
伯為次國、子男為小國則夏法也。是以〈魯頌・閟宮〉孔疏亦謂周公受七
百里之封，從上公之制，故有三軍，其後僖公之等皆二軍，從魯侯國之制
（617 中），說與〈夏官序〉賈疏同。[43]今〈明堂位〉、〈坊記〉、〈板〉、襄十

---

[43] 襄十一年孔疏引蘇氏說，以為僖公實有三軍，（1949下）與《詩》孔疏說相反。案：僖
公二軍、三軍，《鄭志》已兩解。然襄十一疏說，《春秋》之三軍與《禮》之三軍，名
同而實異。是則即謂僖公三軍，亦不可以為侯國三軍之證。

四年四疏皆混同大國三軍與千乘之賦，遂以公侯二等為成國，是忽視或曲
解〈夏官序〉文。大國三軍與千乘之賦已見混同，則三種減其一，故〈板〉
疏一則據〈大宗伯〉為伯以上，二則據三軍及千乘為公侯，是二種也。至
襄十四年疏，明引〈夏官序〉而為之曲解，又引〈大宗伯〉注而竄改其文，
於是三種變一種，成國即公侯之制，大功告成，萬事大吉。〈大宗伯〉注
文絕不得如襄十四年疏所引，可參孫氏《正義》。竄入「三百里」並改「方
三百里」為「方四百里」，又非字誤聲誤之類，則彼所引必出引者有意竄
改，不可以為無意之訛誤。考之劉炫「聰惠辯博」，「經注易者必具飾以文
辭」[44]等特點，又案孔穎達等無須故為此說，致與《詩》疏不合，此疏亦
不見唐人改編之痕跡，則頗疑此一竄改亦出劉炫，惟不可得證而定案耳。

　　二劉自恃才氣，漫罵前儒，疏杜注而專為規杜之說，止其一端而已。
襄七年疏：「何休《膏肓》執彼難此，追而想之，亦可以歎息也。」（1938
中）批評何休，而言「可以歎息」，是猶孔穎達等批評王劭而言「深可哀哉」
（見 p.75）之比。至成十八年疏：「霸者把也，把持王政。其數無定限也，
而何休以霸不過五，不許悼公為霸。以鄉曲之學，足以忿人。」（1924 中）
此則語氣諷刺，是屬漫罵之類。上引〈小弁〉疏譏評劉孝標《類苑》，（見
p.87）自非解釋經傳所須，直因劉孝標世稱博學，二劉自負，不甘居人後，
故必為貶低之言。意謂世人盛稱劉孝標之博學，其實彼猶不如我也。隱五
年疏：「漢代古學不行，章帝集諸學士作《白虎通義》，因《穀梁》之文為
之生說，曰：『……』案：苗非懷任之名，何云擇去懷任？秋獸盡皆不瘦，
何云蒐索取肥？雖名《通義》，義不通也。」（1726 下）據《通義》書名，
嘲笑其「義」不「通」，亦所謂自恃才氣，蔑視前儒也。皇侃博引前儒議
論，為之評析，從無漫罵之言。賈公彥《二禮疏》不明引前儒之說，自無

44　《左傳正義序》語。

譏評之語。管見祇有一處譏諷之說。〈大宗伯〉「以血祭祭社稷、五祀、五嶽」，鄭司農云「五祀，五色之帝，於王者宮中，曰五祀」，鄭玄云「此五祀者，五官之神在四郊，四時迎氣於四郊，亦食此神焉」，賈疏：「先鄭意，此五祀即〈掌次〉云『祀五帝』，一也。後鄭不從者，案〈司服〉云『祀昊天與五帝，皆用大裘』，當在圜丘與四郊上，今退在社稷之下。『於王者宮中』，失之遠矣。且五帝天神，當在上經陽祀之中，退在陰祀之內，一何陋也。」（758 中）讀之仍不免奇異之感。

三　結論

　　《詩》、《書》、《左傳》三經正義之學術風貌，是否可歸諸二劉，則蓋可也。上節事證有可知說之出二劉者，亦有《禮記正義》說與三經正義不同者，則知此等學術特點原出二劉。但二劉原文與孔穎達等編修之關係，尚不得知其詳。上（引文 14）《詩》、《左傳》、《書》三疏相較，《詩》疏「斯不然矣」下更言「竊以璞言為然」云云，最近二劉原文，《左傳》、《書》二疏「斯不然矣」下即稱「是解衡霍二名之由也」，疑出孔穎達等整編之語。《左傳》、《書》二疏，文極相似，而《書》疏略簡，且《書》經不見「四嶽」，而疏云「此云四嶽者」，是則可疑《書》疏因襲《左傳》疏文而略經刪編者。然〈堯典〉疏：「〈釋訓〉云：『鬼之為言歸也。』〈鄉飲酒義〉云：『春之為言蠢也。』然則釋訓之例，有以聲相近而訓其義者。『釐，治』，『工，官』皆以聲近為訓，他皆放此類也。」（121 下）文六年疏：「字有聲相近而訓者，『鬼之為言歸也』，『春之為言蠢也』，其類多矣。」（1844 下）是則兩疏說一，而《書》疏詳而《左傳》疏略。豈其《左傳》疏因襲《書》疏耶？（引文 18）《詩》疏與昭七年疏大段同文，而中間亦有詳略不同。《左傳》疏「鳴之以鼓柝，射之以弓矢」以下十句，對仗工整，絕非隨意漫言，而《詩》疏以「伐鼓用幣之儀，貶膳去樂之數」二句代之，頗疑《詩》

疏因襲《左傳》疏而經刪簡。然襄二十九年疏「知是武王制者，以為人子
者貴其成父之事」云云，（2008 上）上無所承，不知謂誰知「是武王制」者。
檢〈周頌・維清〉箋云「武王制焉」，其疏與襄二十九疏同。豈其《左傳》
疏因襲《詩》疏耶？然則或似《書》疏襲《左傳》疏，或又似《左傳》疏
襲《書》疏；或似《詩》疏襲《左傳》疏，或又似《左傳》疏襲《詩》疏，
不可一概而論。凡此等處，或別有他書，二劉作《詩》、《書》、《左傳》疏
分別因襲；或二劉先作某一經疏，後為他經疏，因襲前說；或二劉作《詩》、
《書》、《左傳》三疏畢，後又時為修改；或孔穎達等因襲二劉某經疏說，
以補他經疏：皆不可知。今既不得見二劉舊疏原文，則不可定論也。要三
經《正義》，已經孔穎達等刪訂，具體文字為當出劉也？為當出孔也？不
易辨定。雖然，三經《正義》之主要學術特點已見其出二劉，換言之，三
經《正義》與二劉之學術特點應當一致。

　　然《詩》、《書》、《左傳》三經《正義》之學術風貌，與皇侃《論語義
疏》、賈公彥《二禮疏》之間，差異顯然。上節務期多舉賈公彥《二禮疏》
與三經《正義》同說一事者，對照觀之，但亦未得條條必得賈公彥說為之
對照。又，如上節言三經《正義》常引漢以來史事為說者，亦或因《書》、
《傳》本為史書之故，《周禮》制度、《儀禮》儀節，無需多言史事。如上
節見〈東門之楊〉疏分說毛公、鄭玄與荀卿、《家語》之關係；而〈地官・
媒氏〉「仲春令會男女」疏無慮一千字，全引《聖證論》，稍為刪編而已，
更無疏家之言者；亦或因《詩》疏必為毛、鄭兩說，與《周禮》專主鄭玄
不同之故。當謂所釋之書既不同，疏釋亦當不一，不得並列對照見有差異
即以為是疏家學術之差異也。但其基本方法、態度之不同，乃貫穿全書之
精神，無論釋何書何事，未嘗或異。就此基本特點而言，三經《正義》之
學術風貌與皇侃、賈公彥判然有別，更無疑義。

　　上節言二劉學術特點為現實、合理、文獻主義。若為皇侃、賈公彥等

舊義疏學混言其特點為之對照,則可謂思維、推理、經注主義。舊義疏學,為傳統學術,而二劉等蔑視此傳統學術背景。為舊義疏學者,見昏禮六禮或言納,或不言納,必思其間有無條理可言,是為學術傳統。今人見賈公彥「納采,恐女家不許,故言納」等說,必當以為穿鑿無可取。此因今人不在此傳統中,故不知賈公彥何必為此牽強之說也。二劉知此傳統而且知此不過一時傳統,可以忽視甚至打破。二劉出自卑賤,又值世亂,不負任何傳統,故敢破壞舊學傳統,暢言皇帝新衣實無其物。二劉所以打破傳統之根據,乃為現實。〈天保〉、〈天作〉皆祭先王先公之詩,而注言不同,事既同也,又何義例可言?現實為根據,是需知識。條理可以思考得之,而現實不可思考而得,必須得之於知識。專門義疏家不諳漢賦,不廣考古文押韻,望文為說,冥思苦索,不過「韻緩」、「協韻」,而以為已得其說;二劉多記誦詩賦,故得言古人「多」、「祇」同音。二劉每論一事,皆得羅列各類事例,是舊義疏家所不可為。實事具在,各類畢舉,又何義例或義理可言?事實如此,是以為知。可謂二劉以知識取代舊義疏學之思考。但此亦可見二劉學術之輕薄。二劉欲以知識求勝,博則博矣,而思考為少。上節已論二劉往往引漢以降詩文印證經傳,雖廣博勝過專門義疏學者,終不如孫詒讓等之精博 (p.85)。何則?二劉頗重詩賦名篇,或引之不顧時代先後相隔遙遠,又得一名篇可以印證即以為足,不更為探索故也。舊義疏學追求經注各文之相互印證,二劉拓寬範圍,至於詩賦,如此而已。又〈關雎〉疏論「韻在辭上」,「之」、「兮」、「也」、「矣」、「乎」各舉一證 (見注 42);〈蓼莪〉疏說傳箋說興之例,歸納七類,各舉一證。又每堆累書證,常至五六種之多[45]。此等竟以立目齊備、例證具足為能事,機械作為,不見滴點思考。是以若謂舊義疏學為君子之學[46],則二劉學術可以謂之胥吏之學。

---

[45] 上 p.88 引偽孔《書序》疏羅列五種書名,亦其一例。

[46] 大夫以上為君子,今言「貴族」近是。

君子之學不敷實用，多胡說、廢話，而或見精美；胥吏之學頗中實用，多不留議論餘地，而令人厭惡。故謂二劉用知識打破舊義疏學傳統，且為之頗徹底有力，而未能建立新傳統。知識足以破壞傳統，而不足以建設；非思考則無以為建設也。

　　二劉學術之出現，亦即舊義疏學之衰亡。或謂唐朝編定《五經正義》以為功令，學術僵化，經學始衰，非也。二劉打破舊義疏學傳統，以後義疏學已不得更為義理、義例之思考探討，此所以義疏學之不得不衰亡。是以二劉以後，孔穎達、賈公彥等祇為編訂整理舊疏而已，更無所創立也。若然孔穎達編訂《五經正義》，學術方法已同二劉，而賈公彥《二禮疏》仍多舊義疏學內容者，蓋《二禮》離鄭學不可以言，而舊義疏學研究鄭學最得精密，「現實、合理、文獻主義」與《二禮》之學本不相容耳。（2013年補注：《穀梁》疏引舊疏，往往是傅會之說，楊氏或駁之，或不置可否。）

第三章

《禮記正義》簡論

一 《禮記正義》性質複雜

〈禮記正義序〉云：「今奉敕刪理，仍據皇氏以為本，其有不備，以熊氏補焉。」案：此蓋言其實。如〈樂記〉「且夫〈武〉，始而北出，再成而滅商，三成而南，四成而南國是疆，五成而分周公左、召公右，六成復綴以崇」，《正義》曰：「……云『且夫〈武〉，始而北出』者，謂初舞位最在於南頭，從第一位『而北出』者，次及第二位稍北出者。熊氏云：『則前云「三步以見方」，是一成也。作樂一成，而舞象武王北出觀兵也。』『再成而滅商』者，謂作樂再成，舞者從第二位至第三位，象武王滅商，則與前文『再始以著往』為一也。『三成而南』者，謂舞者從第三位至第四位，極北而南反，象武王克紂而南還也。……此並熊氏之說也。而皇氏不云次位。舞者本在舞位之中，但到六成而已，今舞亦然。義亦通也。」（1542 中）此因皇侃無舞者次位之說，故據熊安生為說，至後附皇說兩存之，即「其有不備，以熊氏補焉」之事。但《正義》所述，非每說皆稱皇氏、熊氏，而不稱誰氏者居多。

第二章於（引文 14、21）及（引文 30）下等，舉列《禮記正義》文，與《詩》、《書》、《左傳》疏相對照，論證《禮記正義》雖與《詩》、《書》、《左傳》疏同出孔穎達等編訂，而學術方法或顯絕異，蓋因《五經正義》多因襲舊疏，《詩》、《書》、《左傳》疏以二劉為本，《禮記正義》以皇侃為本，故《詩》、《書》、《左傳》三疏學術態度相通，而《禮記正義》獨不同。

是則《禮記正義》不稱誰氏之說者，固當多出皇侃，而其特點與二劉、孔穎達等不同，具有證據，不可疑義。

　　然亦有《禮記正義》之學術思想及態度不與賈公彥《二禮疏》、皇侃《論語義疏》同，反與《詩》、《書》、《左傳》三疏同者。例如：

　　（引文 1）〈文王世子〉：「文王曰：『……我百，爾九十，吾與爾三焉。』文王九十七乃終，武王九十三而終。」《正義》：「年壽之數，賦命自然，不可延之寸陰，不可減之晷刻。文王九十七，武王九十三，天定之數。今文王云吾與女三者，示其傳基業於武王，欲使武王承其所傳之業。此乃教戒之義訓，非自然之理。」（1404中下）

此以人壽為賦命自然、天定之數，不以文王減己三齡增武王三齡為信，而謂此經所云乃教戒之義訓、假託之言。較之第二章（引文 18、19）等所見二劉學術特點，頗相仿佛。又如：

　　（引文 2）〈月令〉「孟春行夏令則雨水不時」，注「巳之氣乘之也」，孔疏：「鄭之所注，例亦不同。或一句之下則云某之氣乘之，即此『風雨[1]不時』一句之下云『巳之氣乘之也』。或兩句之下則云某之氣乘之，故仲春行秋令則『其國大水，寒氣總至』，注『酉之氣乘之』，以二句俱當酉氣故也。或有三句之下始云某之氣乘之者，故孟春行冬令則『水潦為敗，雪霜大摯，首種不入』，注云『亥之氣乘之』，以三句共當亥氣也。氣當則言，無義例也。」（1357下）

---

[1] 今本經文作「雨水」，孔疏引述經文或作「雨水」或作「風雨」前後歧出。

探討所謂義例，分析羅列不同類型，每舉一例，而後斷謂其實「無義例」，與第二章（引文 28）以下所論二劉「無義例」說及第二章（注 42）引〈關雎〉疏等羅列類型之法，完全相同。至若：

> （引文 3）〈月令〉「是月也以立春」孔疏：「凡四立之月，天子車服之下皆云『是月』，以其為下立春、立夏、立秋、立冬事重，故云『是月』。其非四立之月，仲夏即云『養壯佼』，季夏云『命漁師』，十一月云『飭死事』，十二月云『命有司大難』，皆不云『是月』者，或是事為細小，或是事通他月，故不云『是月』。季冬難事雖大，惟此月為之，亦不云『是月』者，以年事既終，惟難而已，故不須云『是月』。或作記之人，辭有詳略，不為義例也。」
> （1355 下）

此則前為「義例」之說，「或作記之人」以下乃為「無義例」之說，兩說並舉，未及裁斷。

然則此等疏文定出誰氏？竊疑此等自非皇侃之言，而當出孔穎達等之筆。蓋孔穎達等受二劉學風影響極深也。但管見推測，未經論證，不足取信；必當就說之確出皇侃及孔穎達等者，知其立論之大概、基本之態度，始可辨識皇、孔學術之異趣，孔穎達等編撰之法以及《禮記正義》之複雜性質始可以言。本章試圖為之，並非所以全面討論《禮記正義》耳。

二　皇侃科段說

第一章論皇侃《論語義疏》，謂皇侃多創科段之說，又以闡說經文前後字句之關係為常。皇侃疏解《禮記》亦當如此。皇說科段之最顯者，當

舉〈樂記〉。

　　（引文 4）

　　《史記‧樂書》正義稱：「皇侃云：『此章有三品，故名為〈樂本〉，備言音聲所起，故名〈樂本〉。夫樂之起，其事有二：一是人心感樂，樂聲從心而生；一是樂感人心，心隨樂聲而變也。』」[2]

　　《史記正義》又云：「此〈樂本章〉第二段，明樂感人心也。人心即君人心也。樂音善惡由君上心之所好，故云生於人心者也。」[3]

　　又云：「此〈樂本章〉第三段也。前第一段明人心感樂，第二段明樂感人心，此段聖人制正樂以應之。此段自有二重：自『凡音』至『反人道』為一重，卻應第二段樂感人心也；又自『人生而靜』至『王道備矣』為一重，卻應第一段人心感樂也。」[4]

　　又云：「此第三段第二重也。人初生未有情欲，其至靜稟于自然，是天之性也。」[5]

　　又云：「此第二章名為〈樂論〉。其中有四段，此章論禮樂同異也。夫樂使率土合和，是為同也；禮使父子殊別，是為異也。」[6]

以下《史記正義》每章每段辨明科段，今不備錄。案第二條以下《史記正義》均不稱皇侃，而第一條引皇侃說既言〈樂本章〉分三品，與第二條以下所說符合，則第二條以下亦出皇侃說可知也。案《史記正義》又言：「此

---

[2] 中華書局點校本《史記》第1179頁。下引《史記》頁碼皆據此本。

[3] 同第1182頁。

[4] 同第1184頁。

[5] 同第1186頁。

[6] 同第1187頁。

〈樂情章〉第三段，明識禮樂本者為尊，識末者為卑。黃鍾、大呂之屬，故云非謂也。揚，舉也，謂舉楯以舞也。」[7]而《史記索隱》云「揚與錫同，皇侃以揚為舉，恐非也」，《禮記正義》亦云「皇氏云：『揚，舉也；干揚，舉干以舞也』」，（1538 上）此亦《史記正義》說出皇侃之旁證。又案《史記・樂書》、《別錄》、《禮記・樂記》十一篇編次皆不同，而《史記正義》所述皆以《禮記》為本。如《史記正義》有云：「此第六章名〈樂象〉也。本第八，失次也。」[8]其實依《史記・樂書》編次，該章不得數第六，《禮記・樂記》乃可次第六，而其序為第八者，《鄭目錄》述《別錄》之說也。此云本為第八，今為第六，明據《禮記》為說。又云：「此第十章名為〈樂化章〉第十，以化民，故次〈賓牟賈〉成第十也。」[9]其實《史記》次序〈賓牟賈〉更在後，〈樂化〉第十次在〈賓牟賈〉第九之後者，《禮記》乃然。又，《禮記正義》引錄皇侃分章之說，雖甚簡略，仍與《史記正義》所說符合。然則《史記・樂書正義》所載科段說，實出皇侃《禮記》疏，可無疑義。但此自非謂《樂書正義》之文皆仍皇氏之舊。如云：「施，式豉反。此第六章〈樂象法章〉第五段，不以次第而亂升在此段，明禮樂用別也。庾蔚之云云……」[10]案皇侃為義疏，例不為反切注音，「施，式豉反」一句疑非出皇侃。又，該段文字，於《禮記》即在所謂〈樂象章〉第四段之下，無由言亂次，《史記》始亂在所謂〈樂施章〉第三段下。然則「不以次第而亂升在此段」一句自據《史記》言，固非出皇侃可知。然其言此段為「第六章〈樂象法章〉第五段，明禮樂用別也」，又引「庾蔚之云云……」者自當出皇侃，應當分別觀之。今綜考《史記正義》、《禮記正

---

[7]　同第1204頁。

[8]　同第1210頁。

[9]　同第1218頁。

[10]同第1201頁。案：「此第六章」，點校本作「此第六段」，文意不通，今以意改。以其未詳考證，記此示慎。

義》之言，表列皇氏〈樂記〉科段說，當如下：

第一章〈樂本章〉，內分三段：

　　一、明人心感樂

　　二、明樂感人心

　　三、明聖人制正樂，內分二重：

　　　　一、應第二段樂感人心

　　　　二、應第一段人心感樂

第二章〈樂論〉，內分四段：

　　一、論禮樂同異

　　二、謂樂功

　　三、論禮與樂唯聖能識

　　四、謂禮樂之情

第三章〈樂禮章〉，內分三段：

　　一、明禮樂齊，其用必對

　　二、明禮樂法天地之事

　　三、明天地應禮樂

第四章〈樂施〉，內分三段：

　　一、明施樂以賜諸侯

　　二、明施樂須節

　　三、明禮樂所施各有本意

第五章〈樂言〉，內分三段：

　　一、言人心隨王之樂

　　二、明前王制正樂化民

　　　　　　三、言邪樂不可化民

　　第六章〈樂象〉，內分五段：

　　　　　　一、明淫樂正樂俱能成象

　　　　　　二、明君子所從正樂

　　　　　　三、明邪正皆有本，非可假偽

　　　　　　四、證第三段樂本之事

　　　　　　五、明禮樂用別

　　第七章〈樂情〉，內分三段：

　　　　　　一、明禮樂情達鬼神

　　　　　　二、證禮樂達鬼神之事

　　　　　　三、明識禮樂之本可尊

　　第八章〈魏文侯〉，子夏三答文侯之問，而第一答又分三段。

　　第九章〈賓牟賈問〉，問答自成章句。

　　第十章〈樂化〉，內分四段：

　　　　　　一、明人生禮樂恒與己俱

　　　　　　二、明禮樂不可偏用，各有一失

　　　　　　三、明聖人制禮作樂之由

　　　　　　四、明聖人制禮作樂，天下服從

　　第十一章〈師乙〉

如此編次，既與《鄭目錄》述《別錄》不同，又與《史記・樂書》無關，
是皇氏自就《禮記・樂記》編定第幾章之目，分科別段者也。[11]案所謂第
二章〈樂論章〉第一段下孔穎達等正義云：「皇氏云『從「王道備矣」以

---

[11] 雖復不知皇氏說有無所承。

上為〈樂本〉，從此以下為〈樂論〉』，今依用焉。此十一篇之說，事不分明，《鄭目錄》『十一篇略有分別』，仔細不可委知。熊氏云：『十篇鄭可具詳。依《別錄》十一篇所有〈賓牟賈〉，有〈師乙〉，有〈魏文侯〉；今此〈樂記〉有〈魏文侯〉，乃次〈賓牟賈〉、〈師乙〉為末。則是今之〈樂記〉十一篇之次，與《別錄》不同。推此而言，其〈樂本〉以下亦雜亂，故鄭「略有分別」。』案：熊氏此說不與皇氏同。」（1529 中下）[12]是分訂十一篇，其於事也別無憑據，熊氏直疑編次雜亂，蓋未敢定論也。然則皇侃專據文義，以意擬訂篇章，且每章細分科段，並各言其旨要，當謂頗具特色，而與《論語義疏》之科段說相通。

　　至孔穎達等編《正義》，獨取皇侃分十一章、擬定篇名之說，不取每章內分段及其旨要之說。《鄭目錄》既言十一篇之目，後之說此經者不得不為之說，孔穎達等自然取皇氏說，而不取其下之科段也。皇侃說科段，每言本章分幾段，第一段言何事，第二段言何事，科段之間結構分明。孔穎達等每章亦分節段，亦言每節所言之事，然初無本章分幾段、第一段言何事、第二段言何事之說；一章分幾節，並不成有機結構。

　　今更就第一〈樂本〉、第二〈樂論〉兩章，比較皇、孔之不同，則〈樂本章〉皇侃分為三段，而第三段更分二重；孔穎達等分此章為八節，初無層次之分。孔穎達等分八節，每言本節經文所言之事：第一節言：「此論人心感於物而有聲，聲相應而生變，變成方而為之音，比音而為樂，展轉相因之勢。」第二節言：「此一節覆明上文感物而動之意，結樂聲生起所由也。」第三節言：「上文云音從人心生，乃成為樂。此一節明君上之樂，隨人情而動：若人情歡樂，樂音亦歡樂；若人情哀怨，樂音亦哀怨。」第四節言：「此一節論五聲宮商角徵羽之殊，所主之事上下不一，得則樂聲

---

[12]　「十篇鄭可具詳」，今不解其義。豈文有訛誤耶？

和調，失則國將滅亡也。」第五節言：「前經明五者皆亂，驕慢滅亡。此一節論亂世滅亡之樂。」第六節言：「此一節明音、樂之異，音易識而樂難知，知樂則近於禮。又明禮樂隆極之旨、先王所以禮樂教人之意。」第七節言：「此一節論人感物而動，物有好惡，所感不同，若其感惡則天理滅，為大亂之道。故下文明先王所以制禮樂而齊之。」第八節言：「此一節以下至『樂云』，廣明禮樂相須之事。」綜觀此八條，皆刪要經文而得所言事之條目，不更為抽象概括，傅會說條理，雖亦或言與其上下節之間關係，要不離經文一步。如第六節，《正義》說「明音、樂之異」，「又明禮樂隆極之旨、先王所以禮樂教人之意」，謂本節所言凡有三事，並列其目而已，三事之間毫無條理關係，更無所謂一節要旨。又，第八節言「下至『樂云』」，則所指範圍包括第二〈樂論章〉及第三〈樂禮章〉，第一章第八節不與上七節接連，而與下第二章、第三章串聯。當知孔疏雖取皇侃擬訂分章篇目，但其於經文，小不拘皇氏分科別段，大不為皇氏分篇擬目所圍，而獨自觀看經文。孔疏專意分析經文所述之事，不為抽象，不為傅會，故其分節則經文內容之自然分段，其言大段落則或通貫至他章，以其皇氏所為分章科段並非經文內容之自然分節故也。

　　皇侃分科段之目如上所表舉，其第一段當孔疏第一、第二節，第二段當孔疏第三、第四、第五節，第三段第一重當孔疏第六節，第三段第二重當孔疏第七、第八節。經相比對，可見皇侃說之抽象性質。至第三段分二重，以為各與第一段、第二段相應，則尤可見其傅會傾向。其實此等當謂皇侃立論精彩巧妙之處，皇侃當曾為之頗費斟酌，不嫌傅會牽強，而為之具有層次之有機結構。觀此等說，斷不可以其牽強傅會而不足取，因皇氏未嘗不知其牽強傅會也。明知其牽強傅會而固為此說，則另有所見，另有所期。蓋皇氏之意，旨在建立精緻巧妙、委曲複雜而層層關連之有機結構。

　　皇氏追求於經文之外，建立條理結構，初不以牽強傅會為嫌，此即皇

氏科段之說，與本文第一章所論《論語義疏》特點完全一致。而孔穎達等排斥皇氏之傅會，專就經文所述之事，分析經文，則與本文第二章所論二劉之學術態度相通。皇侃傾向於經文之上創造建立邏輯論理之結構，二劉、孔氏傾向於經文之下分析羅列現實事實之細目，此其不同也。

第二章〈樂論〉，孔疏分六節，第一節不說所言何事。第二節言：「此一節明禮樂自內自外，或易或簡，天子行之得所，則樂達禮行。」第三節言：「此一節明禮樂與天地合德，明王用之，相因不改，功名顯著。」第四節言：「此一節申明禮樂器之與文并述作之體。」第五節言：「此一節申明禮樂從天地而來，王者必明於天地，然後能興禮樂。」第六節言：「此一節明禮樂文質不同，事為有異。」皇侃分段之目，如上表所列。其第一段當孔疏第一節，第二段當孔疏第二節，第三段當孔疏第三、第四節，第四段當孔疏第五、第六節。相比其目，亦可見皇侃分段及言其要旨，頗為抽象概括。

然此一章尤可注意者，孔疏中仍存皇侃分段之說。

（引文 5）〈樂論章〉第一段「樂者為同，禮者為異；同則相親，異則相敬」，孔疏曰：

「『樂者為同』者，此言〈樂論〉之事。謂上下同聽，莫不和說也。『禮者為異』者，謂尊卑各別，恭敬不等也。

此章凡有四段：自此至『民治行矣』為第一段，論樂與禮同異。將欲廣論，先論其異同也。自『樂由中出』至『天子如此則禮行矣』為第二段，論樂與禮之功。論同異既辨，故次宜有功也。自『大樂與天地同和』至『述作之謂也』為第三段，論樂與禮唯聖人能識。既有其功，故宜究識也。自『樂者天地之和』至『則此所與民同也』為第四段，論樂與禮

　　　使上下和合，是為同也。禮使父子殊別，是為異也。

　　　『同則相親』，無所間別，故相親也。

　　　『異則相敬』，有所殊別，故相敬也。」（1529下）

案：此見孔穎達等編撰之蹐駁。「此章凡有四段」以下，四段起止及其要旨之說，與《史記正義》所說符合，而且下經《正義》卻分六節為說，絕無涉及四段說之言。是知此實皇侃說，《正義》另分六節為之疏解，而仍留皇侃四段說，又無所折衷，是孔疏編撰草率，以致混亂。

　　又案此疏云：「第四段論樂與禮使上下和合，是為同也。」然「使上下和合，是為同也」者，「樂」則然也，非「禮」之謂，亦非「樂與禮」之事。又，「禮使父子殊別，是為異也」，所以釋經「禮者為異」，而為下文「有所殊別，故相敬也」所承。然則「使上下和合，是為同也」，當為經文「樂者為同」之解，下為「無所間別，故相親也」所承。是知「第四段論樂與禮」與「使上下和合，是為同也」之間，當有脫文。「使上下和合」，「使」上當有「樂」字，無論矣。依上文例之，參《史記正義》云「第四段謂禮樂之情也」，知「第四段論樂與禮」下當有「之情」等字，為第四段之要旨，而其下更當言其與第三段之關聯，惟其說已不可得而知也。

　　若然，此云「〔樂〕使上下和合，是為同也；禮使父子殊別，是為異也」，所以釋經「樂者為同，禮者為異」，而上文「『樂者為同』者，謂上下同聽，莫不和說也；『禮者為異』者，謂尊卑各別，恭敬不等也」，亦正所以釋「樂者為同，禮者為異」，是為重複，而且解釋不同。又，一章分為四段之說，退在釋經「樂者為同，禮者為異」兩句之下，亦為可怪。今考四段之說固出皇氏，而其下「〔樂〕使上下和合，是為同也；禮使父子殊別，是為異也」，與《史記正義》於第一段云「夫樂使率土合和，是為同也；禮使父子殊別，是為異也」者相合，亦當為皇侃之說。然則上云「『樂

者為同』者，此言〈樂論〉之事，謂上下同聽，莫不和說也；『禮者為異』者，謂尊卑各別，恭敬不等也」者必非皇氏說，當為孔穎達等所為。[13]要之，此經孔穎達等分六節為說，不取皇侃四段之說，而誤錄其文，混入疏中，故前後齟齬，且見譌脫，是見孔穎達等編撰之草率。[14]

今更以此疏四段之說與《史記正義》說相較，則此疏每段必言前後段之間論理關係，如言「將欲廣論，先論其異同也」，「論同異既辨，故次宜有功也」等，均不見《史記正義》。其實《史記正義》所載，第一章言第三段分二重與第一、第二段相應，見上科段表；於第三章第三段言「前聖人既作禮樂，此明天地應樂」；第四章第一段明施樂以賜諸侯，第二段明施樂須節，則言「既賜之，所以宜節也」；第四章〈樂施〉，第五章〈樂言〉，則言「前既以施人，人必應之，言其歸趣也」；於第五章第二段言「前言民隨樂變，此言先王制正樂化民也」；於第五章第三段則言「將言邪樂之由，故此前以天地為譬」；第六章第四段「證第三段有本不偽之由」，第五段「明禮樂之用，前有證，故明其用別也」；第六章〈樂象〉，第七章〈樂情〉，則言「象必見情，故以樂主情」；於第七章第二段言「前既云能通鬼神，此明其事也」。凡此等皆就前後章、段、重之間，言其前後論理關係者。當知《禮記正義》所見第二章四段之間前後論理之說，不過《史記正義》偶失載，其實亦出皇侃，不可以其不見《史記正義》而疑為孔穎達等所加也。據此知皇侃疏解〈樂記〉，每注意前後章節科段間之論理關係，

---

[13] 不知孔穎達等說另有所承與否？又，「此言〈樂論〉之事」，猶言「此下為〈樂論章〉」。因上文言「依用」皇氏擬定章目，而其「事不分明」，「仔細不可委知」，故此又就經文重言：「此言〈樂論〉之事。」

[14] 今不知脫文出於孔穎達等編書時，抑傳抄中譌脫？但即謂傳抄譌脫，亦由原書行文減裂，抄寫者不得其義之故也。（2013年補注：〈喪大記〉「祥而外無哭者，禫而內無哭者，樂作矣故也」，《正義》云「二處兩時不哭，是並有樂故也」；注「祥踰月而可作樂，樂作無哭者」，《正義》云「皇氏以為祥之日鼓素琴，樂作之文釋二處兩時無哭，與鄭注違，皇說非也」。（1581中下）上疏襲用皇疏，至下疏非之。）

此又與本文第一章所論《論語義疏》之特點完全一致。

　　通觀〈樂記〉第一、第二章，可見孔穎達等嫌皇侃科段說之傅會造作，不取其分段結構說，而另據經文所述之事為其節段。但分訂篇目既從皇侃，亦偶留皇侃分段結構前後關聯之說，故印象較混亂，所以謂《禮記正義》性質複雜。然《禮記正義》全書皆專據經文所述事為標準之節段，亦常見批駁皇侃前後關聯之說，則孔穎達等之學術態度及傾向可謂顯明。此更舉一例為證：

　　　　（引文 6）〈雜記下〉：「子貢問喪，子曰：『敬為上，哀次之，瘠為下。顏色稱其情，戚容稱其服。』請問兄弟之喪，子曰：『兄弟之喪，則存乎書策矣。君子不奪人之喪，亦不可奪喪也。』
　　　　孔子曰：『少連、大連善居喪，三日不怠，三月不解，期悲哀，三年憂，東夷之子也。』
　　　　三年之喪，言而不語，對而不問；廬、堊室之中，不與人坐焉；在堊室之中，非時見乎母也不入門。
　　　　疏衰皆居堊室，不廬。廬，嚴者也。」
　　　　孔疏：「『三年』至『入門』○正義曰：
　　　　皇氏云：『上云「少連、大連」及此經云「三年之喪」並下「疏衰」之等，皆是總結上文「敬為上，哀次之」及「顏色稱其情，戚容稱其服」。』
　　　　今案：別稱『孔子』，是時之語，不連子貢之問。此『三年之喪』以下自是記者之言，非孔子之語。前文『顏色稱其情』謂據父母之喪，此下文『疏衰』謂期親以下，何得將此結上『顏色稱其情』。皇說非也。」（1561 中下）

案：皇侃以為記文前後連貫，「孔子曰少連、大連」云云、「三年之喪」云云、「疏衰」云云，皆所以覆申上經「敬為上，哀次之」，「顏色稱其情，戚容稱其服」之義。孔疏非皇說，謂上經「敬為上，哀次之」，「顏色稱其情，戚容稱其服」，是孔子答子貢問，言父母之喪；「孔子曰少連、大連」云云，與答子貢不同時；「三年之喪」以下更非孔子語，且「疏衰」云云又與父母之喪無關。但皇侃豈不知「孔子曰少連、大連」云云非所以答子貢？豈不知「疏衰」云云與父母之喪無關者？知之也。知之，固為此說。當知皇侃此說，非謂「孔子曰」以下亦皆孔子答子貢之語，而是謂此數段記文，前後內容之間，有論理關聯可言，如此而已。孔疏駁論，貌似得理，其實全不足以服皇氏。孔疏言「皇說非也」，猶言其不喜皇說而已，邏輯上未嘗證明皇說之非。皇侃說經文前後之間，有條理可言；孔疏論此經前後所言之事各異，互不相干：兩者不同，在乎一欲於經文之外建立論理結構，一欲排除經文所述事實以外之一切。此乃兩者趣向之不同，斷非可以誰是誰非為論者也。（日文版（引文 6）增補如下一例：〈曲禮〉「禮聞取於人，不聞取人」，注「謂君人者。取於人謂高尚其道，取人謂制服其身。」（1231 上）孔疏先詳引熊說，即普通解釋，後引皇說以為人君取師受學之法，是皇氏以此經與下經「禮聞來學，不聞往教」相關連為說。以其附會，故孔疏不選用，引熊說為正解，猶附皇說於後。）

　　總結本節所論：皇侃《禮記疏》有科段之說，於經文前後之間，每論其間論理關係，且不嫌率強傅會，而以論理關係之精巧有結構為宗旨。此等特點，與本文第一章所論《論語義疏》完全一致。孔穎達等力主排斥傅會，解說經文，專就經文所述事實為說。故多不取皇侃科段之說，另據經文內容分為節段。又，詳言駁難皇侃科段說之牽強者，亦屬常見。此等傾向、態度，與本文第二章所論二劉學術風貌完全符合。然《禮記正義》中亦偶存皇侃科段之遺說，故謂《禮記正義》性質複雜。

三 孔穎達等取捨標準

孔穎達等參據舊疏，編定《正義》，而其取捨舊說之間，自有體例、標準與先儒不同者。

（引文 7）

〈郊特牲〉首章孔疏：「皇氏於此經之首，廣解天地百神用樂委曲及諸雜禮制，繁而不要，非此經所須；又隨事曲解，無所憑據：今皆略而不載。其必有所須者，皆於本經所須處，各隨而解之。他皆做此。」（1445 中）

《大傳》「謂弟之妻婦者，是嫂亦可謂之母乎」，注「復謂嫂為母，則令昭穆不明」，孔疏：「既以子妻之名名弟妻為婦，若又以諸父之妻名名兄妻為母，則上下全亂，昭穆不明，故不可也。鄭注〈喪服〉亦云：『弟之妻為婦者，卑遠之，故謂之婦。嫂者尊嚴之，是嫂亦可謂之母乎。』言其不可也，故言乎以疑之。是弟妻可借婦名，是兄妻不可借母名，與此注正合，無相違也。而皇氏引諸儒異同，煩而不當，無所用也。」（1507 中）

孔穎達等譏抨皇侃委曲討論先儒論說異同，或繁文旁論雜禮儀節，均與經注文義無關。孔穎達等一以釋述經注文義為本旨，故一概摒棄此等論說。或言「繁而不要，非此經所須」，或言「煩而不當，無所用」，雖就體例而言，然論其態度則專注經注文義所言事實，排斥先儒於經注文字之外所作，與上第二節所論正相通。至若：

（引文 8）

〈王制〉注「虞夏之制，天子服有日、月、星辰」，孔疏：「《尚書‧
皐陶》云『予欲觀古人之象，日、月、星辰、山、龍、華蟲，作
會；宗彝、藻、火、粉、米、黼、黻，絺繡』。……日、月、星辰
取其明。山者安靜養物，……。龍者取其神化，……。華蟲者謂
雉也，取其文采，又性能耿介，……。……大意取象如此。而皇
氏乃繁文曲說，橫生義例，恐非本旨。」

孔疏又云：「注〈司服〉云：『袞之衣五章，裳四章，凡九也；驚
之衣三章，裳四章，凡七也；毳之衣三章，裳二章，凡五也；希
之衣一章，裳二章，凡三也。』……袞之衣五章，驚衣、毳衣者
三章，希衣一章，衣法天，故章數奇；裳法地，故章數偶。以下
其數漸少，則裳上之章漸勝於衣，事勢須然，非有義意。皇氏每
事曲為其說，恐理非也。」（1326 中、下）

此等亦皆言皇侃「繁而不要」。但孔穎達等謂「皇氏乃繁文曲說，橫生義
例」，或謂「事勢須然，非有義意，皇氏每事曲為其說」，則皇氏不嫌傅會，
致力建立條理結構之說，孔穎達等嫌其牽強，謂其實無義例，極力攻駁皇
氏說，猶與本文第二章所論皇侃與二劉異趣正同。此當可見孔穎達等學
術，多沿二劉所開學術風氣。然孔穎達等如此態度，自不限於皇氏，於其
餘諸儒亦猶如此。是以〈檀弓下〉「大夫之適長殤，車一乘」孔疏：「諸侯
及大夫之子，熊氏云：『人臣得車馬賜者，遣車得及子。若不得車馬賜者，
雖為大夫，遣車不得及子。』案：此經云『大夫之適長殤，車一乘』，則
大夫之身五乘；下云『大夫五個，遣車五乘』：二文正同。但此總為殤而
言之，故言其子；下文為晏子大儉，故舉國君及大夫之身：本無及子、不
及子之義。橫生異意，無所證據，熊氏非也。」（1298 下）是也。

今既謂孔穎達等學術態度沿襲於二劉所開風氣，則上第一節（引文1、2、3）等所見《禮記正義》論述風格不與皇侃同而與二劉同者，自不足怪也。二劉竭力駁斥先儒傅會之說，孔穎達等亦然。

（引文 9）〈明堂位〉注「《周禮》『春祠、夏禴，裸用雞彝、鳥彝；秋嘗、冬烝，裸用斝彝、黃彝』」，孔疏：「皇氏、沈氏並云：『春用雞彝，夏用鳥彝，秋用斝彝，冬用黃彝。春屬雞，夏屬鳥，秋屬收禾稼，冬屬土色黃，故用其尊。』皇氏等此言，文無所出，謂言及於數，非實論也。種曰稼，斂曰穡，秋時不得稱稼。〈月令〉季秋『草木黃落』，冬即色玄，不得用黃彝也。下『追享、朝享，用虎彝、蜼彝』，追享謂祈禱也，朝享謂月祭也，若有所法，則四時不同，何以獨用虎、蜼。……是知皇氏等之說，其義非也。」（1490下—1491上）

〈樂記〉「鍾聲鏗，……鼓鼙之聲讙，……」，孔疏：「皇氏用崔氏之說，云：『鐘聲為兌，石聲為乾，絲聲為離，竹聲為震，鼓鼙為坎。』妄取五方之義，棄其五器之聲，背經違注，曲為雜說，言及於數，非關義理，又無明文，今並略而不用也。」（1541下）

〈明堂位〉皇氏謂每時專用一彝，傅會五行之說；〈樂記〉皇氏論樂器之聲，傅會卦氣五方之說：委曲為傅會之說，兩疏一也。孔穎達等批駁，則云「言及於數」，「無明文」，攻其涉玄術，非事實，并無根據，兩疏口氣亦一也。

總之，就《禮記正義》明稱皇氏者觀之，皇氏疏釋《禮記》，仍以講通條理為宗旨，為之不嫌涉傅會，與本文第一章所論《論語義疏》特點正相同。孔氏等編訂《禮記正義》，據皇侃《禮記疏》為藍本，多所因襲，

故第二章論《禮記正義》有其學術態度與二劉不同者，實皇侃與二劉之不同也。然就《禮記正義》孔穎達等批駁皇氏等說觀之，則知孔穎達等以釋說經注所述事實為主，斷絕枝蔓旁及之說，摒棄經注之外傅會說理之論，是與第二章所論二劉學術風貌正相同。然則皇氏之與孔穎達等，學術態度可謂正相反，而《禮記正義》以皇侃為本，經由孔穎達等剪裁，是有孔氏等自為之說者，亦有孔氏等駁難皇氏說者，又有孔氏等暗襲皇氏舊文舊說者，此即《禮記正義》性質之所以複雜難明也。

四 孔疏專據一家說

孔穎達等編撰《禮記正義》之學術態度，頗與二劉相仿佛，如上二節所見。然尚有一點，孔穎達等與二劉截然不同者，所謂「疏不破注」是也。疏不破注，常語也。孫詒讓《周禮正義略例》云「唐疏例不破注，而六朝義疏家則不盡然」，自注云：「孔氏〈禮記正義序〉稱皇侃時乖鄭義，〈左傳正義序〉稱劉炫習杜義而攻杜氏，是也。」孫氏之言，可謂通論。《左傳正義》中，劉炫規杜，孔穎達等駁劉之說，數以百計，劉炫不專據本注，最有顯證。《禮記正義》孔穎達等譏皇侃乖違鄭說，亦屬常見。是知〈左傳正義序〉、〈禮記正義序〉所言，自屬事實；而「疏不破注」乃孔穎達等撰定《正義》時始立之標準，亦可知也。

> （引文 10）〈月令〉季冬「命有司大難」，孔疏：「皇氏又云：『以季春「國難」下及於民，以此季冬「大難」為不及民也。』然皇氏解《禮》，違鄭解義也。今鄭注《論語》『鄉人難』云：『十二月命方相氏索室中，驅疫鬼。』鄭既分明云十二月鄉人難，而皇氏解季冬難云不及鄉人，不知何意如此。」（1383 下）

案：皇氏說今不得其詳，不知何以為此說。或僅就季春「國難」之文，以為季春下及國民，季冬變言「大難」，不言「國難」則不及於民，不可知也。孔穎達等駁皇說，則以為〈鄉黨〉「鄉人難」，鄭注「十二月」云云，則季冬十二月之難，「鄉人」與焉，是及於民也。是以孔穎達等譏評曰：「皇氏解《禮》，違鄭解義也。」然則孔穎達等之意，不止謂必遵本注，而謂必遵鄭氏一家之說，不論《禮注》與《論語注》也。

（引文 11）〈月令·鄭目錄〉疏：「其間分為天地說有多家，形狀之殊，凡有六等：一曰蓋天，文見《周髀》，如蓋在上。二曰渾天，……三曰宣夜，……四曰昕天，……五曰穹天，……六曰安天，……。注〈考靈耀〉用渾天之法。今《禮記》是鄭氏所注，當用鄭義，以渾天為說。按鄭注〈考靈耀〉云云……。」

又云：「然鄭四遊之極，元出《周髀》之文。但日與星辰四遊相反。春分日在婁，則婁星極西，日體在婁星之東，去婁三萬里，以度言之十二度也。則日沒之時，去昏中之星近校十度；旦時日極於東，去旦中之星遠校十度。……此皆與曆乖違，於數不合，鄭無指解，其事有疑。但《禮》是鄭學，故具言之耳。賢者裁焉！」（1352上中）

〈三年問〉「然則何以至期也」，注：「言三年之義如此，則何以有降至於期也？期者謂為人後者、父在為母也。」孔疏：「鄭意以三年之喪，何以有降至於期者。故云為人後者為本生之父母及父在為母期事，故抑屈，應降至九月、十月，何以必至於期？以其本至親，不可降期以下，故雖降屈，猶至於期。今檢尋經意，父母本應三年。『何以至期』者，但問其一期應除之義。故答曰『至親以期斷』，是明一期可除之節。故《禮》期而練，男子除絰，婦人

除帶。下文云加隆故至三年，是經意不據為人後及父在為母期。

鄭之此釋，恐未盡經意。但既祖鄭學，今因而釋之。」（1663 下）

〈月令〉疏言「《禮記》是鄭氏所注，當用鄭義」，謂當遵用鄭玄一家之說，非止謂專守本注之說，是以引據鄭玄注〈考靈耀〉為說。孔氏等又言「鄭無指解，其事有疑，但《禮》是鄭學，故具言之耳」，則其說鄭玄本《周髀》為之，自非《禮記》注說，而且「與曆乖違」，極可疑義。然孔氏等仍述鄭玄說，不以其可疑而別據他說，以其「《禮》是鄭學」之故也。至〈三年問〉，則孔穎達等明知鄭玄注說並非經意，且詳為辨說，然而直因「既祖鄭學」之故，其釋經文仍遵鄭說。可見孔穎達等之意，既取鄭玄注《禮記》，為之疏解，則當專據鄭玄一家之說。並非以為鄭說無誤，又非僅遵本注之謂。

《禮記正義》言「《禮》是鄭學」者，除上引〈月令〉疏外，又有二例。〈明堂位〉「六年朝諸侯於明堂，制禮作樂」，疏稱「周公制禮攝政，孔鄭不同」，下各細述孔鄭說武王崩至周公致政成王之年次，末云：「《禮》既是鄭學，故具詳焉。」（1488 下）〈雜記上〉注「大功以下，大夫士服同」，鄭意此經「大夫為其父母兄弟之未為大夫者之喪服如士服，士為其父母兄弟之為大夫者之喪服如士服」，是斬衰、齊衰之服大夫士異，大功以下乃同也。疏引《聖證論》王肅以喪禮自天子以下無等之說及馬昭答王肅語，並述張融評說。後稱「《禮》是鄭學，今申鄭義」，解析王說，見其說不足以證鄭非，而且指摘王說之短。最末謂杜預、服虔說「竝與鄭違，今所不用也」（1550 下）。二疏皆討論鄭說，非專論本經注義。又皆以鄭說之外更有別解，且別解亦非全不可通者。然疏家必欲申鄭說而不取別解，於是稱「《禮》是鄭學」，謂既取鄭注《禮記》為本，為之疏解，自當專述鄭說也。陳澧《東塾讀書記》據此三疏言「《禮》是鄭學」，以為是孔穎達等推崇鄭

玄《三禮》學卓絕之語，自非孔疏本意。陳氏又疑「《禮》是鄭學」之語，「不知出於孔沖遠，抑更有所出」，則當知此等皆孔穎達編定《正義》時所立標準，絕非別家之說也。（2013 年補注：案《唐書・禮儀志》載薛頎等言「今《三禮》行於代者皆鄭玄之學，請據鄭學以明之」，黎幹答云「雖云據鄭玄」云云，是謂禮說有體系性，欲駁其說，需論體系內矛盾，否則不足以服人。《唐書》此番爭論，可謂「《禮》是鄭學」之最佳注腳。又如〈繫辭下篇〉「蓋取諸離」，疏：「韓氏……於義未善矣，今既遵韓氏之學，且依此釋之也。」（86 中）其意亦與「《禮》是鄭學」同。）

《左傳正義》除屢言劉氏規杜之非外，亦有宣言即未知杜說義為必是而仍以從杜為正者，其意正與上（引文 11）《禮記正義》諸文相同。

（引文 12）隱三年「鄭伯之車僨于濟」，疏：「案：檢水流之道，今古或殊。杜既考校元由，據當時所見，載於《釋例》。今一皆依杜，雖與《水經》乖異，亦不復根尋也。」（1724 上）

案：彼杜注不言濟之水道，而杜氏《釋例》有說。可見孔疏「一皆依杜」，亦非止謂專遵本注，而謂既用杜注《左傳》為之疏解，自當遵用杜預一家之學，與《禮記正義》遵用鄭玄一家之學，正同。又案：昭七年注「濡水出高陽縣」，疏云：「今案高陽無此水也。水源皆出於山，其出平地，皆是山中平地。燕趙之界，無泉出者，未知杜言何所按據？」（2047 下）其意竟疑杜注，與隱三年疏言「不復根尋」者適相反，故劉文淇以昭七年疏出劉炫，隱三年疏出唐人，其說蓋是也。

《左傳正義》又有進而明言講經當各依其注家之旨者：

（引文 13）僖三十三年疏：「鄭玄解《禮》，三年一祫，五年一禘。杜解《左傳》都不言祫者，以《左傳》無祫語，則祫禘正是一祭。

故杜以審諦昭穆謂之禘，明其更無祫也。古禮多亡，未知孰是，
且使《禮》、《傳》各從其家而為之說耳。劉炫云：以正經無祫文
也。唯《禮記》、《毛詩》有祫字耳。《釋天》云『禘，大祭也』，
則祭無大於禘者。若祫大於禘，禘焉得稱大乎。」（1834 下）

案：劉炫於此乃為從杜攻鄭之說。至《正義》云「使《禮》、《傳》各從其
家而為之說」，實為孔穎達等撰定《正義》之凡例。故《禮記正義》一概
遵用鄭玄一家之說，《左傳正義》一概遵用杜預一家之說，不使混淆，且
不以兩疏持說不同為嫌也。蓋六朝義疏為談辨之學，求其言之通理辨析，
不求其得事實。故崔靈恩申服難杜，虞僧誕申杜難服，世並行焉。是當時
不以誰得事實為準，誰是誰非為斷，求其講理高明而已也。至二劉則肆力
攻駁談辨講理之學，依據明文實證，討論現實，堆累事例，一一譏斥先儒
所說皆非事實。孔穎達等承二劉之後，深知二劉書證事例之學攻難六朝論
理談辨之學極為有力，談辯之學已無前途。事實已替代論理為釋經之標
準，則必當言誰說得事實，誰是誰非。然二劉之學，實無根基，羅列書證
非出熟慮，欲為甲說即可舉列三五事例，欲為乙說亦未嘗不可以舉列三五
事例，且為人浮躁淺薄，故「輕鄙先達，同其所異，異其所同」，[15]論說無
定準，固不成一家之學說體系。是以二劉書證事例之學為後世所遵，至其
具體學說則未見全然因襲也。孔穎達等於是掇拾先儒遺說，取捨之際，姑
立一標準，乃謂專述注家學說。六朝義疏談辨論理之學，本不以學說是否
得事實為論說準繩；二劉隨意譏評先儒，學說未成體系；是以至孔穎達等
始為遵守注家學說之體例也。若賈公彥《二禮疏》亦專述鄭玄一家之學者，
《二禮》之學即為鄭氏一家之學，南北朝義疏家皆為探索研究鄭學，鄭學

15　〈詩正義序〉語。

之外，無所謂《二禮》之學，與孔穎達等編排取捨先儒眾說時，始立體例，專述注家之說者，意義全不相同。

五　孔穎達等權衡謹慎

孔穎達等取捨舊說，亦頗見謹慎，故全書頻見存疑兩存之說。如：

（引文 14）〈樂記〉「天子夾振之」，注「夾振之者，王與大將夾舞者振鐸以為節也」，孔疏：「〈武〉樂在庭，天子尊極，所以得親夾舞人為振鐸者，熊氏按：『……，何以不得親執鐸乎。此執鐸為祭天時也。』皇氏云：『武王伐紂之時，王與大將親自執鐸以夾軍眾。今作〈武〉樂之時，令二人振鐸夾舞者，象武王與大將伐紂之時矣。』皇氏此說稍近人情通理，勝於熊氏；但注云『王與大將夾舞』者，則似天子親夾舞人，則皇氏說不便。未知孰是，故備存焉。」（1542 下）

〈喪大記〉「弔者襲裘，加武，帶絰」，注「小斂則改襲而加武與帶絰矣；武，吉冠之卷也；加武者，明不改冠，亦不免也」，孔疏：「賀氏以為加素弁於吉冠之武，解經文似便，與鄭注『不改冠』其義相妨。熊氏云：『加武帶絰，謂有朋友之恩，以絰加於武。連言帶耳。』然熊氏以武上加絰，與『帶絰』文相妨，其義未善。兩家之說，未知孰是，故備存焉。」（1574 中）

〈奔喪〉「哭父之黨於廟，母、妻之黨於寢」，注「〈逸奔喪禮〉曰：『哭父族與母黨於廟』」，孔疏：「此母黨在寢，〈逸奔喪禮〉母黨在廟者，皇氏云：『母存則哭於寢，母亡則哭於廟。』熊氏云：『哭於廟者是親母黨，哭於寢者蓋慈母、繼母之黨。』未知孰是，故

　　兩存之。」（1655下）

此等皆孔穎達等慎於取捨，不強為斷者。蓋當時異說紛紜，而諸家均未得
確證，不得不如此耳。

　　更可注意者，上來討論孔穎達等嫌皇侃等舊說多牽強傅會，大肆刪去
枝蔓旁及之說，學術傾向頗與二劉相同。然就此等皇侃曲說之處，孔穎達
等存去其說，頗見審慎權衡。

　　（引文 15）〈祭義〉「先王之所以治天下者五」節，孔疏：「此一
　　節論貴德及孝弟之事。皇氏云：『此亦承上夫子答子贛之辭畢，廣
　　明孝弟之義。』今以皇氏說未知然否，或是說雜錄之辭。」
　　又「子曰立愛自親始」節，孔疏：「此一節明愛敬之道。皇氏云：
　　『因上答子貢之問，別愛敬，語更端，故別言『子曰』。自此以下
　　皆展轉相因，廣明其事。』今謂記者雜錄，以事類相接為次，非
　　本相因之辭也。」（1594中）

此見皇侃上下經文關聯之說。案此經上文仲尼答子貢畢，更有數段均廣論
孝弟之事。至此「先王之所以治天下者五」節，則非專言孝弟，然皇侃必
欲聯繫上下，故謂「此亦廣明孝弟之義」。孔穎達等見此節所言「貴有德、
貴貴、貴老、敬長、慈幼」五事，與上數節每稱「孝子」不同，故疑此記
者雜錄廁在此，與上文無關。但其謂此五事為廣論孝弟之事，非全不可通，
故仍稱「皇氏說未知然否」，以示謹慎。「子曰立愛自親始」，稱「子曰」
更端，別言愛敬之事，則與上文不連，皇侃說如此，孔穎達等自無異詞。
至謂此下諸節皆「展轉相因，廣明其事」，則下經言祭祀諸事，雖同屬一
類，「記者雜錄，以事類相接為次」而已，其間本無關聯可言。皇侃強為

關聯，謂經文輾轉相因為說，是以孔穎達等斷然否定其說。可見孔穎達等於皇侃上下關聯之說，亦非一概否定，而皆經審慎權衡也。

（引文 16）〈玉藻〉「史進象笏」，孔疏：「熊氏云：『按下大夫不得有象笏，有象字者誤也。』熊氏又解與明山賓同云：『有地大夫，故用象。』皇氏載諸所解皆不同，以此為勝，故存之耳。」（1475 中下）

此處皇侃繁文詳載諸儒異說，與第三節（引文 7）《大傳》疏云「皇氏引諸儒異同，煩而不當」者類同，而孔穎達等於此則詳審皇侃所載諸儒各說，見其中明山賓說與熊氏或解同，取而錄之，並不一概摒棄不用。

（引文 17）〈坊記〉首節孔疏：「但此篇凡三十九章，此下三十八章悉言『子云』，唯此一章稱『子言之』者，以是諸章之首，一篇總要，故重之，特稱『子言之』也。
諸書皆稱『子曰』，唯此一篇皆言『子云』，是錄記者意異，無義例也。
但此篇所坊，體例不一：或數經共論一事，每稱『子云』、『以此坊民』；或有一經之內，發初言『子云』，唯說一事，下即云『以此坊民』結之；或有一經之內，雖說一事，即稱『民猶犯齒』、『民猶犯貴』、『民猶犯君』；或有每事之下，引《詩》《書》結之者；或有一事之下，不引《詩》《書》者。如此之屬，事義相似，體例不同，是記者當時之意，無義例也。」（1618 中）
〈表記〉首節孔疏：「稱『子言之』，凡有八所。皇氏云：『皆是發

端起義，事之頭首，記者詳之，故稱「子言之」。若於「子言之」下，更廣開其事，或曲說其理，則直稱「子曰」。』今檢上下體例，或如皇氏之言，今依用之。」（1638 中）

〈坊記〉疏論彼經言「子云」不言「子曰」者無義例，以及三十九章體例各異，羅列各類體例，而謂其實無義例，如同（引文 2、3、8），即二劉以及孔穎達等學術風格。然其論首章意重，故特稱「子言之」，餘章意輕則僅言「子云」，是則以文辭不同即有義例。蓋皇氏舊疏當已為此說，孔穎達等不排斥而因襲之。〈表記〉「子言之」、「子曰」互見，與〈坊記〉獨篇首一見「子言之」者不同。皇侃討論義例，以為「子言之」皆發端起義，其下更為廣論則稱「子曰」。案〈坊記〉疏說亦與此說合：「子言之」為更端之言，故〈坊記〉篇首一見，下則均稱「子云」，其理一也。所以更疑〈坊記〉疏「子言之」之說即出皇侃也。孔穎達等則學術態度偏重事實，傾向排除「橫生義例」之說。然於此說乃審嚴「檢上下體例」，見皇說雖未必事實，亦未必全無理，故「依用之」。

要孔穎達等學術特點，排斥傅會論理之說，不取橫生枝蔓之論，傾向固明顯。而當其剪裁皇侃等舊疏，又審慎考慮，不一概排斥舊說，甚或自知未必事實而仍取舊說。是則孔穎達等奉敕官撰，態度謹慎，非二劉專以攻駁先儒為能事者比也。

六　結論

《禮記正義》以皇侃《禮記疏》為藍本，故其中部分內容，學術態度與二劉相反，如本文第二章所論。但因經由孔穎達等撰定，而孔穎達等深受二劉學術之影響，故亦有部分內容，學術態度與二劉正同。

本章第二節討論皇侃《禮記疏》之科段說，以為其說特點與《論語義

疏》之科段說正相同，連同經文前後論理關聯之說，一如第一章討論《論語義疏》所述。孔穎達等嫌其說多傅會，於經文無所根據，故多不取，而別為節段。但又或取其分章訂篇之說，或偶誤存皇說之言，故印象雜亂。〈禮記正義序〉云「皇氏雖章句詳正，微稍繁廣」，此之謂也。孔穎達等自為節段，純據經文所言事實，排斥皇氏之傅會論說，專述經文所言之事，此等態度亦與二劉相同。

　　第三節論孔穎達等堅持排斥皇侃舊疏枝蔓旁及之繁言，並常攻駁皇侃傅會之說。此亦可見皇侃《禮記疏》之學術態度與《論語義疏》相同，而孔穎達等編訂《正義》之學術態度與二劉相通。〈禮記正義序〉云「雖體例既別，不可因循，今奉敕刪理，仍據皇氏以為本」，「體例既別，不可因循」，蓋謂此等根本態度之全然不同與。

　　第四節討論孔穎達等疏不破注之特點。六朝義疏學於經注之外探討論理，非所以討論事實，故無所謂破不破。二劉破壞談辨通理之學，創為現實書證事例之學。二劉學風風靡一世，解釋經注必求其事實。然先儒異說紛紜，二劉專為攻駁先儒，欲言事實，無從定案。於是孔穎達等定例，疏釋某氏注，一概從某氏一家之說為標準。此一體例，既與六朝義疏不同，又與二劉不同，實可以謂孔穎達等撰定《正義》之新特點。〈禮記正義序〉譏皇侃「既遵鄭氏，乃時乖鄭義，此是木落不歸其本，狐死不首其丘」，〈左傳正義序〉譏劉炫「習杜義而攻杜氏，猶蠹生於木而還食其木」，兩序極言其非者，良有以也。

　　第五節更論孔穎達等編撰態度謹慎，雖其根本態度與二劉相同，不一概否定先儒學說，審慎權衡，可取即取，並不拘泥，無二劉蓄意譏駁先儒之失。此亦孔穎達等所以與二劉不同也。

　　《三禮》以《禮記》最難治，況其注疏，是難中之難。前人讀《禮記正義》多疏忽，是以阮刻《十三經注疏》本訛誤脫衍多不勝舉，《校勘記》

又極淺薄簡略，幾不堪卒讀，而其後至今亦無更訂校本可讀者。若欲讀通
此書，必先精通清人所論經注大義，次研究書中所引賀循、熊安生、崔靈
恩等諸家學術，並旁通史籍所載歷代議禮之論，次乃考訂文字，始得卒業。
近來校讀《儀禮疏》，時常參考《禮記正義》，於全書體例及皇侃、孔穎達
二家學術之大概，若有所知，遂為簡論。不知有所當與否也。

第四章

佚書驗證

上第一章專據《論語義疏》討論皇侃之學術。今本《論語義疏》原出日本刊本，固非皇侃當時舊貌，而大致內容信出皇侃，今有敦煌殘卷可證，不足為疑。至第二章論二劉學術，第三章論《禮記正義》，皆據《五經正義》探討皇侃、二劉、孔穎達等學術特點，而引用舉例或以《詩》、《書》、《左傳》正義互見者為出二劉，或互參《禮記正義》、《史記正義》而推定皇侃說，雖不敢故為詭論，要多管見推測之言。本章討論《禮記子本疏義》、《孝經述議》兩種佚存殘帙，就皇侃、劉炫原書覆述其學術特點，驗證上三章所論。

一　《禮記子本疏義》

日本早稻田大學現藏《禮記子本疏義》殘卷，僅存第五十九卷，為《喪服小記》之一半。大抵原為日本某寺廟傳藏，其的為何寺，無從考知。後由一僧人出賣，經東京琳琅閣書店，為田中光顯所購，轉歸早稻田大學。十年前曾考此卷流傳，長年流落，案頭無資料，今不更縷述。

田中光顯得此卷後，即製玻璃版影印，精美至極，惟流傳絕少。後有羅振玉石印本，附羅氏跋文，流傳頗廣，但印製粗糙。石印工藝簡單，墨色單一，無濃淡之差，原卷蟲蛀與筆劃墨點無別，又有一二字跡不清者。據玻璃版可知，原卷行間字旁多有抄手所記刪除、倒乙等符號，而石印本無從辨識。或有論者祇見石印本，以為此卷抄寫訛誤極尠，其實抄手已多

自為表識指正，但石印本不見耳。因玻璃版難得一遇，世人竟不知此卷別
有玻璃版，是為可惜。（2013 年補注：如今早稻田大學圖書館於其網頁免費公布全卷
彩色圖像，極便閱覽。）

　　羅振玉跋云：「卷端已斷缺，書題及撰人名不可見，末書『喪服小記
子本疏義弟五十九』。書中每見『灼案』字。考《陳書・鄭灼傳》言『灼
少受業於皇侃，尤明《三禮》，家貧鈔義疏，以日繼夜』云云，則此卷者
鄭灼所鈔之義疏，而『灼案』諸條則灼鈔時所增益也。」又云：「《日本現
在書目》：『《禮記子本義疏》百卷，梁國子助教皇侃撰。』《信西書目》亦
有『《禮記子本疏》兩帙』，此目例不注著者人名，其為皇侃疏無疑。兩書
稱名並與此卷合，惟『疏義』目作『義疏』耳。」案：羅氏考史傳及日本
書目，謂此即皇侃《禮記子本疏義》殘卷，卷中「灼案」之語當出皇侃弟
子鄭灼，是鄭灼鈔皇侃《禮記》疏時益以己言者。此蓋不易之說，可無疑
義。羅氏又云：「此卷用紙質鬆而薄，色竊黃，與唐代麻紙滑澤堅厚而色
褐或深黃者大異。予見西陲所出六朝人書卷軸皆然。又以書體斷之，出六
朝人手無疑。卷中不避陳隋諸帝諱。灼卒於陳，而在梁已官西省，其家貧
寫書殆當梁世，必不在官成之後，則此卷者或即灼所手書耶？」案：羅氏
謂鈔寫此卷出六朝人手，並據不避陳隋諱而疑此卷或即為梁時鄭灼所鈔原
卷，其說非也。今案此卷「生不及祖父母、諸父、昆弟，而父稅喪，己則
否」下言劉智、蔡謨「以『弟』為長字」。參《通典》卷九十八引劉智曰
「昆弟，相連之語，易用為衍」，小字注「衍，賸也」；又引蔡謨曰「吾謂
此直長一『弟』字耳」，小字注「長音直兩反」。言「衍」言「長」，其義
一也。然則此卷言「長字」，或是避梁諱之遺意，未可知。又，「男子免而
婦人髽」下云「男括髮，前去冠縰」，「為父母、長子稽顙」下云「前稽顙
後拜」、「前拜後稽顙」等，皆當言「先」而言「前」，《禮記正義》均作「先」，
則可疑其避陳諱也。若然則此卷鈔寫當在陳以後，或謂唐初鈔本，未必為

誤。

　　胡玉縉跋羅氏影印本，見《許廎學林》，亦見《續修四庫提要》。胡氏云：「《禮記》孔疏以皇氏為本，以熊氏補所未備。今孔疏述經大率見於此書，蓋襲取皇疏，則知此亦鈔皇疏也。……諸志無有稱皇疏為《子本疏義》者，『子本』二字殆即灼以之為區別以示謙。日人藤佐世《見在書目》『禮記子本義疏』下稱『梁皇侃撰』，蓋灼非句句疏解，其說即附皇疏中，故仍題侃名。觀『庶子不為長子斬』節孔疏，大率襲取灼說，則知孔所據皇疏，兼及此本也。……書中稱『灼案』者三，稱『灼』者四，稱『賀瑒云』、『賀云』者各一，『庾云』者六——即蔚之，『崔云』者三——即靈恩，稱『或問』者九，稱『問』者一，皆灼引成說及設為問答以暢其旨。」案：胡氏以此殘卷與孔疏比較，孔疏文字已多見此卷，則知此卷即皇侃舊疏。其說是也。至其謂孔疏亦有取於灼說，並謂引錄賀、庾諸家說亦出灼手，則未見其是。下據羅氏石印本節錄此卷「庶子不為長子斬，不繼祖與禰故也」節，語義必不可通者略為校訂，用（ ）示刪，〔 〕示補，並試為標點，不拘常規，又多設分段，以便分析。

（引文 1）

但經記文混，政不知幾世之適得遂茲極服？

馬季長注〈喪服〉云：「此為五世之適，父乃為之斬也。」鄭注此云：「言不係〔祖〕禰，則長子不必五世矣。」

鄭既有「不必」之言，故解者或云曾適，或曰祖適，或言禰適。而庾云：「用恩則父重，用義則祖重。父之與祖各有一重，故聖人制《禮》，服祖以至親之服，而《傳》同謂『至尊』。己承二重而為長子〔斬〕，若不係祖則不為長子斬也。」

灼依庾說而廣之云：「己身是祖適者，乃得重服其長，何以然？祖

是父一體，己亦是父一體。既三人為體，所以『親親』不分以一為三，明義無可別，必須身是祖適，乃得重己之長耳。若己於祖為庶，雖於父為適，則不得重長。」

而鄭不明言世數者，鄭是馬融弟子，不欲正言相非，故依違而曰「不必」也。

然孫〔係〕於祖，乃為長子三年，而此不云「庶孫不得為長子」，必云「庶子」者，「孫」語通遠，嫌或多世。今欲明此祖非遠，故言「子」以示近也。

且甚有條例。前云「庶子不祭祖者」，亦是言子以對祖也。又鄭注前，亦微為此張本，云「凡正體于上者謂下正者猶為庶也」是也。

一難解：既義須係祖，言「不係祖」自足。又云「祖與禰」者，更成煩重，何以然也？

庾云：「既義係於祖，則不須及禰。更〔言『不繼祖與禰』者〕，疑『不係祖』之言是道庶子之長，故此《記》跱言『不係祖與禰』，以明據庶子言之也。」

灼謂庾言當矣。禰是父廟之名。若單言祖，則嫌此死長子不係祖。今既云禰，是知非指死長子。

而鄭注《喪服經》引此文云：「《小記》曰『不係祖與禰』，此但言祖，容祖禰共廟者也。」尋鄭意，《小記》所言是有二廟者，所以祖禰跱言；而〈喪服〉所言是含明祖禰共廟。舉祖則禰可知，故言容。容，含也。

灼又疑：《小記》既祖禰跱言，而《服經》舉祖，禰可知。而鄭必云「容共廟」者，下士唯禰一廟，無祖廟，寄禰廟而祭之。（灼）〔鄭〕嫌其或傳係有異，今欲明雖祖禰共廟，而傳重重長與各廟不殊，故特〔言「容共廟」〕也。

　　或問曰：鄭注〈喪服〉云「言為父後者而後為長子三年」，則為長三年者，何得限是祖後者耶？

　　答曰：氣味鄭注，非謂止係父而重也。政是禮有適子者，無適孫。己雖是祖正，若父猶在，則己未成適。未成適，則不得重長。重長必是父沒（沒）〔後〕，故云「為父後」而又云「後為長三年」也。

　　案：此一段孔疏大同，而有刪節。（1495 下—1496 上）今引文凡相同內容亦見孔疏者，用黑體字示之，不論文字之間稍稍不同或編輯節文也。審讀此段，知鄭灼每鈔皇疏一段畢，輒就其發己一言，而其言皆簡短且淺顯。鈔錄庾說「用恩則父重，用義則祖重」云云畢，鄭灼輒「依庾說而廣之」，其說主言祖父己三人一體，猶如上經「親親以三為五」不言「以一為三」，三人一體不可分故也。所謂廣庾說，其實偶記上疏所講三人一體之說而已，無所發明。其下「而鄭不明言世數者，鄭是馬融弟子，不欲正言相非，故依違而曰不必也」，〈喪服〉賈疏說同，（1101 上）則是義疏家相傳之說。句首言「而」，雖是承上啟下之辭，此不當連鄭灼語讀之，而當是皇侃原撰語言。是以孔疏上下皆同，獨不錄「灼依庾說而廣之」之言也。又，「灼謂庾言當矣」以下，亦上鈔皇侃原撰所引庾說畢，遂下批語，而其無所發明亦與上同。其下「而鄭注《喪服經》」云云，所論事異，亦不與鄭灼語相屬，自當為皇侃原撰之文。要不可以其有「而」字即謂必不可與上文斷隔，當知鄭灼隨文加批語，插入之言自當與上下斷隔觀之。皇侃解釋畢，「灼又疑」又為灼說，自問自答，並無深義。其下「或問曰」、「答曰」，亦皆皇侃原書耳。

　　如此，則孔疏所取，不外皇侃原撰，未嘗涉及鄭灼之言可知。又，此引庾說而後有灼言，初不嫌庾說為鄭灼所引。若謂鄭灼引庾說，則何不言「灼案庾云」？此卷所引庾、賀諸家說，皆亦見孔疏，而獨鄭灼語未見採

錄，是此諸家說為皇侃所引，最可明證。胡氏誤混皇侃原撰之與鄭灼案語，
一謂鄭灼說為孔疏所取，孔疏所據皇侃舊疏亦當有此鄭灼所鈔之本；二謂
鄭灼說詳贍精緻；三謂此卷引錄庾、賀諸家之說，皆出鄭灼手，孔疏轉據
鄭灼所引；四謂此書當謂鄭灼所撰，惟因鄭灼謙虛，不著己名，僅以書名
加「子本」二字以示其意：凡此等之說，皆非也。今謂：鄭灼案語之與皇
侃原文，雖或不易劃分明白，但猶不妨知其大限。綜觀一卷，知竟無一處
可證是鄭灼之說為孔疏所取者。亦知鄭灼案語皆簡短淺顯，殊不足重要。
又知卷中所引諸家之說，當皆出皇侃徵引，非鄭灼所引。若然，則此卷自
當稱是皇侃所撰，鄭灼間加批語而已，不可據此等批語遽目為鄭灼所撰。
至「子本」之名，蓋據此書鈔寫體例而言。義疏之為書，本皆單行，不具
經注。是以徐遵明「每臨講坐，必持經執疏，然後敷陳」，[1]即趙宋刻本猶
為單行，所謂單疏是也。然今此卷經注具備，不可不謂此書特例。書寫體
式，每錄經注一小段，下空一格直接寫其疏；其無疏，則竟錄經注。如此
則疏文緊從在所釋經注之下，猶子之從母也。案支敏度〈合維摩詰經序〉
云：「余是以合兩令相附，以明所出為本，以蘭所出為子，分章斷句，使
事類相從，令尋之者瞻上視下，讀此案彼，足以釋乖迂之勞，易則易知
矣。」[2]支敏度匯合支恭明、竺叔蘭兩種譯本，以便省覽，猶如馬融「欲
省學者兩讀，故具載本文」[3]之意，而以支恭明譯本為「本」，竺叔蘭譯本
為「子」。此書名「子本」，豈非謂以經注為本，疏義為子，分章斷句，事
類相從之意？今既破胡說，且為推測如此，然固無確證，亦不敢定論也。

　　要之，此卷雖有鄭灼鈔寫時所加案語，除其以外，猶即為皇侃《禮記》
舊疏原本，為孔疏所本者。其名為《子本疏義》，蓋因其合寫經注之故，

1　見《魏書》。
2　見《出三藏記集》。案：「明」謂支恭明，「蘭」謂竺叔蘭。
3　語見《毛詩正義》引。

非為內容有異於皇侃原書也。

　　此卷之有益經學者，胡氏已多言之。今更舉其所遺，則「齊衰惡笄以終喪」，段玉裁據注「笄所以卷髮，帶所以持身」，謂「惡笄」下當有「帶」字；王念孫據〈喪服〉疏等，謂「帶」字當在「惡笄」上，而《唐石經》以下始誤脫。今案此卷經文正無「帶」字，皇侃特釋經無「帶」字而注連言帶之義，可知段、王二家推論俱失。又，「禮，不王不禘」，注：「禘謂祭天。」諸本俱如此，諸家亦無校說。案孔疏言「以承上文『王者禘其祖之所自出』，故知謂郊天也，非祭昊天之禘也」，則注自當云「禘謂郊天」，必不可泛言「祭天」。今此卷正作「郊天」。凡此等亦皆胡氏所謂「一字千金」之比，而非本論文旨意所在，今不可詳論也。以上檢討羅、胡二跋，簡述《子本疏義》之為書如此。

　　上第一、第三章討論皇侃科段及前後論理關聯之說，並論孔穎達等嫌其傅會，多為刪削。今檢此卷，即可得其顯證。

　　經文「男子冠而婦人笄」下，此卷曰：「因婦有終喪之笄，故此以下明男女冠笄恒相對也。吉時男子有冠，則女子吉笄也。若親始死，男去冠，女去笄。若成服，為父，男則六升布為冠，女則箭篠為笄；若為母，男則七升布為冠，女則榛木為笄。故云男冠婦笄也。」孔疏則以經「男子冠而婦人笄，男子免而婦人髽」為節段，曰：「此明男子婦人冠笄、髽免相對之節。但吉時男子首有吉冠，則女首吉笄。是明男女首飾之異，故云『男子冠而婦人笄』。若親始死，男去冠，女則去笄。若成服，為父，男則六升布為冠，女則箭篠為笄；若為母，男則七升布為冠，女則榛木為笄。故云『男子冠而婦人笄』也。」（1494 上）兩相比對，孔疏因襲皇侃，最為明顯。而疏首皇侃云「因婦有終喪之笄，故此以下明男女冠笄恒相對」，意謂經文上云「齊衰，惡笄以終喪」，今云「男子冠而婦人笄」，是因上言終喪之笄，故今言冠笄相對，是言上下經文間之論理關聯。孔疏不取此言，自為節段，

言經文所言之事，云：「此明男子婦人冠笄、髻免相對之節」，不論其與上節之關聯。此即皇侃每必欲言經文上下論理關聯，孔疏不取其說之例。

《小記》自「親親以三為五」至「不為女君之子服」，孔疏凡分八節，論事繁雜，本無條理可言，而皇侃仍有貫通條理之大科段說。案孔疏於經「親親、尊尊、長長」下言：「皇氏云：『「親親」結上「以三為五」，「尊尊」結上「王者禘其祖之所自出」，「長長」結上「庶子不祭祖」。』按鄭注云『言服之所以降殺』，為服發文，記者別言其事，非是結成上義。上文自論尊祖敬宗，不論服之降殺，皇氏說非也。」（1496 中）據此知皇侃以經「親親以三為五」至「親親尊尊長長」孔疏凡分七節者為前後相關聯，而孔疏斥其為傅會，無當於義。今考此卷，則知皇侃科段前後連關之說，規模宏大，非常人可得以想像，極盡傅會之能事，而猶言之成理，讀之不禁歎為絕藝。皇侃《禮記疏》之所以風靡一世，而為孔穎達等稱其「體例既別」，其不在此乎。案：皇侃說之關鍵，在發明傅會《大傳》「服術有六」之說。彼言「服術有六，一曰親親，二曰尊尊，三曰名，四曰出入，五曰長幼，六曰從服」，注云：「親親，父母為首。尊尊，君為首。名，世母、庶母之屬也。出入，女子子嫁者及在室者。長幼，成人及殤也。從服，若夫為妻之父母、妻為夫之黨服。」依皇侃說，《小記》「親親以三為五，以五為九，上殺，下殺，旁殺，而親畢矣」為言「親親」，「王者禘其祖之所自出以其祖配之，而立四廟，庶子王亦如之」及「別子為祖，繼別為宗，繼禰者為小宗，有五世而遷之宗，其繼高祖者也，是故祖遷於上，宗易於下，尊祖故敬宗，敬宗所以尊祖禰也，庶子不祭祖者明其宗也」并「庶子不為長子斬，不繼祖與禰故也」通為言「尊尊」，「庶子不祭殤與無後者，殤與無後者從祖祔食，庶子不祭禰者明其宗也」為言「長幼」。其次「親親，尊尊，長長，男女之有別，人道之大者也」，「親親，尊尊，長長」所以結上文，「男女之有別」為言「名」，而「出入」寓焉。其次「從服者所

從亡則已，屬從者所從雖沒也服，妾從女君而出則不為女君之子服」為言「從服」。經文至此，六術具備。皇侃此說極為牽強傅會，自然為孔穎達等攻駁排斥，但孔疏衹言皇侃以「親親，尊尊，長長」為所以結上經，不更言皇說之全貌，微此殘卷，後人將無以知皇氏之意也。

今更為之細考，則皇說自有論理不清之處，孔疏亦有為皇說所誤者。「王者禘其祖之所自出以其祖配之」下，《子本疏義》言「前明『親親』，此辨『尊尊』而尊也。」「前明『親親』」謂經上文「親親以三為五」至「而親畢矣」皆論「親親」之事。必言此者，亦皇侃欲明經文前後關聯故也。此下經文言天子立廟及大夫以下大宗、小宗之事，以其諸侯、大夫之適孫尊為大宗、小宗，則謂之「尊尊」，雖屬牽強，猶不無理據。然「庶子不祭祖者明其宗也」，孔疏云：「此猶尊宗之義也。庶子、適子俱是人子，並宜供養，而適子烝嘗，庶子獨不祭者，正是推本崇適，明有所宗，故云明其宗也。」（1495 下）《子本疏義》與孔疏同，知孔穎達等全襲皇侃，而有一字不同，意義大異：孔疏「此猶尊宗之義也」，此卷作「此猶尊尊之義也」，是也。案鄭注此經云「明其尊宗為本也」，則孔疏作「尊宗」，本注語也；而此卷作「尊尊」亦未嘗為鈔寫譌誤，因皇侃以為此經上下皆論《大傳》所謂「尊尊」之義。然則孔穎達等不顧皇侃原意，襲用其言，而改「尊尊」為「尊宗」以就注語也。又其下經「庶子不為長子斬不係祖與禰故也」，《子本疏義》云「此亦尊義也，然此所明與〈喪服〉中義同而語異」以下，孔疏亦同文，是知此疏孔襲皇疏。然此卷作「尊義」，孔疏作「尊宗」。鄭注上經云「尊宗以為本」，注此經云「尊先祖之正體」，則孔疏作「尊宗」自無疑義。若此卷作「此亦尊義」，則或原作「尊尊」，鈔寫訛誤，或皇侃自嫌此經言「尊尊」太牽強，故言「尊義」，不可知也。又下經「庶子不祭殤與無後者」，《子本疏義》云：「此明『長幼』也。是言幼，不云長者，長是成人，故略之也。」孔疏獨無此說，而以下疏釋全與此卷同，是則孔

疏襲皇侃，而嫌此說言「長幼」直為傅會，於經文無所當也。又下經「親親，長長，尊尊」，孔疏曰：「親親，謂父母也。尊尊，謂祖及曾祖、高祖也。長長，謂兄及旁親也。不言卑、幼，舉尊、長則卑、幼可知也。」（1496中）此疏說歪曲不暢。若如此說，則「親親，長長，尊尊」猶言「親疏，長幼，尊卑」，豈其然也。「舉尊、長則卑、幼可知」，則當單言「尊，長」，不知何以重言為「尊尊，長長」也。今參《子本疏義》，始知孔疏所以為此說。《子本疏義》曰：「○親親○結前『親親以三為五』之屬也。○尊尊○結前『王者禘』以下。○長長○結前『庶子不祭殤』以下也。不云幼者，而云『長長』者，幼由『長長』而見。且前唯云幼，故此唯云長，互相成。」[4]案《大傳》「服術有六」有「親親」、「尊尊」、「長幼」，而無「長長」。皇侃欲為比附「服術有六」，必須言此經所以不云「長幼」而言「長長」之由，故云「幼由『長長』而見」，意謂言「長長」而幼者可見，不必言「長幼」。又云「前唯云幼，故此唯云長，互相成」，意謂上經「庶子不祭殤」專言幼者之事，此經言「長長」不言幼者，互相成。然依此皇說，「長長」亦為動賓結構，與「親親」、「尊尊」句式無異，皇氏說「長長」猶言「長幼」，但未言「長長」上「長」字與「長幼」之「長」同。孔穎達等不取皇說，不傅會「服術有六」，是以「尊尊」不據《大傳》注「君為首」之說，而謂「祖及曾祖、高祖」。雖然，猶因皇說「幼由『長長』而見」而誤解之，以為本當云「長幼」而言「長長」，是以「長」見「幼」。並推之「尊尊」，以為本當云「尊卑」而言「尊尊」，以「尊」見「卑」也。是孔疏說歪曲不暢，實由不取皇說大義而擷取其末義，且讀皇說不甚解，以致論理不通。此亦可謂孔穎達等編撰粗糙之跡也。

　　《小記》雜錄服制小義，而「不為女君之子服」下，忽見「禮，不王

4　案：原卷經文字上劃朱線，上下空格，今用黑體字及○代之。

不禘」一句；其下則「世子不降妻之父母」，又言服制。孔疏論此言：「此經上下皆論服制，記者亂錄不禘之事，廁在其間，無義例也。」（1496中）據第四章所論，皇侃每為前後關聯之說，不嫌牽強，而孔穎達等竭力排斥傅會牽強之說，則此言「無義例」者當出孔穎達等筆。孔穎達等既特為此「無義例」之說，則可以推測舊說或有傅會論理，以「不王不禘」與上下連關者，惟不知其是否必出皇侃耳。今案《子本疏義》云：「○禮，不王不禘○此以下明貴賤喪祭降殺不同也。貴者降沫[5]故從天子而起也。」是知皇侃以此節與下「世子不降妻之父母」以下連關，以為皆貴賤降殺不同之事。以其《大傳》言「禮，不王不禘」與「王者禘其祖之所自出，以其祖配之」連文，故後之論者多謂此句當在上文「王者禘其祖之所自出」之上，今本錯亂在此。但皇侃欲於今本經文次序之上構築前後論理關係，故言此明貴賤降殺不同；孔穎達等排斥傅會，直欲疏解今本經文所言之事，故言記者雜錄在此，無義例；後人欲知古本真相，故據《大傳》推測，以為此亦當如《大傳》：三說不同，各有旨意。蓋各家學術，目的、方法既皆不同，若有以誰是誰非為論，或欲必言各家得失者，不知學術之為何物，不足與論也。

　　以上論皇侃科段前後關連之說畢，下更散論皇孔特點之一二。「男子免而婦人髽」下，《子本疏義》曰：「絻者以布廣一寸，亦自項而向前，交於額上，翻雙末，還後，以掩紒也。名為絻者，絻，免也。若著之則成服，脫之猶是一寸布，以其可著可免，故曰絻也。髽者，形有多種：有麻，有布，有露紒也。其形乃異，而同謂之髽也。所以謂髽者，婦人著之則髽髽可憎，[6]因為名耳。今辯男女並何時應著此絻髽之服：……」孔疏則曰：「免者，鄭注〈士喪禮〉云：『以布廣一寸，自項中而前，交於額上，卻繞紒

5　案：此不知何字？

6　案：此句未詳何意？

也。如著幓頭矣。』髽者，形有多種：有麻，有布，有露紒也。其形有異，同謂之髽也。今辯男女並何時應著此免髽之服：……」（1494 上）「何時應著此綌髽之服」以下，孔疏大段論述亦與此卷全同，是此疏全襲皇侃舊疏也。然兩者相校則知，孔疏刪省皇侃兩段文字，即「名為綌者，綌，免也，若著之則成服，脫之猶是一寸布，以其可著可免，故曰綌也」以及「所以謂髽者，婦人著之則髽髽可憎，因為名耳」，皆用聲訓解釋綌、髽之名。上第二章論二劉排斥傅會，駁難《白虎通》「巡者循也，狩者牧也」等說「因名比附，不如晏子之言得其本」（見 p.88）。孔穎達等排斥傅會亦與二劉同，故此疏上下皆襲用皇侃舊疏，而獨刪其因聲釋名之說也。

上第一章論《論語義疏》，言皇侃義疏文辭秀巧。（見 pp.23-24）今就《子本疏義》亦可見其一斑。如上（引文 1）「或云曾適，或曰祖適，或言禰適」，「云」、「曰」、「言」必變言之，孔疏無此例。又，「以五為九」下《子本疏義》曰：「緣祖故親高祖，藉孫故親玄孫。上加曾祖、高祖二祖，下足曾、玄兩孫，以四就五，故為九也。」孔疏乃曰：「以曾祖故親高祖，以曾孫故親玄孫。上加曾、高二祖，下加曾、玄兩孫，以四籠五，故為九也。」（1495 上）是皇侃「緣」、「藉」變文言之，孔疏一之為「以」；皇侃「加」、「足」變文，孔疏亦一之為「加」。又如「上殺」下《子本疏義》曰：「夫親邇則服重，戚遠則衰輕」是亦皇侃變言「親」、「戚」。凡此等皆變言為對仗成文，修辭之最簡單者，而皇侃為之，孔穎達等去之耳。（2013 補注：〈喪服〉疏（1115 中）『下言』二字及『者謂妾自服其私親也』九字總十一字，既非子夏自著，又非舊讀者自安，是誰置之也？此賈疏換言「著」「安」「置」。）

總結本節所論：《禮記子本疏義》除去少量鄭灼案語外，可以視為皇侃《禮記》疏原本，為孔穎達等《正義》所本。兩相比對，知孔穎達等因襲皇侃者居多，而有所不取。皇侃於此亦為科段前後連關之說，而其說尤顯牽強傅會。孔穎達等一切不取此等說，而偶譏其非經文事實，但又不詳

言皇說之全貌。孔穎達等或不甚瞭解皇侃本意，止見其為傅會而不取其說，但又據用皇說語言，稍加改變而為己說，以致論理混亂，義不甚通。皇侃又有傅會聲訓為說者，不為孔穎達等所容，竟被刪削。又，皇侃留意文章，言辭修飾，孔穎達等全去修飾。然則《禮記子本疏義》可證本論文三章之論未失甚遠。

二　《孝經述議》

劉炫《孝經述議》中土早佚，今有林秀一先生編刊《孝經述議復原研究》，是林先生十數年專心探索之結果，宜可寶重。此書復原《孝經述議》五卷，卷一、卷四為影印日本鈔本殘卷，原卷為日本經學世家清原氏世代傳藏者；其餘三卷林先生於日本舊傳《孝經》類諸書鈔本中鉤稽編輯，據云已得原書十之七八矣。五卷均有林先生對勘諸鈔本所作《校勘記》。《復原研究》一書於一九五三年日本出版，限印三百部，流傳不廣。林先生之後，未聞有討論《孝經述議》者，直至九六年中華書局刊行《孝經譯注》，始見轉錄劉炫《述議序》而已。今承學友盛情，以《復原研究》複印件相贈，可據討論劉炫學術也。（2013 年補注：如今京都大學圖書館於其網頁免費公布卷一、卷四全部彩色圖像，極便閱覽。）

> （引文 2）《書・呂刑》題下孔注「後為甫侯，故或稱〈甫刑〉」，孔疏曰：「《禮記》、書傳引此篇之言，多稱為『〈甫刑〉曰』，故傳解之：『後為甫侯，故或稱〈甫刑〉。』
> 知後為甫侯者，以《詩・大雅・崧高》之篇，宣王之詩，云『生甫及申』，〈揚之水〉為平王之詩，云『不與我戍甫』，明子孫改封為甫侯。不知因呂國改作甫名，不知別封餘國而為甫號？
> 然子孫封甫，穆王時未有甫名，而稱為〈甫刑〉者，後人以子孫

之國號名之也。猶若叔虞初封於唐，子孫封晉，而《史記》稱〈晉
世家〉。

然宣王以後改呂為甫，〈鄭語〉史伯之言，幽王之時也，乃云『申、
呂雖衰，齊、許猶在』，仍得有呂者，以彼史伯論四嶽治水，其齊、
許、申、呂是其後也。因上申、呂之文而云『申、呂雖衰』，呂即
甫也。」（247 中）

〈呂刑〉或作〈甫刑〉，注疏謂呂侯後世改為甫侯故也。〈緇衣〉孔疏（1647
下）說同。然《詩・崧高》孔疏乃曰：「《尚書》作〈呂刑〉，此作甫侯者，
孔安國云：『呂侯後為甫侯。』《詩》及《禮記》作『甫』，《尚書》與《外
傳》作『呂』，蓋因燔《詩》《書》，字遂改易，後人各從其學，不敢定之
故也。」（566 中）雖引孔注為說，不即以時之先後為論，而謂後人各從其
學而已，則旨意實有不同。但《詩》《書》二疏均以二劉舊疏為藍本，《禮
記正義》則據皇侃為本。然則〈緇衣〉疏與《書》疏同旨，《詩》疏反與
《書》疏不同者，不可不以為疑也。今得《孝經述議》，此疑斯解矣。

（引文 3）《孝經・天子章》述議：「孔於《尚書》傳云：『後為甫
侯，故或稱〈甫刑〉。』斯不然矣。《詩・大雅・崧高》之篇，宣
王之詩也，已言『惟申及甫』，《外傳》史伯之言，幽王時，乃云
『申、呂雖衰，齊、許猶在』，是非先為呂而後為甫也。此『甫』
『呂』之字，古文異文，事經燔書，各信其學，後人不能改正，
兩存之耳，非先後異封也。《外傳》說『氏曰有呂』，云『為股肱
心膂』，則『呂』當是也。」

劉炫云：「事經燔書，各信其學，後人不能改正，兩存之」，正與〈崧高〉

疏同；而此更明言孔注說先呂後甫之非，並以字當作「呂」為正。是知〈崧高〉疏止為劉說之一半，《孝經述議》所載始為其說之正。蓋因孔穎達等諱言孔注《尚書》之誤，刪去劉炫非孔之辭，故〈崧高〉疏前引孔注《尚書》而其下所說乃不與孔同，前後齟齬也。

至若《書》疏，其說雖與《孝經述議》異，亦當是襲用劉炫《尚書》舊疏所具材料，而改變其旨意者也。何以知之？則此《述議》引《國語》「申、呂雖衰，齊、許猶在」，實《周語》東周靈王太子晉之言，而劉炫稱為幽王時史伯之言，斯誤以為《鄭語》文也。《述議》下文又曰：「《外傳·鄭語》史伯云『伯夷能當於神以佐堯，故賜姓曰姜，氏曰有呂』，又曰『申、呂雖衰，齊、許猶在』，《周語》曰『申、呂、齊、許由大姜』，是申、呂、齊、許皆伯夷之裔胄也。」案：「伯夷能當於神以佐堯」固為史伯語，而「賜姓曰姜，氏曰有呂」及「申、呂雖衰，齊、許猶在」均是《周語》文。此則前後兩處皆以「申、呂雖衰，齊、許猶在」為《鄭語》文，自不可謂傳抄訛誤，是乃劉炫記憶之錯誤，斷可知矣。而《書》疏亦云「《鄭語》史伯之言，幽王之時也，乃云『申、呂雖衰，齊、許猶在』」，其誤正同。然則《書》疏所據，當皆剿襲劉炫舊疏，最可明證，不可疑義也。若然，孔穎達等《書》疏既出剿襲劉炫《尚書》舊疏，而其說與《孝經述議》不同者，蓋劉炫《尚書》舊疏本自有述孔傳之說，而更亦有攻駁孔傳之語，如《孝經述議》所說。惟因孔穎達等必欲遵守孔傳說，故獨取述孔之說，不取駁孔傳之語，以致《書》疏與《孝經述議》論說大旨不同耳。要之，《呂刑》疏、〈崧高〉疏、《孝經述議》，其說似顯各異，是因孔穎達等刪去劉炫批駁孔傳之說，其實皆本出劉炫。其《呂刑》疏、《孝經述議》同誤《周語》為《鄭語》，可以為《呂刑》疏出劉炫之明證，亦可證明《孝經述議》即劉炫原書，絕非偽撰。《尚書正義》經孔穎達等改編，唐人傳鈔，宋朝校刊，而倖存劉炫誤記，未見校正；《孝經疏議》流落海

外，由日人傳鈔，已無足本，而林先生辛勤搜索，僅免泯滅：今得比較，可以互證，猶破鏡重圓，若合符節，豈不快哉！此亦當知先人「不校不讀，校而不改」之訓，實不可移也。以上據《呂刑》題名之論，證〈呂刑〉疏、〈崧高〉疏本皆出劉炫，孔穎達等刪去其非孔傳之說，並證《孝經述議》絕對可信。

今更就《述議》，討論二劉學術特點如下：

（引文 4）孔序「《孝經》者何，孝者人之高行，經，常也」下，述議曰：「但《詩》《書》之名，其名各自成義，雖異文，實是經，不須『經』配。孝者人行之名，非是作書之號，不可單稱為『孝』，故以『經』配之，猶老子之《道德經》也。且後世所作，星、算、卜、相、龜、鶴、牛、馬，苟可用之，莫不稱經，其源出於此也。劉向《別錄》及《漢書・藝文志》皆云：『夫孝，天之經也，地之義也，民之行也。舉大者言，故曰「孝經」。』斯不然矣。『孝經』猶『孝書』也。孝為天經，自言孝道之大，安得以為書名。假令不舉其大，又可名此書為『孝義』、『孝行』乎？《左傳》子大叔之說禮也，亦云『天經地義』，辭與《孝經》正同。然則禮亦天經，非獨孝也。若以禮之與孝俱為天經，則《春秋》、《周易》更無天經之言，豈得不為經也？老子之道經□名之《星經》豈復皆有地義、民行，舉大而稱經乎？」

孔序「唯曾參躬行匹夫之孝，而未達天子諸侯以下揚名顯親之事，因侍坐而諮問焉，故夫子告其誼，於是曾子喟然，知孝之為大也，遂集而錄之，名曰《孝經》」，述議：「炫以為，《孝經》者孔子身手所作，筆削所定，不因曾子請問而隨宜答對也。……但雖有其

德，而無其位，不可自率己心，特制一典，因弟子有請問之道，師儒有教誨之義，故假曾子之問以為對揚，非曾子實有問也。何以知其然？……此皆孔須曾問，非曾須問孔也。莊周之斥鷃笑鵬、罔兩問影，屈原之漁父鼓枻、太卜拂龜，馬卿之烏有、亡是，楊雄之翰林、子墨，皆假設客主，更相應答，與此復何所異，而前賢莫之覺也。」

〈開宗明義章〉孔傳「仲尼之兄字伯尼」，述議云：「孔子首似尼丘，故以仲尼為字。其兄之首不必似山，而亦以尼為字者，蓋以弟字為尼，故亦俯同之焉。後世此事亦多矣，如陳氏之元方、季方，司馬之伯達、仲達，皆其類也。」

《詩》《書》可以單字為名，《孝經》必配「經」字為書名者，漢儒傅會說，孝者天經地義，故名「孝經」。劉炫引《別錄》、《漢志》，即稱「斯不然矣」，下為駁難。蓋此乃劉炫義疏之常例，故《詩》、《書》、《左傳》正義亦常見「斯不然矣」一句。第二章（引文 14）〈崧高〉疏、昭四年疏、〈舜典〉疏等，亦見其例。至其駁難，謂此無深意，不可單稱「孝」，故配一「經」字而已。配字無義意之說，與第二章（引文 23、24）《詩》、《書》疏說正同，亦可旁證《詩》、《書》疏皆出劉炫。但漢儒傅會，以其說理弘富恰當為的，明知是為傅會，固非所以探求事實。劉炫但論事實，以駁難漢儒，貌似理勝，實則論說層次不同，不可以服漢儒也。當知劉炫所為，實所以根本蔑視先儒之學術方法，不可謂所以糾正先儒失誤，此今讀注疏者，必當審知者也。

又，第二章論二劉論證經典文字，常據後世俗事為說，又堆累事例為證。（見 pp.75-76）今《述議》論《孝經》「經」字，羅列《星經》、《筭經》、

《卜經》、《相經》、《龜經》、《鶴經》、《牛經》、《馬經》皆以「經」名為證；論《孝經》為孔子自設問答，並舉莊周、屈原、司馬相如、楊雄，皆假設客主，更相應答為證；論仲尼、伯尼同取「尼」為字，則舉後世陳元方、季方，司馬伯達、仲達為證，凡此之等，莫非其事也。

第二章（引文 27）下又言二劉及王劭之音學，不拘前儒成說，以通假用韻之實例為據，創定新見，尤可注意。今《述議》不見論說古今韻部，而有言四聲別義者。

（引文 5）〈三才章〉述議云：「『德行』之與『施行』，今世借音有平聲去聲之異，於古則皆與『行列』之行同音。據其始為則平聲言之，指其成就則去聲言之，音雖小殊，而本是一物。」

是謂四聲別義為今世借音，古無其別，亦其音學之一端。但劉炫非謂一切否定四聲別義說，故莊十八年疏曰：「假、借同義。取者假為上聲，借為入聲；與者假借皆為去聲。」（1773 上）蓋其間有取捨審辨，要不盲從妄生分別之說也。案《顏氏家訓·音辭篇》云：「江南學士讀《左傳》，口相傳述，自為凡例，軍自敗曰敗，打破人軍曰敗，此為穿鑿耳。」此顏氏譏江南學者讀「敗」字四聲別義為穿鑿。但顏氏又襲用「好」「惡」兩讀，亦不廢江南「焉」字兩音之說，是為審辨，不為一概之論，劉炫亦然也。劉炫排斥傅會，不取韻緩、協韻之說而別論古音，與王劭同；不妄信四聲別義之說而謂古無分別，與顏之推同：蓋一代學術風氣如此與。

孔序《孝經》「使者至魯，輒以人事請索」，劉炫引〈家語序〉「因公卿大夫私以人事求募其副」等語，謂「是安國文章數以『人事』、『好事』、『往往』為辭也」。是探索一家辭例，亦可謂劉炫學術特色，猶〈韓奕〉疏探討馮翊、扶風辭例之比。（見 p.75）

第二章以來屢言二劉學術竭力排斥穿鑿傅會之說，今就《述議》驗證其說。

> （引文 6）〈開宗明義章〉述議云：「此二十二章引《書》者一，引《詩》者十，其不引者十一。……其不引者，皆文勢畢足，不須證故耳。下章所引皆直言『《詩》云』，而此稱『大雅』，二章指言《書》『呂刑』之篇名。凡言事之體，莫不詳尊略卑，謹初易末。此章始為端首，為二章道天子之事，故特備文焉。或稱：『「雅」者正也，將論一篇之致，取其以正為始；天子，刑法所由，故取「呂刑」為證。』曲為小說，吾無所取焉。」
>
> 〈喪親章〉述議云：「《間傳》云『三日不食』，此云『三日而食』者，謂三日之後乃食。文不害意，此之謂也。」

此云「曲為小說，吾無所取焉」，「文不害意，此之謂也」，皆劉炫所以宣言排斥傅會穿鑿之志意，劉炫輕蔑先儒曲說，自矜通達高明，頗具情感，可以玩味。又，言「文勢畢足，不須證故耳」，自亦屬所謂「無義例」之說。

明斥南朝諸儒而攻駁其傅會之說者，更為常見。

> （引文 7）〈三才章〉「則天之明，因地之利」，述議云：「天言『則』，地言『因』者，梁王以為：『「則」者法擬之名，「因」者仍就之稱。「則天」者，孝敬無所不被也；「因地」者，謂隨方而教：不得同為一也。地有風俗之殊，君子之化，不求變俗，故有「因」名；天以日月遍照，無有可因之理，唯有可則之義。』斯不然矣。因地之利，謂因取地之宜利以為教，非就地之所利以教民，安得云

『風俗之殊而隨方教』也？上云『天地之經而民是則之』，即則地
也。《左傳》云『為君臣上下，以則地義』，地豈不可則乎？上云
『因天之時』，何云不可因也？此皆為語不可重，故變其文，非有
別意也。」

案：「梁王」蓋即梁武帝[7]。梁武帝為一代學術之宗主，皇侃之等，皆可謂
梁武學堂之門客，是則梁武學術風貌與皇侃無異，不足怪也。梁武說「則
天」「因地」，「則」「因」不同之深義，因訓詁而及天地之大義，頗有風趣，
且論理精密，亦可稱為絕藝。但此自非事實，乃傅會說理之論，而劉炫一
一辨難。當知此非所以於學術內部切磋琢磨，而是不同學術之自我主張。
又，此稱「斯不然矣」而下為駁難，且其駁難也反覆疊為詰難之辭，與（引
文 4）論《孝經》配「經」字者正同，可謂劉炫義疏之常例。

（引文 8）〈開宗明義章〉「仲尼閒居，曾子侍坐」下，述議：「炫
以為此經夫子自作，據己而道他人，故自稱其字而舉人之姓。稱
字不稱名，〔名〕是己之所重，其與人言語，必有所謙卑遜謝，乃
可稱之；此乃自敘己事，未是對答前人，不可發端先稱丘也。遍
檢傳記，諸稱丘也，皆是對人之辭。明非對人談語，不可自稱己
名。後世以來，於君父之前則稱名，朋友之交則稱字，是稱字輕

---

7 案：《書》疏引「梁主」說，姚範謂蓋出梁武《通史》。昭二十疏云「後魏之世，嘗使
李繪聘梁」云云，亦言「梁王」說，而《釋文》引稱「梁元帝」。《顏氏家訓》亦引其
說，今人王利器竟稱顏之推從梁元帝甚久，故即用其說，不疑其出元帝。然《左傳》疏
與《北齊書》相參，考其時代，可知其必不可為梁元帝，宜當為梁武帝。且《書》、《左
傳》疏及此《述議》均出劉炫而同稱「梁王」，豈可輒指武帝，輒言元帝，自亂其說。
竊疑《釋文》有誤，而尚無確據，記此備考。至「梁王」「梁主」，字畫小異，後世版
刻不足為據，不可深究。

於稱名矣。今夫子假託教誨之義，方與弟子對語，事無所敬，辭非自稱，固當宜以字矣。言曾子者，若云與己對語，重而不斥其名，從其常稱，故言姓耳。而前世學者皆以《孝經》為他人所錄，莫不惑於此言。

劉向《別錄》云：『上稱「仲尼」以冠篇，蓋著孝者聖人之法，孔子為曾參陳孝道，為萬世法。』然則若稱『孔子閒居』，豈復不知聖人法也？

江左朝臣各言所見：謝萬云：『所以稱仲尼，欲令萬物視聽不惑也。』《記》云『孔子閒居』，何獨不慮惑哉？……

車胤云：『將明一經之義，必稱字以正之。直稱孔子，恐後世相亂。』然則諸稱『孔子』，豈可皆被亂乎？

殷仲文云：「夫子深敬孝道，故稱字以說。」然則名尊於字，若其深敬孝道，何以不自稱名？……

近世有沛國劉瓛得重名於江左，掊擊諸說，自立異端，云：『夫名以名質，字以表德。夫子既有盡孝之德，今方制法萬代，宜用此表德之字，故記字以冠首。而曾子有道之賢，能受命聖葉，實為可義，故記者書其姓字，明有道宜敬也。』詳夫仲尼之盡者，自以聖性能盡，非字盡而名不盡也。仲尼之聖，誰或不知，方待表德之字，以彰孝性之盡乎？制法萬代，自出孔子之心；記以冠首，更由錄者之意。乃使撰錄之人裁量孔子，事非聖人之心，文成記者筆，以此作法，何足可師？若曾之稱姓，出於記者，與夫《論語》何以異？閔子等四人侍側，子路、子貢稱其字，閔子、冉子稱其姓，豈復特為有道，偏被敬乎？此等不知《孝經》是仲尼自制，故致斯謬耳。」

劉炫所引江左諸儒「仲尼」之說，如為繁重，乃即《顏氏家訓・勉學篇》所謂「何必『仲尼居』即須兩紙疏義」。顏氏之言，今始得證，見其實情，快哉。然今此引錄猶其一半而已。

案：此劉炫先自為說，「遍檢傳記」之言、「後世以來」之說，一如第二章所論二劉特點（見 p.91，p.75）。又案：名字輕重之義，義疏家例引《公羊》莊十年「名不若字」為說，劉炫獨以後世通俗之法為驗，亦可異也。劉向、謝萬、車胤、殷仲文、劉瓛諸說，劉炫必一一攻駁，且每為詰問之語。又，引劉瓛必稱「得重名於江左」，亦即所以誇耀自己，與〈小弁〉疏譏《類苑》疏漏，必稱「以劉孝標之博學」者，（見 p.87）其意正同。讀此《述議》，既可見南朝諸儒傅會通理之學之為何物，亦可見劉炫現實主義否定南朝學術之意義也。

第二章又論二劉引用文獻之廣博精審，今於《孝經述議》亦可見此特點。除引書範圍廣泛外，如〈諸侯章〉述議言「漢世為古學者皆未見孔傳《古文尚書》」，又就孔傳《孝經》云「孔說所引諸《詩》，皆與毛意符合，毛差在孔前，孔當見其傳也」等，皆探討立說者與文獻之關係。

第一、第三章論皇侃善為科段前後關連之說，而二劉、孔穎達等排斥傅會，多不取其說。今《孝經述議》亦有科段說。其一為孔序之科段，分孔序為十段，而每述所言要旨，簡述其事而已，不為前後關聯之說，不抽象，不傅會。至「孝經」題下述議說全經科段，則言及各章前後關連，如云：「天子至於庶人，位有貴賤，孝有大小，故二章至六章每章各說其事。七章以立孝既終，乃總結之。從上至下，勢已總結，欲言孝道之大，其辭無以發端，八章乃假稱曾子之歎，更說孝道之大，先王化民之事。」然此等皆分析前後章關聯，討論作經者著文之意，亦所以論證此經孔子自撰之說。是則分析文勢，非傅會論理，與皇侃等不同也。是以言「十一章說父母生養之恩，既大且重；十二章說其居上臨下之人，以身範物；十三章說

事親終始之道」等即不說前後關聯，若皇侃則必當為說者也。

第二章對照《書》、《左傳》疏與《禮記》疏，推論二劉多不取《白虎通》（見 p.88），並錄《左傳》疏言「雖名《通義》，義不通也」，以為二劉漫罵先儒之言（見 p.95）。今檢《述議》凡三引《白虎通》：《卿大夫章》引「《白虎通》云，大夫者，大扶進者也」，《孝治章》引「《白虎通》曰，君者群也，群下之歸心也」，《諫爭章》引「《白虎通》云，諫必三者，象月三日成魄，臣道就」。案：前二條皆片言隻語，且為常說，或憑記憶，或據類書，不足深論。至後一條乃莊二十四年何休注《公羊》文，實非《白虎通》。案《公羊》疏亦僅舉《鄉飲酒義》為說，不言《白虎通》，則殆亦非《白虎通》佚文，當為劉炫誤記。全書引《白虎通》，僅此而已。若論劉炫不引《白虎通》者，則〈孝治章〉引環濟《要略》云「公者無厶也」云云，置《白虎通》略同文而特引環濟，與昭七年疏正同（見 p.88）。又案〈開宗明義章〉述議云：「致事以後，君有特命，乃駕而造朝，車不常用，故懸之。韋孟詩曰：『懸車之義，以洎小臣。』然則古之禮制必有懸車之言，不知元本出何書也。」案：懸車，《白虎通》亦有明文。《白虎通》自非經典，或不足以為「元本」，但劉炫旁引韋孟詩[8]，而不引《白虎通》，則何輕視之甚。〈曲禮〉孔疏論致事，則備引《白虎通》為說（1232 下），其間差異顯然。又〈廣至德章〉述議云：「鄭玄〈樂記〉注以三老五更各一人，以三五為名耳。養老之禮，希世間出。漢明帝永平二年始尊事三老，兄事五更，以李躬為三老，桓榮為五更。是鄭玄以前已有以一人為說者也。魏高貴鄉公甘露三年云云……。吳、蜀、晉、宋皆無其事。後魏高祖孝文皇帝大和十七年云云……，各用一人，從鄭說也。」歷引漢魏以來故事為說，亦即劉炫之學術特色。但《白虎通》既有明言曰「三老五更幾人乎，

---

8 案：此詩見《漢書》。

曰各一人」，劉炫何置之不論，而旁引漢魏以降故事？總之，劉炫之輕視
《白虎通》，可以無疑，足與《書》、《左傳》疏相證，而與第一章所論皇
侃重用《白虎通》者，（見 p.26）正相反也。

　　總結本節所論：《孝經述議》與《詩》、《書》、《左傳》疏對勘，可證
其的為劉炫遺書，亦可窺見孔穎達等刪定舊疏之實情。《孝經述議》排斥
傅會、堆累事實為證、疊用詰問句攻駁先儒、利用文獻之廣博精審等特點，
皆與第二章所論二劉特點相合。《孝經述議》有科段之說，而其說仍以分
析經文所述內容，討論經文編例為宗旨，與皇侃科段說之傅會論理，演說
前後關聯者不同。又如劉炫輕視《白虎通》等亦如第二章推論。

三　結論

　　本章討論《禮記子本疏義》及《孝經述議》。兩種資料皆清人所不見，
其於經學可裨益之處甚多，而尤可貴者，此皆皇侃、劉炫之原書，可就討
論其學術。今經討論，知上第二章所論二劉學術及第一、第三章所論皇侃
學術特點，概皆合此兩種資料。此又可反證兩種資料絕非偽撰。至此，皇
侃、二劉、孔穎達等學術態度、風格、傾向之不同，可謂已得其仿佛也。

第五章

賈公彥新義

　　第二章言二劉打破舊義疏學傳統以後，孔穎達、賈公彥等祇為編訂整理舊疏而已，更無所創立。第三章就《禮記正義》討論孔穎達等或因襲或刪改皇侃舊疏之實情，第四章檢討《禮記子本疏義》，覈論其說。又，第三章（引文 5）〈樂論〉科段說及第四章引〈喪服小記〉「長長，尊尊」孔疏、「呂刑」「甫刑」名稱之論等，皆見孔穎達等襲用舊疏而率意歪曲其說，以致論理混亂之實例。本章專論賈公彥因襲、改變舊疏之實情。

一　《二禮疏》多因襲舊疏

　　賈公彥《二禮疏》雖皆私撰，與《五經正義》奉敕官撰者不同，而其剪貼舊疏而成書則一，斷不可與現今所謂個人著作等同視之。

　　　　（引文 1）姚範曰：「凡孔賈之疏，大抵掩取前人之舊，其為己說者正無幾耳。又《儀禮・喪服》一篇，自東漢六朝多有專為其義疏者。今《儀禮疏》忽於是編內云：『第七、明鄭玄之注：鄭氏者，北海郡高密縣人云云。』此明係襲前人專解〈喪服〉之文，未及刊定。」[1]
　　　　孫詒讓曰：「唐修經疏大都沿襲六朝舊本。賈疏原出沈氏[2]，全書絕

---

[1] 見《援鶉堂筆記》五十卷本方東樹案語引。
[2] 此謂《周禮疏》據沈重義疏重修。

無援引沈義，而其移改之跡，尚可推案。如〈載師〉疏引《孝經援神契》一節，本〈草人〉注『黃白宜以種禾之屬』句釋義，賈移入〈載師〉而忘刪其述注之文，是其證。」[3]

案：〈喪服〉疏云：「〈喪服〉所陳，其理深大，今之所釋，且以七章明之：第一、明黃帝之時，朴略尚質，行心喪之禮，終身不變。第二、明唐虞之日，淳朴漸虧，雖行心喪，更以三年為限。第三、明三王以降，澆偽漸起，故制喪服以表哀情。第四、明既有喪服，須明『喪服』二字。第五、明〈喪服〉章次，以精麤為序。第六、明作傳之人並為傳之意。第七、明鄭玄之注，經傳兩解之。」（1096 中）賈公彥於篇首立七章，專論〈喪服〉一篇，與孔穎達等《周易正義》卷首立八章，為一經總論者，體例正同。馬融專注〈喪服〉，南北朝義疏亦多單為〈喪服〉疏釋者，則賈公彥篇首發此專論，不足異也。然第一卷「鄭氏注」題下，賈公彥已釋鄭玄之為何人以及其書稱「注」之義。此第七章重為之，且論說不全同，是知此〈喪服〉七章之論，當別有所本，必非賈氏自創為之文也。

〈載師〉「掌任土之灋，以物地事」，注：「物，物色之，以知其所宜之事」，賈疏：「此言出於《孝經緯》。故《孝經緯援神契》云：『五嶽藏神，四瀆含靈，五土出利，以給天下。黃白宜種禾，黑墳宜種麥，蒼赤宜種菽，洿泉宜種稻。』所宜處多，故鄭云『之屬』也。」（724 下）既云「所宜處多，故云『之屬』」，則「之屬」自不可謂「之事」之訛，而此注又無「之屬」之言。考〈草人〉注：「以物地，占其形色，為之種，黃白宜以種禾之屬」，賈疏云：「鄭依《孝經援神契》而言也。」（746 中）是知〈載師〉疏本出〈草人〉舊疏，賈公彥移於〈載師〉而失於修改，遂遺「所宜處多，

故鄭云『之屬』也」兩句，為無的放矢，不成文義矣。

此皆《二禮疏》襲用舊疏而失於剪裁，至前後軒輊之例，姚、孫兩家之說是也。今更表《二禮疏》論說滅裂不通之事，以證賈公彥撰疏初不精審，因而知《二禮疏》之成書，實多賴舊疏。此就《儀禮・鄉射》一篇為例，舉列賈疏躋駁荒謬之事。

（1）戒賓節「賓出迎再拜」，注：「出迎，出門也」，賈疏云：「謂出序之學門，亦如〈鄉飲酒〉出庠門。」（993上）

案：戒賓賓出門，自是出賓家之門，此疏失誤不待《清義疏》、盛世佐、吳廷華、張惠言、黃以周等紛紛指摘而自明。賈公彥據〈鄉飲酒義〉云「主人拜迎賓於庠門之外」，引以釋此經，不知〈鄉飲酒義〉自據賓至主人迎賓而言，與此經戒賓不相干也。是乃賈氏草率，比附彼事以釋此經，非理解儀節實有異也。

（2）第一番射，司馬命去侯，「司馬適堂西，不決遂，袒執弓」，賈疏云：「若然，〈大射〉司馬正不射而袒，又復決遂者，彼大射志於射，故司馬正雖不射，袒復決遂。」（1000中）

案：「大射志於射」，可以言其與〈燕禮〉之不同，而不可以言與〈鄉射〉之不同。鄉射何嘗不志於射也。若〈鄉飲〉疏云：「案：大射主於射，略於樂。鄉射亦應主於射，略於樂，所以面鼓，亦是變於君也。」（985中）是言之合理者。今此疏隨手拈引「大射志於射」之成說，以言〈鄉射〉與〈大射〉之不同，實無所當也。

（3）飲不勝者節注「右手執觶，左手執弓」，賈疏云：「此無正文。以祭禮皆左手執爵，用右手以祭，故知此亦用左手執弓，右手執觶可知也。」（1003下）

案：此言「祭禮皆左手執爵，右手以祭」，固是禮之通例。[4]但此注云「右手執觶」，與祭薦時左手執觶正相反，豈得引以為證也。

（4）「獻獲者於侯」，注「鄉人獲者賤，明其主以侯為功得獻也」，賈疏云：「案〈大射〉云：『司馬正洗散，遂實爵，獻服不。服不侯西北三步北面拜受爵。』注：『近其所為獻。』彼國君禮，使服不── 士官── 唱獲，故就其所為唱獲獻之。此鄉人獲者賤，故獻於侯，明以侯為功得獻也。」（1003 下）

案下疏又云：「若〈大射〉則獻與薦具在乏，乃適侯祭之。君禮與此異也。」（1004 上）則此云「就其所為唱獲獻之」，固謂就乏受獻無疑。然〈大射〉既言「設乏各去其侯西十北十」，則「侯西北三步」之位近侯而不近乏，正如〈大射〉疏言「服不得獻由侯所為，故不近乏而近侯獻之」，（1040 下）是知此疏顯誤也。賈氏何為此顯誤之說者？則注云「鄉人獲者賤」，當對〈大射〉服不氏為士官稍貴而言。鄉人獲者賤，故於侯受獻，然則〈大射〉服不氏稍貴，不當如此。賈氏以不就侯受獻，即應就乏受獻，是誤也。其實，鄭玄意〈大射〉服不氏近侯所受獻，近而不就，是與鄉人獲者有差耳。賈氏望文為說，拘注文而妄為推論，不顧其不僅與事理乖，且與〈大射〉疏說自相矛盾。

（5）旅酬節「主人以觶適西階上酬大夫」，賈疏云：「旅酬恒執此觶以相酬，故言『以』。知義然者，上文『命獲者以旌退』，鄭注云：『旌言以者，旌恒執也。』 是也。」（1005 下）

案：上退射器節言：「司馬命獲者以旌退，命弟子退楅，司射命釋獲者退中與算而俟。」（1005 中）弟子言「退楅」，釋獲者言「退中與算」，而獲者獨言「以旌退」，辭例不同，故鄭特釋之云：「旌言以者，旌恒執也。」

---

4 可參淩氏《釋例》「凡執爵皆左手，祭薦皆右手」條。

至此經言「主人以觶適西階上」者，全經言「以爵」、「以觶」者比比皆是，為言之最平實者，絕無含義。賈氏見上注有「恒執」之說，遂引以為此經之釋，不知彼注不可以為泛說也。

（6）息司正節〈無介〉，注：「勞禮略，貶於飲酒也。」賈疏云：「謂貶於鄉飲酒。〈鄉飲酒禮〉有介，此上正飲酒及此勞禮皆無介，是貶於鄉飲酒也。」（1009 上）

案：此云「〈鄉飲酒禮〉有介，此上正飲酒及此勞禮皆無介」，其言不誤。是以上經戒賓節言「無介」，注云：「雖先飲酒，主於射也，其序賓之禮略。」（993 中）然此息司正之儀，〈鄉飲酒〉亦言「無介」，與此經無異，則不得以鄉射貶於鄉飲酒也。鄭意蓋謂勞禮略，故鄉飲酒正禮有介而息司正則無介；至此鄉射禮，飲酒正禮本無介，息司正貶於正禮，固不得有介也。賈說嫌混，可謂以戒賓節之「無介」釋此息司正之「無介」者也。

以上〈鄉射疏〉謬誤共六事，皆由賈氏草率，援用彼說以釋此經，不知兩事不同，本不可以彼例此，以致失誤。賈氏失審草率如此，而謂全疏皆出賈氏筆，其誰信乎。當知疏文多出舊疏，賈氏剪貼編修而已，且其編修之際，常見失誤。

朱熹言「《儀禮疏》說得不甚分明」，而謂「《周禮疏》最好」，[5]其說不誣。賈公彥一人所撰而彼優此劣不同者，蓋因二疏均以襲用舊疏為主，而《周禮》舊疏較《儀禮》遠備故也。但既經賈氏重修編訂，則《周禮疏》亦不免偶見草率之失，又與《儀禮疏》一也。

（引文 2）〈夏采〉「大喪，復于大祖」，賈疏：「天子七廟，此經直云大祖——大廟——則后稷廟也。餘六廟此不云復。案〈祭僕〉

----

5 見《語錄》。

云『大喪復于小廟』，注云『小廟，高祖以下』，是親廟四也。其
五寢則隸僕復，故〈隸僕職〉云『大喪復于小寢、大寢』，注：『小
寢，高祖以下廟之寢也。始祖曰大寢。』唯二祧無復文者，案〈祭
法〉，親廟四與大祖皆月祭，二祧享嘗乃止。無月祭則不復也。」
（694 下）

〈祭僕〉「大喪，復于小廟」，賈疏：「其二祧不言復，亦應此祭僕
復，但無寢耳。」（852 中）

案：〈夏采〉疏言二祧不復，〈祭僕〉疏言祭僕復於二祧，兩疏矛盾。〈夏
采〉疏據〈祭法〉二祧無月祭，故知二祧無復，論據明白，當非率爾之言。
然〈祭僕〉疏此云者，蓋因見〈隸僕〉「大喪，復于小寢、大寢」，而鄭注
云「天子七廟，惟祧無寢」（852 下），遂謂天子七廟，皆復焉，惟二祧無寢，
故止五寢而已。可知〈祭僕〉疏說無據，涉下注文草率為說，非賈氏禮學
之正說也。〈玉府〉疏亦云「王有七廟及寢皆復焉」，（678 中）亦不細考，
大判言之耳。（2013 年補注：〈春官〉「鬱人」疏：「鄭云『鬱，鬱金香草』者，《王度記》
謂之鬯，鬯即鬱金草也。」（752 下）案：注云「鬱」，不言鬯，疏釋此注而引《王度記》，
殊非其宜。觀〈鬱人職〉疏，〈鬯人職〉疏（770 中、771 中）皆引《王度記》為說，當出
舊疏，賈氏遂移以釋敘官注。）

要之，《二禮疏》偶見草率，錯誤比附等說，與全書學術水準不相符
合，當謂《二禮疏》中有自創為說者之言，亦有編訂成書者之言，非皆一
人之說。所謂編訂成書者，即賈公彥其人也[6]。是知賈公彥據先儒舊疏，
改移編訂而成《二禮疏》，而其態度草率，致多謬誤，賈公彥之功，不可
為多也。

---

[6] 且不論李玄植等協撰者。

二 新義

　　然若如上節所論，則《二禮疏》多因襲舊疏，且剪裁多失審，賈公彥何敢以著作自居？世人何以重其書，至隋前舊疏均湮沒不聞而賈氏疏獨得流傳後世？今為推測，一則舊疏不備。案《隋志》，為《周禮》義疏者凡四家，除沈重《義疏》四十卷外，他三家不著撰人，卷數各為十九、十、九；《儀禮》義疏僅見無名氏二家，二卷之與六卷而已。較之劉炫《尚書》疏二十卷、《詩》疏四十卷、皇侃《禮記》疏四十八卷等，詳略懸殊。《周禮》獨沈重一家有四十卷，後人皆謂賈公彥取資，或其然也。至《儀禮》，賈公彥《儀禮疏序》所言黃慶、李孟悊他書竟不見其名，《隋志》二家二卷、六卷，絕不可為逐句疏解如今賈疏者。此所以《周禮疏》優而《儀禮疏》劣，如上節所言。據此又知《周禮疏》當多因襲舊疏之文，《儀禮疏》更多賈公彥自為之說。上節論《儀禮疏》疏謬，即以〈鄉射禮〉一篇為例，以其率爾之言尤多，論之可明顯故也。至謂何以如此？則蓋有由也。案：〈鄉射禮〉前半與〈鄉飲酒禮〉大同，後半與〈大射〉大同，而〈鄉飲酒〉為飲酒正禮，〈大射〉尤詳尊卑之辨。〈鄉飲酒〉、〈大射〉明，則〈鄉射〉亦明。據此推測，隋前義疏卷帙既甚少，其於〈鄉射〉必當極簡略。今賈公彥欲逐句為全書疏解，如劉炫、孔穎達等所為，則無舊疏可以因襲，必須自撰其文。然賈公彥態度草率，多憑連想，隨便下筆，未嘗詳審文義，是以〈鄉射禮〉謬誤尤多。此又何止〈鄉射〉一篇為然，《儀禮疏》全書亦即如此，是以謂《儀禮疏》不如《周禮疏》詳審也。

　　然則賈公彥《二禮疏》之所以與隋前各家義疏不同，而為世所重，或在其體例，就全部經注逐句為疏釋，頗為詳備，可謂其一端。又當知六朝義疏旨在通理，未必以解釋經注文義為目的，是以《儀禮》義疏可以二卷為之；至劉炫、孔穎達等，則必欲以得經文正義為准的，故必須逐句為經

注疏解：此亦上四章反覆所論六朝義疏學與二劉、孔穎達等學術之差別，表現為義疏體例之不同者。第二章論二劉學術，引賈公彥《二禮疏》相對照，謂賈公彥說為六朝舊義疏學內容，與二劉態度正相反，以其（引文 23、30）下所論最為顯例。然就此逐句解釋經注文之體例而言，賈公彥又與六朝舊疏不同，而與二劉、孔穎達等相同。是賈公彥因襲舊義疏學內容，而其體裁則倣效二劉、孔穎達等，當謂賈公彥時值二劉、孔穎達之後，外形務追隋唐新風，內容仍多南北朝之舊：義疏學演變之殿軍，賈公彥之地位如此耳。

但賈公彥《二禮疏》與舊疏不同，不僅在其體例，內容亦非全然因襲舊疏，而有所更改創新。第二章（引文 14）引〈大宗伯〉、〈大司樂〉疏，論賈公彥所據舊疏當如〈大宗伯〉疏，而賈公彥見《詩》、《書》、《左傳》疏所引郭璞說，亟於〈大司樂〉疏補入其說，而未得折中，故論說一左一右，錯綜混亂；（引文 21）引〈占人〉疏，論賈公彥因見《書》、《左傳》疏有筮龜實無優劣之說，故強為六經不若讖緯之怪論：此等皆賈公彥改造補訂舊疏之事。雖不可證賈公彥之前必無有為其說者，而為賈公彥所承襲，然即或非出賈公彥其人，其改造補訂舊疏則一也。

（引文 3）〈地官・師氏〉：「以三德教國子：一曰至德，以為道本；二曰敏德，以為行本；三曰孝德，以知逆惡。」注：「至德，中和之德，覆燾持載含容者也。……敏德，仁義順時者也。……孝德，尊祖愛親，守其所以生者也。」賈疏曰：「案：此經有至德、敏德、孝德，《老子》亦有三等之德。案《老子道經》云『道可道，非常道』，河上公云：『謂經術政教之道，非自然長生之道；常道當以無為養神，無事安民，含光藏曜，滅跡匿端，不可稱以道。』又案《德經》云『上德不德，是以有德』，河上公注云：『上德，大

古無名號之君。德有無上，故言上德。不德，言不以德教民，因循自然，其德不見，故言不德是以有德者也。』又云『下德不失德，是以無德』，注云：『下德謂號諡之君。德不及上德，故言〔下德也。〕不失德，以其德見，其功稱，是以謂之無德。』又云『失道而後德，失德而後仁，失仁而後義，失義而後禮』，注云：『道衰德化，德衰而仁愛見，仁衰而（忿爭）〔分義〕明，義衰而聘行玉帛。』又案《握河紀》：『堯曰，皇道帝德，非朕所專。』又《中候義明》云『洞五九，禮閼郵』，注云：『閼，止。郵，過。言五帝後洞三王之世，其治各九百歲，當以禮止過也。』

案此諸文言之，此『至德』，覆燾持載含容之德，同於天地，與《老子》『常道』及『上德不德』為一物，皆是燧皇已上無名號之君所行，故河上公云『上德，無名號之君所行』也。此『敏德』則《老子》云『可道之道，非常道』、『下德不失德』之德亦一也，故河上公云『政教經術，有名號之君所行』。以其三皇五帝為政皆須仁義順時，故鄭云『敏德，仁義順時也』。若然，《老子》云『失道而有德，失德而有仁』者，是三皇行『可道』之道，五帝行『下德不失德』之德，即堯云『皇道帝德』，亦謂此道德，於此經同為敏德也。其三王同行孝德耳。

其《老子》又云：『失德而有仁，失仁而有義，失義而有禮。』『禮』專據三王之時，故云『洞五九禮閼郵』。若然，『仁』『義』在『禮』前『德』後，則五帝與三王俱有仁義，故《禮記》云『堯舜率天下以仁，而民從之』，又云『禹立三年，百姓以仁遂焉』，是以仁義關在五帝、三王之間者也。」（730下）

案：賈疏此說，在逐句疏釋經注全文之後，更發此論，以《老子》三等之

德與此經三德相比附，非常例也。且其說也，以《老子》「常道」及「上德不德」比附此經「至德」，「可道之道，非常道」及「下德不失德」比附此經「敏德」，是為二德。至此經「孝德」，賈公彥僅稱「三王同行孝德」，於《老子》初無所當，竟不知所謂「《老子》亦有三等之德」者何據而言。「其《老子》又云」以下更以德、仁、義、禮為等次，以五帝當德，三王當禮，而證論仁之與義，五帝三王具與焉。然若以至德、敏德故，謂五帝當德，則三王亦為敏德，何得五帝為德，三王獨退為禮。要此疏比附之說，多牽強而論理滅裂，甚可疑義。今解說其故，則熊安生本有《老子》三等德之說，而未嘗傅會此經；賈公彥見熊說，遂生搬硬套，比附於此經，不顧其說本不合於此，自致論理滅裂也。案：熊說見〈曲禮〉孔疏引。其說曰：「此云『太上貴德』，鄭云『帝皇之世』，則帝皇以上皆行德也。所以《中候握河紀》云『皇道帝德，非朕所專』，是三皇行道，五帝行德，不同者，但德由道生，道為其本，故道優於德，散而言之，德亦是道，故總云貴德。既三皇行道，五帝行德，以次推之，則三王行仁，五霸行義。五帝雖行德，亦能有仁，故《大學》云『堯舜率天下以仁』是也。案《老子》云『道常無名』，河上公云『能生天地人』，則當大易之氣也。《道德經》云『上德不德』，其德稍劣於常道，則三皇之世，法大易之道行之也。然則可行之道，則伏犧畫八卦之屬是也，三皇所行者也。『下德不失德』，河上公云『下德謂號謚之君』，則五帝所行者也。但三皇則道多德少，五帝則道少德多。」（1232 上）熊說條理清晰，論說結構整齊，雖是傅會，固不妨為一家之說。（2013 年補注：孔序云熊氏「違背本經，多引外義」，此其顯例。又如〈表記〉「事君……可生可殺，而不可使為亂」，疏引熊氏云，可殺者謂臣可殺君，引《春秋》「殺君稱君，君無道」，孔云非辭。（1643）案：熊說自非所以解此經，是所謂外義。）又「《老子》三等德之說」，謂之熊說則實然也，其於賈疏乃無所當矣。且賈疏引書亦與熊說雷同。是明賈公彥見熊說而移於〈師氏〉，斷可知也。

今取熊、賈二家說之要，表示如下：

熊安生說	《老子》	賈公彥說
大易之氣	「道常無名」	
	「常道」	燧皇已上 無名號之君
三皇	「上德不德」	
	「可道之道，非常道」	三皇五帝
五帝	「下德不失德」	

熊安生說	《老子》	賈公彥說
三皇	道	
五帝	德	五帝
（五帝）、三王	仁	五帝、三王
五霸	義	
	禮	三王

賈公彥見熊說有趣，遂欲引用其說，比附於此經，不知彼說不可移於此，
以致論理滅裂，斯可謂賈公彥之常病。其失皆在草率失審，竊用彼說以論
此事，不知其於義無當，亦不覺己說論理滅裂耳。

（引文 4）〈鄉大夫〉「五物詢眾庶：一曰和，二曰容，三曰主皮，
四曰和容，五曰興舞」，鄭注云：「和載六德，容包六行也。……

主皮、和容、興舞，則六藝之射與禮、樂與。……」賈疏：「在下
謂之載，和在六德之下，故云『和載六德』。在上謂之包，容則孝
也。孝在六行之上，故云『容包六行』。必知容得為孝者，案《漢
書》『高堂生善為容』，容則禮也。善為孝者必合於禮之容儀，故
以孝為容者也。」（717 上）

〈鄉射〉「鄉射之禮」注引〈鄉大夫〉「五物詢眾庶」，賈疏云：「鄭
云『和載六德』者，和是六德之下，六德大，故舉下以載上也。
容為孝者，人有孝行則性行含容，故以孝為容。孝是六行中之大，
故舉上以包下，故云『容包六行』也。……以和容為禮者，禮之
用和為貴。又行禮有容儀，是以漢時謂禮為容，故以禮為和容也。」
（993 上中）

案：〈大司徒〉鄉三物，「一曰六德，知、仁、聖、義、忠、和；二曰六行，
孝、友、睦、婣、任、恤；三曰六藝，禮、樂、射、御、書、數」，（707
中）鄭玄據以為釋。今觀〈鄉大夫〉、〈鄉射〉二疏，其說不同。鄭注以「容」
當孝，「和容」當禮，則「容」字應兼及二義。而〈鄉大夫〉疏則引〈儒
林傳〉，以「容則禮也」之說釋「容」當孝之義，且不釋「和容」當禮之
義。〈鄉射〉疏則有「人有孝行則性行含容」之說，以釋當孝之「容」，至
其釋「和容」乃用「高堂生善為容」之義。同出賈氏編訂而兩說不同者，
蓋一則仍舊疏之舊，一則賈氏就舊說而有所改移，非賈氏自為兩說。〈鄉
大夫〉疏引用《漢書》容猶禮之說，本可以釋「和容」當禮之義，而更為
孝者合禮容之說，乃以為「容」當孝之義，置「和容」當禮之義不論，可
謂迂曲。〈鄉射〉疏引用《漢書》容猶禮之說，即以為「和容」當禮之釋，
然別創「人有孝行則性行含容」之說，以釋當孝之「容」，則不免巧說無
據之感。兩疏相較，蓋可推測〈鄉大夫〉疏賈氏因仍舊疏，〈鄉射〉疏經

賈氏改造舊說與。又案,〈儒林傳〉本作「魯高堂生傳士禮十七篇,而魯徐生善為頌,孝文時徐生以頌為禮官大夫」,則〈樂記〉疏云「《漢書・儒林傳》云孝文時徐生善為容,是善禮樂者謂之容也」(1543 中),是其文之正,〈鄉大夫〉疏引文不正,至〈鄉射〉則全不引《漢書》,僅以為漢時故事,亦為〈鄉射〉據舊說改造之旁證。

> （引文 5）〈冠禮〉醮辭「孝友時格」,注:「善父母為孝,善兄弟為友」,賈疏云:「《爾雅》文。不言善事父母、善事兄弟者,欲見非直善事兄弟,亦為兄弟之所善者諸行周備之意也。」(957 下)

案:注文既出《爾雅》正文,而此疏特以不言「善事」為疑者,蓋亦賈氏襲用《周禮》舊疏之成說也。〈大司徒〉注「善於父母為孝,善於兄弟為友」,疏云:「案《爾雅》云:『張仲孝友。善父母為孝,善兄弟為友。』彼不言『於』,此鄭云『善於父母』、『善於兄弟』言『於』者,凡言孝友,非直甘肴先奉、昏定晨省而已。謂若《禮記・祭義》云:『孝者先意承志,喻父母於道,國人稱之曰:幸哉有子若是!』如此美行,乃所為父母兄弟所善,故鄭云『善於父母為孝,善於兄弟為友』也。」(707 下) 是彼注作「善於」,與《爾雅》單作「善」不同,故以有「於」者為被動式解之,謂「父母兄弟所善」也。就語助之微,暢論孝友之深義,巧則巧矣,而非通論也。豈謂必言「善於」始得孝友之真諦?若〈大司樂〉注云「善父母曰孝,善兄弟曰友」,安得謂其孝友與〈大司徒〉所言有差。是知〈大司徒〉疏之說,不過望文發揮之言,不足以論他經注。今賈公彥見〈大司徒〉舊說之巧,亟移於此〈冠禮〉,而因此注作「善」與《爾雅》正同,遂率意自立「善事」之言,移「善於」與「善」之差為「善」與「善事」之不同。因其「善事」出賈氏自立為言,事無所承,故言之突如,讀者不知何

必為此比較。又殊不知「善兄弟」解為何等語法，始可有「為兄弟之所善者諸行周備」之含義，斯牽強之至。是以單讀此疏者，必不可得其義。[7]無論何等賢明，必當參考〈大司徒〉疏，考知賈氏引用改造先儒巧說之意，此疏始可讀也。

> （引文 6）〈昏禮〉親迎「乘墨車」，注「士乘墨車，攝盛也」，賈疏云：「士乘墨車為攝盛，則大夫當乘卿之夏縵，卿當乘孤之夏篆。已上有木路，質而無飾，不可使孤乘之。禮窮則同也，孤還乘夏篆。又，於臣之外特置，亦是尊，尊則尊矣，不欲攝盛。」（963 下）
>
> 又「婦車亦如之」，注「亦如之者，車同等」，賈疏云：「凡婦車之法，自士已上至孤卿皆與夫同，有袶為異。三夫人與三公夫人當用翟車，九嬪與孤妻同用夏篆，世婦與卿大夫妻同用夏縵，女御與士妻同用墨車也。」（964 上）

案：〈春官・巾車〉疏云：「若五等諸侯親迎，皆乘所賜路。以其士親迎攝盛乘大夫車，則大夫已上尊則尊矣，不可更攝盛轉乘在上之車，當乘所賜車，與祭祀同。則王乘玉路可也。」（823 下）又云：「王之三夫人與三公夫人同乘翟車，九嬪與孤妻同乘夏篆，二十七世婦與卿妻同乘夏縵，女御與大夫妻同乘墨車。士之妻攝盛亦乘墨車，非嫁攝盛則乘棧車也。」（824 上）又云：「若親迎則士有攝盛，故〈士昏禮〉主人乘墨車，『婦車亦如之』，有袶為異耳。王后別見車五乘，此卿孤以下不見婦人車者，婦人與夫同，故〈昏禮〉云『婦車亦如之』。但大夫以上尊則尊矣，親迎不

---

[7] 案此疏「欲見非直善事兄弟」，單疏已誤「直」為「且」。蓋因賈疏論理滅裂，宋人不得其意，遂為此訛。

假攝盛轉乘上車也。」(825 上)〈巾車〉疏序次男女用車之差既詳且析，而於親迎則謂惟士有攝盛，大夫以上皆不攝盛。然此〈昏禮〉疏則於夫之車輒云「士乘大夫墨車，大夫當乘卿之夏縵，卿當乘孤之夏篆」，卿大夫皆以攝盛為說，與〈巾車〉疏不合。於婦車則云「孤妻用夏篆，卿大夫妻同用夏縵，士妻用墨車」，以大夫士攝盛，孤卿不攝盛，又與〈巾車〉疏不同。然〈昏禮〉疏自言「凡婦車之法，自士已上至孤卿皆與夫同，有裧為異」，正與〈巾車〉疏同，而今於夫車以孤不攝盛，卿大夫士攝盛；於婦車以孤卿妻不攝盛，大夫士妻攝盛：是則不僅與〈巾車〉疏不合，並且自相矛盾。何以然也？則賈氏本當以〈巾車〉舊說為據，而率意改造，致此滅裂耳。案「乘墨車」，注云「士乘墨車，攝盛也」，衹言攝盛，不言大夫以上無攝盛。又，親迎所服，「主人爵弁」，鄭注「大夫以上親迎冕服」，賈疏云：「卿大夫朝服以自祭，助祭用玄冕，親迎亦當玄冕攝盛也。……孤卿大夫士為臣，卑，須攝盛，取助祭之服以親迎；則天子諸侯為尊則尊矣，不須攝盛，宜用家祭之服。」(963 下)賈公彥由是，自士乘墨車上推之，則大夫當乘夏縵，卿當乘夏篆。至夏篆，服車五乘極矣，故云禮窮則同，孤亦乘夏篆，與卿同。然其說也，一言以木路質，又言孤特尊，歧出兩途，亦可見其隨意為說，非審慎考訂之說。至「婦車亦如之」疏，文與〈巾車〉疏相類，蓋出因襲彼疏。然〈巾車〉疏說大夫妻以上皆不攝盛，今乃欲謂大夫以上亦攝盛，而又不知攝盛之限，遂就舊說，僅改大夫妻墨車為夏縵，姑息之說，且不顧與夫車卿亦攝盛之說不合也。當知〈巾車〉疏說是義疏家之正說，賈氏因襲舊說者；至〈昏禮〉疏，則賈氏據〈巾車〉疏而隨意改變，自亂其說，迷惑之極也。

	夏篆	夏縵	墨車
〈巾車〉疏	孤 孤妻	卿 卿妻	大夫、士 大夫妻、士妻
〈昏禮〉疏	孤、　　　　卿 孤妻	大夫 卿妻、大夫妻	士 士妻

（引文 7）《士冠禮・記》：「始冠緇布之冠也。……適子冠於阼，
以著代也。醮於客位，加有成也。三加彌尊，諭其志也。冠而字
之，敬其名也。委貌，周道也；章甫，殷道也；毋追，夏后氏之
道也。周弁，殷冔，夏收。三王共皮弁素積。」
賈疏云：「記人以經有緇布冠、皮弁、爵弁、玄冠，故還記緇布冠
以下四種之冠以解經之四者。此委貌即解經『易服服玄冠』是也。」
又云：「再加當在『周弁』三加之上，退之在下者，欲見此是三代
之冠，百王同之，無別代之稱也。」（958下）

案：《禮記・郊特牲》經文與此記同。彼疏云：「『委貌』一條論三加始加
之冠，『周弁』一條論第三所加之冠，『皮弁』一條論第二所加之冠。在後
言皮弁者，以其三王共同，故在後言之。」（1456中）《禮記》疏以「委貌」
當始加之緇布冠，與賈疏當「易服服玄冠」者不同。所以不同者，孔疏說
即賈公彥所據舊說，而〈冠禮〉疏乃賈公彥改造之說。何以知之？賈公彥
〈儀禮疏序〉云：「案〈士冠〉三加，有緇布冠、皮弁、爵弁，既冠，又
著玄冠見於君。有此四種之冠，故記人下陳緇布冠、委貌、周弁，以釋經
之四種。」序中特詳述四種冠之說，當是賈氏得意之論。案：士冠三加，
緇布冠、皮弁、爵弁，是冠之正禮；「乃易服，服玄冠」，是禮成後，著成

人常冠而已。記文「委貌」、「周弁」、「皮弁」三條相屬,皆言三代之制,而「緇布冠」一條遠隔在前,且非所以明三代異制,不可並論,故舊說以緇布冠、爵弁、皮弁當「委貌」、「周弁」、「皮弁」。賈氏見記「委貌」、「周弁」、「皮弁」之外,更有「緇布冠」一條,則共有四種,遂改「委貌」當玄冠,以求經記應合。賈疏《儀禮》解釋記文,每言「記者記經之不備」,是以賈氏見記有四條言冠,即欲與經四種冠相應。此記「委貌」究當何冠,實不足深辨。鄭玄雖別有「玄冠,委貌也」之訓,此注祇言「其制之異未聞」,而蔡邕又有「緇布冠即委貌冠」之言。當知孔賈不同,實不關訓詁名物,直為形式之論。孔疏說,可謂平實。賈疏說本據「經記相應」之觀念,傅會為之,非出文理自然,是以稍嫌牽強,而賈公彥以此說自矜,頗有與皇侃學術風氣相通者。今可不論平實與牽強,當謂兩說均可成一家之言。然賈公彥既破舊說,以「委貌」當玄冠,又因仍舊說三冠次序之說,斯見論理混亂,迷惑讀者。舊說以「委貌」當始加之緇布冠,則記文「委貌」、「周弁」、「皮弁」為始加、三加、再加之序,是以特為解釋謂皮弁三王共同,故退之在下。今賈氏改以「委貌」當玄冠,則記文先言始加之緇布冠,次言三加以後之玄冠,次言三加爵弁,次言二加皮弁,與加冠次序全不相干,不可獨以皮弁居末為疑也。賈氏破舊說「委貌」之義,而仍襲「皮弁三王共同故在後」之說,故為偏頗如此。賈氏編訂義疏,本據舊說而改造之,既與舊說不同,又非全然改為新說,是以往往見論理混亂,不明旨意如此。若不參考〈郊特牲〉疏,〈士冠記〉疏祇見奇怪,竟不可讀也。

三　結論

　　賈公彥當二劉、孔穎達等之後,為《二禮》撰疏,雖稱私家撰述,內容多因襲舊疏,出其自說者蓋寡。然《二禮》舊疏頗不完備,《儀禮》尤

甚，則賈公彥必須自為之說。舊義疏學，重在通理，故卷帙極少亦可成書；賈公彥倣二劉、孔穎達等，就經注文字逐句為說，則自當多補撰其義。然賈公彥撰述態度草率，往往強引彼說以釋此經，不知兩事本不相干。故賈疏謬失頗多，《儀禮疏》較《周禮疏》更多。凡此等謬說，皆於彼為正當之言，移以說此經，始為謬誤。賈公彥又有改造舊說之例，即本出彼經舊說，賈氏歪曲以遷就此經，致論理混亂，一往讀之不得其意。如此則必須探得所據舊說，相為對勘，始見賈氏改制之意。

第二章（引文 23、30）下論《儀禮》、《周禮》賈疏說是義疏學舊說，為二劉所攻駁，《毛詩》孔疏所述當即二劉說；本章（引文 3、7）下論《禮記》孔疏見義疏學舊說，《周禮》、《儀禮》賈疏乃為改移變化之說；又有《周禮》疏存義疏學舊說，《儀禮》疏為改移變化之說者，如本章（引文 4、5、6）。總而言之，孔賈二家之疏，均出重修舊疏，具皆既有義疏學舊說，又有新訂之說。然孔疏之新說，或是二劉之說及孔穎達等學二劉排斥傅會之說，或是孔穎達等為遵循注家說，遷就改移舊說者；而賈疏之新說，則多見輕率，引彼舊說以釋此經，不知彼此之間本不可相通，強為比附，歪曲舊說，致文理滯澀，不易知其意。兩家新說，趨向不同，互不相類，賈氏不為攻駁傅會之說，孔氏又無強為比附之失。（2013年補注：雖然，孔疏亦不無歪曲皇疏之處，如見 p.111-112、137-138 等。）而其止於表面操作，加工舊說，竟無創立新學說、新學術之力，則兩家無所異也。賈氏《二禮疏》之流傳後世，在其體例，逐句疏釋經注文，頗便學習而已，若謂其學術，則當不如南北朝諸儒之有能自己探索研究也。

如今於賈氏千百年之後，賈氏所據舊疏一概不傳，而欲窺知賈氏之意，其難矣哉。止得就賈氏《二禮疏》本身及《五經正義》等，詳審比較，分辨說之新舊，探索舊說，追究改變之跡。如此則庶幾得知一二說之真相，而不可期望全書文義廓然明白耳。

第六章

賈疏通例

　　第一章至第四章討論皇侃、二劉、孔穎達等之不同學術特點，以明賈公彥以前義疏學演變之概況，至第五章論賈公彥之於舊說，既有因襲又有改移之編撰特點。義疏學末期趨於衰亡之大局，孔、賈二家僅續殘喘之實情，庶幾可得其仿佛，本章則論《二禮疏》所見義疏學之通例，不論南北朝與隋唐無以異者。上為特點，此為常規，合之即見賈疏之大概。

一　義疏學不為實事求是

　　清人常譏明人不讀注疏，以讀注疏為學術門徑，標榜實事求是之學。今人常以漢唐注疏與宋明理學相對，理學空疏，注疏實學；又或以漢唐注疏為訓詁、名物制度之考據學。其實義疏之學絕非所以實事求是，不可與清人學術等同視之。

　　就上文所述覆言之，則皇侃學術是通理之學，不顧經注原意，自與實事求是無關。第二章見所謂舊義疏學之說為二劉所攻駁者，每有傅會義理之言，多涉穿鑿，亦非實事求是。至二劉之學術特點，上文論之為現實、合理、文獻主義，頗類實事求是，但仍與清人學術大有不同，見第二章結論。孔穎達、賈公彥等不成一己學術，更無論矣。

　　孫詒讓評論《周禮疏》謂：「於杜鄭三君異義，但有糾駁，略無申證；故書今制，掔鬚闕如。」[1]「略無申證」，「掔鬚闕如」，誠如其說，惟不可

---

[1] 見〈周禮正義略例〉。

以為賈疏之失。何謂？學術不同也。若使此《周禮疏》而為清人著作，庸陋至極，殊不足觀；而其實為六朝隋唐之義疏學著作，自不可以實事求是責之。

惠士奇評論《周禮疏》謂：「賈公彥於鄭注如『飛矛』『扶蘇』『薄借綦』之類，皆不能疏；所讀之字亦不能疏，輒曰從俗讀，甚違不知蓋闕之義。」[2] 案〈夏官・司弓矢〉注「枉矢者，今之飛矛是也」，賈疏：「漢時名此矢為飛矛，故舉以為說也。」（856 上）《司戈盾》注「藩盾，如今之扶蘇與」，賈疏：「舉漢法以況之也。」（855 下）《弁師》注「瑾讀如薄借綦之綦，綦，結也」，賈疏：「漢時有薄借綦之語，故讀從之。亦取結義。薄借之語未聞。」（854 下）此皆賈公彥言鄭玄舉漢事為說，而不知其的為何物。賈公彥明言「薄借之語未聞」，是不知也。但諸注言名物，賈疏概皆不言其為何物，此乃賈疏常例。如〈春官・磬師〉注「縵讀為縵錦之縵」，賈疏：「時有縵錦之言，依俗讀之也。」（800 中）觀諸例，當知賈公彥意在說得鄭玄著注之意，非在名物之實，是以每必言「舉以為說」、「以況之」、「讀從之」，而不言其當為何物。旨在說明鄭玄何以為此言，有無深意，至其實為何物，亦無所謂。當知義疏學非考古學，非歷史學，非名物學，非考據學，賈公彥不言，不僅因其不知，更因其不欲知。後人據此以為賈疏之失，祇見自己寡陋，識見狹隘，不知學術隨時變化之理耳。豈不見清代經學亦曾被視為反動、封建之糟粕？蓋學術無絕對之標準，今日風氣趨於追求歷史真實之科學研究，亦不過一時風氣而已。

義疏學非為名物考據、實事求是之學，上章引文亦皆可證。如第二章（引文 13）《書》、《周禮》、《儀禮》、《禮記》、《左傳》諸疏論甲冑用革用鐵，賈公彥專據《考工記》及後世文字從金，以為古用皮，後世用鐵；二

---

[2] 蓋出〈禮說自序〉。今未見原書，據《漢學師承記》轉引。

劉更參《說文》有兜鍪、鎧字，即謂秦漢以來用鐵。是皆參合條理文獻用字之例而已，未嘗做歷史或考古之探索，絕無究明其實之意。又如第二章p.84-85見〈職金〉注「用金石者，作槍雷之屬」，賈疏僅云「皆謂守城禦捍之具」，襄十年孔疏引〈職金〉及注，并引陳思王文以為證，亦皆限經典文字範圍內，絕不為名物、考據之學。是以二劉雖稱博識，若謂考古求實，則固不如孫詒讓之精博也。

　　《儀禮・冠禮》「設洗直于東榮，水在洗東」，注「洗，士用鐵」，賈疏：「案《漢禮器制度》，洗之所用，士用鐵，大夫用銅，諸侯用白銀，天子用黃金也。」注又云「水器，尊卑皆用金罍，及大小異」，賈疏：「此亦案《漢禮器制度》，尊卑皆用金罍，及大小異。」（948上）此賈疏謂鄭玄所言皆據《漢禮器制度》。清人姚際恒之言曰：「三代鼎、彝、尊、罍之屬，尊卑皆用銅，無用鐵及金銀者。賈氏謂鄭按漢禮器，漢亦無是禮器也。」[3]《漢禮器制度》之文，何得以為即漢代禮器實物？當知義疏學本為文字通理之學，絕不用古代禮器實物為之考證，姚氏不知義疏學之為何物，而妄為譏評，輕薄浮佻，吾無取焉。

　　但實事求是自為求知之一端，古人亦非不知為之。《月令》「反舌無聲」，孔疏引蔡云「今謂之蝦蟇，其舌本前著口側，而末嚮內，故謂之反舌」，又引麋信曰：「昔於長安中，與書生數十共往城北，水中取蝦蟇，屠割視之，其舌反嚮後。」（1369上）麋信解剖蝦蟇，驗其舌，是實事求是之顯例。然其後義疏學家專為文字語言之探索，不更為如此實驗也。

　　蓋清人常謂當代學術遠勝前代，頗以自負，故視古代學術猶不能擺脫有清一代學術之偏見。例如清人治《禮》，最重禮圖。是以陳澧云「鄭賈作注作疏時，皆必先繪圖。今讀注疏，觸處皆見其蹤跡。」[4]又如黃以周

---

[3] 見《儀禮通論》。

[4] 見《讀書記》。

云：「《周禮疏》，《新舊唐書》並著錄稱五十卷，今通行本止四十二卷，檢其疏文首尾完具，則所少八卷非其圖歟。」[5]今案此皆據自己治學之法推測古人，自為之說耳。《周禮疏》今有宋越刊八行本，為注疏匯刊之鼻祖，即分五十卷，與日鈔單疏本同，是知四十二卷少八卷者，後之書估隨意更改卷帙而已，非內容有遺失。黃以周以所少八卷當圖，其說不攻自破。[6]至陳澧說，是據《儀禮》儀節言，則吾輩今日讀《儀禮》注疏，即不需參看禮圖，亦不礙理解鄭賈文義。不僅如此，賈公彥說亦有絕不可繪圖者。

（引文1）〈鄉射〉第三番司射命拾取矢，「司射先反位」，注：「言先三耦及眾賓也。既命之即反位，不俟之也。彌不言先，三耦未有拾取矢位，無所先。」賈疏：「案前第二番將射，命三耦拾取矢，『司射反位』不言『先』。未有位，無所先，故決之。第二番無位者，以司射之西南有三耦射位，至再番司射反於故位，三耦將移於司馬之西南拾取矢之位；未往之時未有故位，三耦既無故位，故司射不得言先，故以此決之也。凡射，〈大射〉與〈鄉射〉各有三位。此〈鄉射〉無次，有堂西取弓矢袒決遂及比耦之位，又有三耦射位在司射位西南，又有拾取矢及再番射位，是三位。」（1004中）

敖繼公云：「此所立者，即其故位。更以司馬為節，近故爾。彌者司馬未在此，故以司馬為節。」

黃以周《射禮通故三》：「敖繼公、盛世佐、張惠言諸說：〈鄉射〉堂下止有二位。三耦拾取矢，立於司馬之西南，即是前番射位。

5　見《經說略》。

6　黃氏當未見八行宋本。然其後胡玉縉《四庫提要補正》、洪誠先生《訓詁學》等則其時當已知有八行本，而仍皆因襲黃說，為不可解。

時司馬已就位,故經更以司馬為節,近故爾。賈疏非。以周案:〈鄉
射〉止有二位。比三耦在堂西位,其初射、再射及拾取矢皆在司
馬西南之位。經於初射云『司射西南』,為此時司馬未定位,故以
司射為節。及司馬命去侯之後,立於司射之南,其位已定,故經
於再射即舉司馬為文。司馬西南即司射西南,是〈鄉射〉止有二
射位也。」

案:中之位置,南北以堂深,東西當西序。第一番將射,「司射先立于所
設中之西南,三耦立于其西南」。第二番將拾取矢,「司射反位,三耦立于
司馬之西南」。司馬之位,立于司射之南。依注疏說,三耦第一番射位在
中之西南之司射之西南; 拾取矢位在中之西南之司射之南之司馬之西
南:二位不同。然若試為之畫圖,則知此二位實不可以異。[7]是以敖繼公
謂二位實同,經文言辭不同而已。

　　鄭注常發經文辭例,而偶或迂曲晦澀,賈疏則必欲通其義例,詳為探
討。此實可謂賈疏之宗旨,是以第二番拾取矢「司射反位」下,賈公彥討
論曰:「言『先反』者,對未反位之辭。俱有位,得言『先』;若一有一無,
不得言『先』,即此文。是以下文注決此也。若具無,亦得言『先』,故上
云『司射比三耦於堂西』,云『司射先立於所設中之西南,東面,三耦皆
進,由司射之西,立于其西南,東面北上而俟』,是其皆未有位,亦得言
『先』。」(1001下)意謂第一番將射,司射、三耦皆未嘗有射位,故言「司
射先立」;第二番拾取矢,司射反其射位而已,而三耦拾取矢之位與第一
番射位不同,非反故位也,故經言「司射反位」,不言「先」;至第三番拾
取矢則司射、三耦皆反故位,故言「司射先反位」。當知義疏之學,自以

---

[7] 一圖獨畫司射,一圖並畫司射與司馬,乃見其一在司射西南、一在司馬西南之意。若不
畫司射、司馬,則其庭中位置實無可以異也。

文辭觀念為主，不關實際如何，是以或嫌繁瑣而牽強。然讀此等說，固不需參考畫圖，甚或不可以用圖也。

敖繼公之地位極其特殊，兩千年《儀禮》學歷史，於鄭學之外獨立一幟，分庭抗禮，自成一家者，此人而已。敖說精簡，風靡一世，直至乾隆後期，學者以漢學、鄭學相標榜，始肆力攻擊敖說。其實敖繼公之得以不據鄭學，別成體系，多賴實事求是之法，是以清人雖惡其推翻鄭學，而終不可全廢其說。此射位之說，即其例也。[8]又如〈鄉射〉「乏，參侯道居侯黨之一，西五步」，鄭注「侯道五十步，此乏去侯北十丈，西三丈」，賈疏云：「侯之正北落西有五步，即三丈也。經云『西五步』，五六三十，故云三丈也。」（993下）敖繼公說：「侯黨，指侯之西邊而言。西五步謂侯黨之西也。」「侯黨」之訓詁，實多爭論，今且不論。此必當知者，若言其物，此侯甚大，上幅四丈，下幅三丈。經云「西五步」，三丈也。然侯身即有三、四丈，則必當詳明其自侯之何處為三丈。故敖繼公言其為自侯之西邊更向西三丈。反觀賈疏之言，則竟以侯為一地點，初不考慮侯之有幅度。是知賈公彥之說，皆出觀念之論，絕非考慮實物者，亦非繪圖為考證者也。

要之，義疏學為文字通理之學，《二禮疏》即以討論疏通鄭說為宗旨，與清人實事求是、名物考據之學，判為二途。清人評論賈疏，祇知就清人學術標準觀之，不知學術標準隨時而異，故多謬失之言。

---

8 又當知鄭學亦非所以實事求是，清人標榜鄭學而以實事求是自詡，則不免陷入矛盾。如胡培翬之詐術，自稱撰《正義》四例，其四曰訂注，謂辨證鄭君偶失，頗似實事求是，當仁不讓於師之意。實則心所深諱，常不言鄭失而轉攻賈疏，其實賈疏祖述鄭說而已，又或引先儒駁難鄭說之文而改為攻破賈疏之言，卑劣至極。

二　通義例為義疏鄭學之要旨

鄭學為一體系，諸經鄭注互相關連，構成一家學術。探討其間條理，使此學術體系更趨精緻，是為義疏鄭學之要旨。例如〈士冠禮〉「所卦者」鄭注：「所卦者，所以畫地記爻。《易》曰：『六畫而成卦。』」賈疏：「《說卦》文。彼云『……兼三才而兩之，故《易》六畫而成卦』，注云『三才，天地人之道。六畫，畫六爻。』引之者，證畫地識爻之法。」（946 中）案《周易集解》引虞翻云「乾坤各三爻而成六畫之數」，韓康伯注云「設六爻以效三才之動，故六畫而成卦也」。兩家均以「六畫」為名詞，獨鄭玄注釋「畫」為動作。〈士冠〉注引〈說卦〉，所以證「畫地記爻」之事，若據虞翻、韓康伯，絕不得其意，必當據鄭玄《易》注，始可以解〈士冠〉注也。鄭注諸經之自成體系如此。下更舉鄭注《論語》之例。

〈士昏禮〉鄭注「禮不必事，雖知猶問之」，賈疏：「案《論語》云『無必』，故云不必事也。」（961 下）〈鄉射〉鄭注「三耦卒射，眾足以知之矣，猶挾之者，君子不必也」，賈疏：「案《論語》孔子云：『君子無必，無固，無我。』以不必即知，故仍教之。」（1002 中）〈既夕〉鄭注「雖知事畢，猶請，君子不必人意」，賈疏：「義取『孔子云無必無固』之言也。」（1153 上）案鄭注屢見「君子不必」之言，皆謂明知前人有其意而不以為必然，審慎而謙遜。此語出〈子罕〉，〈子罕〉何注云「用之則行，捨之則藏，故無專必」，謂自己行為無所固執，與《儀禮》注「君子不必」之意不符。然敦煌新出鄭注《論語》即曰：「必，謂成言未然之事。」斯乃符合《儀禮》注諸說。

〈載馳〉毛傳「且狂，進取一概之義」，孔疏：「《論語》云『狂者進取』，注云：『狂者進取，仰法古例，不顧時俗。』是進取一概之義。一概者一端，不曉變通。」（320 中）案：鄭箋不釋「且狂」，是與毛同。〈子路〉

集解引苞氏曰「狂者進取於善道」，無所謂「一概之義」，必引鄭注《論語》始可以釋此傳。

〈檀弓〉「政也，不可以叔父之私，不將公事」鄭注「政，君命所為」，孔疏：「案《論語》注『君之教令為政，臣之教令為事也』，故云『其事也，如有政』。」（1312 上）案〈子路〉集解引馬融曰「政者有所改更匡政也，事者凡所行常事也」，與〈檀弓〉注不能合。

鄭玄遍注諸經，且諸經注文互相連關，偶或有矛盾，又有《鄭志》等調合之說，是以反覆討論諸經諸注，互相證明，以求鄭學體系趨向完美，斯乃為義疏鄭學之目標。[9]上（引文 1）賈疏據鄭注「先」之說，探討前後經文，訂為三位之說及言「先」之條理，是義疏家探討鄭注義例之實例。

> （引文 2）〈士冠禮〉「乃宿賓」，注「宿者必先戒，戒不必宿。其不宿者，為眾賓或悉來或否。」賈疏云：「凡有戒無宿者，非止於此。案〈鄉飲酒〉、〈鄉射〉『主人戒賓』及〈公食大夫〉『各以其爵』，皆是當日之戒，理無宿也。又〈大射〉『宰戒百官有事于射者，射人戒諸公卿大夫射，司士戒士射與贊者；前射三日，宰夫戒宰及司馬』皆有戒而無宿是也。『射人宿視滌』，此言宿者，謂將射之前，於宿預視滌濯，非戒宿之意也。
>
> 若然〈特牲禮〉云『前期二日宿尸』，前無戒而直有宿者，〈特牲〉文不具，其實亦有戒也。又《禮記・祭統》云『先期旬有一日，宮宰宿夫人，夫人亦散齊七日，致齊三日』注云『宿讀為肅，肅

---

[9] 探討鄭玄學說體系，至今仍極重要，讀注疏者更所必需。徐復先生有〈鄭玄辭典序〉一文，而《鄭玄辭典》未見出版，撰者唐文先生已經逝世，亦不知稿之存否，令人慨嘆不已。（2013年補注：《鄭玄辭典》已出版。但其內容未及分析鄭學體系，在本質上與《經籍籑詁》無異，令人失望。）

猶戒也。戒輕肅重也』者，彼以夫人尊，故不得言戒而變言宿，
讀為肅者，肅亦戒之義。彼以宿當戒處，非謂祭前三日之宿也。〈大
宰〉云『祀五帝則掌百官之誓戒』者，謂戒百官使之散齊，至祭
前三日當致齊也。』（947 中下）

案：鄭注原意蓋謂此經見「乃宿賓」、「宿贊冠者」，不見宿眾賓，故云「戒
不必宿」。然此賈疏論「凡有戒無宿者，非止於此」，是欲以此注「宿者必
先戒，戒不必宿」為禮之通例，論證其事。「若然〈特牲禮〉」以下，舉嫌
疑宿無先戒之例，一一辨證，或為有戒經不具言，或為經文「宿」實為戒，
要皆符合「宿者必先戒」之例。鄭注本無意以為禮之通例，祇就此經為言，
而賈疏欲推廣之，以為禮之通例，為之檢討諸經事例，是探索鄭學體系化
之嘗試，義疏鄭學之最生動場面。然此說實屬嘗試，未甚成熟，且稍涉牽
強，故終不得完美，而見破綻。案淩氏《禮經釋例》謂〈鄉飲酒〉、〈鄉射〉
主人「速賓」，是先戒後宿，惟〈士冠〉宿賓於前日，〈鄉飲酒〉、〈鄉射〉
速賓在當日為小異而已，賈疏以為〈鄉飲酒〉、〈鄉射〉無宿，非也。淩氏
說固然，而〈鄉飲酒〉、〈鄉射〉「速賓」鄭注皆云「速，召也」，與〈冠禮〉
注云「宿，進也」者不同，則賈疏以為〈冠禮〉「宿賓」與〈鄉飲酒〉、〈鄉
射〉「速賓」不同，雖嫌牽強，尚不無依據。至〈特牲〉「宿尸」，淩氏據
〈少牢〉「宿尸」賈疏「其大夫宿、戒兩有，士有宿而無戒」，（1196 下）謂
此則「〈特牲〉有宿無戒，與〈士冠〉疏文互異矣」。是淩氏言賈疏前後自
相矛盾，不得不謂其失。

　　「宿者必先，戒不必宿」，本鄭玄望經之言，〈冠禮〉賈疏有意推廣為
通例，是義疏家討論鄭學體系化之嘗試。然因為其說未能果成通例，為義
疏家所共奉，故賈疏〈鄉飲酒〉、〈鄉射〉等皆不涉及此例，甚至〈少牢〉
疏，顯為違背此列。第五章（引文 6）〈士昏〉疏論親迎所用車，據鄭注

「大夫以上親迎冕服」語推廣之，以為大夫以上亦攝盛，遂改移舊說，以致前後自相矛盾，情形亦類此。

其義疏家已經論定為通例者，賈疏反覆重申，極可易見。如〈冠禮〉「請醴賓」，鄭注「此醴當作禮」，賈疏：「對上文有『酌醴』、『受醴』之等不破之。此當為上於下之禮，不得用醴禮即從醴字。何者？《周禮》云諸侯用鬯，不云鬯賓，明不得以醴禮賓即為醴，故破從禮也。」（953 上）盧文弨《詳校》云「士與賓同等，不得云『上於下』，此句疑有誤」，是嚴元照所謂「以篤老之年校難讀之經，欲求其一無可議，難已」者，[10]倉石《儀禮疏考正》言「此祇謂字當作〈司儀〉注『上於下曰禮』之禮字耳」，其說是也。今述賈疏意謂：〈司儀〉注「上於下曰禮，敵者曰儐」，（897 下—898 上）是「禮」之與「儐」皆大夫以上禮賓之名。士卑，不更為二名，無論上下與平敵，統以「禮」名，要其為禮賓之名，則與大夫以上所謂「上於下曰禮」無異。「禮」既是禮賓之目，〈大行人〉注「王禮，王以鬱鬯禮賓也」（891 上）等亦未嘗以其用鬯而名為鬯賓，是知不得以此用醴而即以為「醴賓」。賈說當如此。何以知之？則此為通例，義疏屢見其說，更無異說也。〈昏禮〉「請醴賓」，注「此醴亦當為禮」，賈疏：「亦〈冠禮〉禮賓為醴字。彼已破從禮，故云亦。此以醴酒禮賓，不從醴者，以〈大行人〉云『上公再祼而酢，侯伯一祼而酢，子男一祼不酢』及以酒禮之，用齊禮之，皆不依酒醴為名，皆取相禮，故知此醴亦為禮敬之禮，不取用醴為禮之義也。〈秋官·司儀〉云『諸公相為賓，及將幣，賓亦如之』，注云：『上於下曰禮，敵者曰儐。』〈聘禮〉卿亦云『無儐』，注云『無儐，辟君』。是大夫已上尊，得有禮、儐兩名，士以下卑，唯稱禮也。」（962 上）又「贊醴婦」注「醴當為禮」，賈疏：「〈士冠〉、〈內則〉、〈昏義〉諸文醴皆破從

---

10 〈書儀禮注疏詳校後〉，見《悔菴學文》。

禮者，案〈司儀〉注：『上於下曰禮，敵者曰儐。』又案〈大行人〉云『王禮再祼而酢』之等，用鬱鬯，不言『王鬯再祼而酢』而言『禮』，則此諸文雖用醴禮賓，不得即言主人醴賓，故皆從『上於下曰禮』解之。」（968上）賈疏反覆為說，不嫌重沓，是因其說為義疏家通論，每必詳述。是以孔疏亦見此說：〈采蘋〉毛傳「古之將嫁女者，必先禮之於宗室」，孔疏：「父禮女以醴酒禮之，今毛傳作禮儀之禮者，〈司儀〉注云：『上於下曰禮。』故〈聘禮〉用醴酒禮賓，作禮儀之禮。」（287中）若然，由其反覆重述，互為勘案，則知義疏家通說之大略，知其說而其文始可讀，如此則必不致盧氏之懵昧也。

〈內則〉「道路，男子由右，女子由左」，注：「地道尊右。」（1462下）案錢玄先生《三禮通論》論向位之儀，稱「男左女右，以陰陽別」，下引〈內則〉注而曰：「天道、地道之說見於《周書‧武順解》：『天道尚左，……地道尚右。……吉禮左還，順天以利本；武禮右旋，順地以利兵。』《禮記》所述為一般行路之儀，與武禮無涉，何以行地道？……未詳，姑存待考。」鄭玄原意如何，尚不可知，但義疏家解釋儀節最常用「地道尊右」，其意可以推知。

（引文3）

《玉海‧禮儀》卷七十引《三禮義宗》曰：「每朝列位所向不同。……諸侯、孤、卿、大夫皆以地道尊右，故尊者東面，卑者西面。」

〈曲禮〉「諸公東面」孔疏引崔云：「地道尊右，公故在西也。」（1265下）

《周禮‧小宗伯》賈疏：「周人右社稷者，地道尊右，故社稷在右，是尚尊尊之義。」（766上）

《儀禮‧冠禮》賈疏：「以其地道尊右，故贊命者皆在右。」（946下）

《儀禮‧昏禮》賈疏：「必以西為客位者，以地道尊右故也。」（961中）

《儀禮‧昏禮》賈疏：「今以神尊，不統於人，取地道尊右之義，故席西上，几在右也。」（961下）

《儀禮‧昏禮》賈疏：「案《禮記‧少儀》云『贊幣自左，詔辭自右』，地道尊右之義，故姆在女右也。」（966上）

《儀禮‧鄉射禮》賈疏：「地道尊右，以西為右，玄酒在右，故云尚之。」（993中）

《儀禮‧燕禮》賈疏：「以右為上者，……地道尊右故也。」（1017下）

《儀禮‧聘禮》賈疏：「案《禮記‧少儀》云『詔辭自右，贊幣自左』，取地道尊右之法。」（1047中）

《儀禮‧少牢》賈疏：「凡載魚，……生人死人皆右首。陳設在地，地道尊右故也。」（1199上）

《儀禮‧少牢》賈疏：「以地道尊右，故二佐食皆在右。」（1203下）

《書‧顧命》孔疏：「地道尊右，故玉輅在西，金輅在東。」（240上）

《禮記‧曲禮》孔疏：「地道尊右，既云處末，則末在左。」（1242上）

《禮記‧曲禮》孔疏：「授在地，地道貴右，主人推客居右。」（1244中）

《禮記‧檀弓》孔疏：「吉祭載右胖者，徒地道尊右。」（1283下）

《禮記‧王制》孔疏：「盧云：『左道謂邪道。』地道尊右，右為貴。」（1344下）

《禮記‧鄉飲酒義》孔疏：「所以設玄酒在西者，地道尊右，貴其質素故也。」（1682下）

此皆崔靈恩以來義疏常言「地道尊右」之例。通觀諸例，知所謂「地道尊右」與男左女右、陰右陽左之等全無關係，祇就安置地上或於地上行儀，即可謂地道尊右，以其皆在地上也。然何事何物不在地上？當知義疏家濫用「地道尊右」，凡以右為上者，皆引「地道尊右」為說，莫不可也。此

亦可謂義疏家思考之常例,已成定式則無往而不利。是以〈王制〉疏甚至
引「地道尊右」以釋「左道」,不足異也,今不知《禮記》言「男子由右,
女子由左」之思想背景如何,亦不知鄭玄注云「地道尊右」之真意,是以
錢玄先生以為「未詳,待考」。但吾等知崔氏以來義疏家「地道尊右」之
意,斯可以讀義疏,足矣。

　　第二章(引文 21)下言〈大卜〉疏用「筮短龜長」以為三兆、三易
次序之說,已涉牽強,但因「筮短龜長」為〈占人〉鄭注所依,應可引以
為說。若其說不致論理滅裂,則反可證明〈占人〉注之更為通理。此當為
義疏鄭學之常態。於是義疏中常見互引鄭玄說,且不論與釋經有無關係,
如〈既夕〉注「糗,以豆糗粉餌」,賈疏曰:「案〈籩人〉云『羞籩之實,
糗餌、粉餈』,鄭云『此二物皆粉稻米黍米所為也;合蒸曰餌,餅之曰餈;
糗者,擣粉熬大豆,為餌餈之粘著,以粉之耳;餌言糗,餈言粉,互相足』
者,此本一物。餌言糗,謂熬之亦粉之;餈言粉,擣之亦糗之。不言互文
而云互相足者,凡言互文者,是二物各舉一邊而省文,故云互文;此糗與
粉唯一物,分為二文,皆語不足,故云互相足也。」(1153 下)「此本一物」
以下,皆所以解釋〈籩人〉注「互相足」之文義,與此〈既夕〉經注毫無
關係。且「此本一物」以下至「擣之亦糗之」,與《周禮》疏全然同文,
一字不差。〈燕禮記〉注「羞籩之實,糗餌、粉餈」,賈疏曰:「〈籩人職〉
云『……』,注云『……』是也。糗,熬之亦粉之;其粉,擣之亦糗之:
是互相足也。」(1025 中)「糗,熬亦粉之」云云,與〈籩人〉、〈既夕〉疏
同,亦非所以釋〈燕禮記〉注也。至〈鄉射〉注「上言『請坐於賓』,此
言『主人曰』,互相備耳」,賈疏:「不言互文而云互相備者,凡言互文者,
各舉一事,一事自周,是互文。此據一邊理,一邊理不備,文相續乃備,
故云互相備,若云『糗餌、粉餈』,鄭注云『餌言糗,餈言粉,互相足』
之類也。」(1008 中)此經與「糗餌、粉餈」,絕無關係,直因注言「互相

備」，即引〈籩人〉注「互相足」。又當知〈籩人〉注「互相足」為義疏家論鄭注體例之常典，是以〈鄉射〉疏引文亦不需煩言其出〈籩人〉，學者皆熟悉，不言可知也。

又如〈士冠禮〉「櫛實于簞」，注「簞，笥也」，賈疏云：「鄭注〈曲禮〉：『圓曰簞，方曰笥。』笥與簞，方圓有異，而云『簞，笥』，共為一物者，鄭舉其類。注《論語》亦然。」（951 上）案：「注《論語》亦然」，謂《論語·雍也》「顏回一簞食」，鄭注云「簞，笥也」，與此正同。但言訓詁有舉其類者，并引《論語》注為說，是義疏家通例，〈喪服〉、（1097 中）〈士喪〉、（1131 下）、〈有司〉（1207 下）疏及《周禮·籩人》疏、（671 下）《左傳》宣二年孔疏（1867 中）皆見其例。甚至〈弓人〉疏（937 中）竟說「舉其類爾，若『簞，笥』然也」，纔見「簞笥」二字，學者莫不熟識，無用繁言故也。胡培翬誤讀〈士冠〉疏文，謂鄭注《論語》有云「圓曰簞，方曰笥」，是胡培翬不知讀疏之法，而誹謗賈疏，且欲以己著代之，[11]甚無謂。

但如此反覆引述定說，極易趨向濫用陳辭。第五章所舉〈鄉射〉疏例（2）、（3）濫用「大射志於射」、「左手執爵」等事例，皆必欲援用常說、通例，不顧牽強滅裂。如〈冠禮〉「乃醴賓」注「凡醴，事質者用糟，文者用清」，賈疏：「質者謂若〈冠禮〉醴子之類是也。故以房戶之間顯處設尊也。」（953 中）此疏先儒皆不得其讀，以其論理滅裂故也。今知賈疏之論理滅裂多由牽強援用常說、通例，則此疏亦可讀矣。案〈鄉飲酒〉疏云：「凡設尊之法：但醴尊見其質，皆在房內。——故〈士冠禮〉醴子、〈昏禮〉醴婦，醴皆在房隱處。若然〈聘禮〉醴賓尊於東廂，不在房者，見尊欲與卑者禮，相變之法。設酒之尊，皆於顯處，見其文。——是以此及醮子與〈鄉射〉、〈特牲〉、〈少牢〉、〈有司徹〉皆在房戶之間是也。〈燕禮〉、〈大射〉

---

[11] 先儒引賈疏而單稱「疏」者，胡培翬引錄時必加「賈」字作「賈疏」，其意可見。

尊在東楹之西者，君尊，專大惠也。」（980 下）此論設尊之凡例，條理清
晰，可以謂義疏家之定論。[12]賈公彥見〈冠禮〉注言醴之質文，即連想及
設尊之凡例，以其亦言質文，遂援引為說。自為〈冠禮〉疏而特稱「〈冠
禮〉禮子」，是援引成說之痕跡。其實設尊之凡例以醴為質，以酒為文，
與〈冠禮〉注以糟醴為質，以清醴為文者，全不相干。今推賈公彥原文「故
以房戶之間」上當有脫文，蓋可補作：「質者謂若〈冠禮〉禮子之類是也，
〔故以房內隱處設尊也。文者謂若〈冠禮〉醮子之類是也，〕故以房戶之
間顯處設尊也。」然若此則與此經此注又何相干？全不相干而強為援引，
是以傳鈔者不得其意，以致訛脫，似謂禮賓之尊在房戶之間。[13]

　　又，反覆引用鄭注之說，除探索鄭學之外，亦當考慮實踐因素。如《書·
微子》、（177 下）〈多士〉（221 上）孔疏皆引鄭注《論語·為政》「或之言有
也」，以釋孔傳「或，有」之訓。或訓有，可謂常訓，傳注常見，且《詩》
箋亦有「或之言有」，（412 下）與《論語》注同文，而孔疏必引《論語》注
者，蓋因鄭注《論語》童蒙必學之書，人皆熟悉故也。「同門曰朋」，出鄭
注〈學而〉，〈司徒〉注云「同師曰朋」（706 下）其義略同，而疏家每必引
《論語》注，亦因人皆熟悉故也。注流引《論語》注大都鄭玄注，絕少引
何晏，可見義疏學之背景。

　　總結本節所論，義疏家每欲以鄭注文為通例，或為之搜羅驗證諸經事
例，或說他經而引用其說。此乃一種學術之本質，與孔穎達等遵循一家之
不過為編書體例者不同。然或以鄭玄望經之說強謂為通例，或援引本無相
干之通例以為疏解，則不免多牽強之失也。

---

12 自非賈公彥創作。
13 禮賓之尊即禮子之尊在房內者，不容有異議。

三　訓詁固化

　　顧炎武曰：「自訓詁出而經學衰，小辯愈滋，大道日隱。」[14]上節見賈疏固執義疏鄭學之通說，動輒引用通說，甚或不顧其說與該經注全不相干。如此等學說固化，愈演愈固者，於訓詁為最顯。如〈春官·小史〉「掌邦國之志，奠繫世」，先鄭注「志謂《春秋傳》所謂《周志》、《國語》所謂《鄭書》之屬是也」，賈疏：「邦國連言，據諸侯。諸侯國內所有記錄之事，皆掌之。」（818中）《周志》則王國之史，而賈疏必言據諸侯者，〈春官·詛祝〉注：「國，謂王之國。邦國，諸侯國也。」賈疏：「《周禮》體例，單言國者皆據王國。邦國連言者，皆據諸侯。」（816上）此據鄭注文，推廣為「《周禮》」體例，故必欲固持其說，不顧自相矛盾也。訓詁固化且不限《禮》說，義疏之常態如此。如〈士喪禮〉「蚤揃如他日」，鄭注「蚤讀為爪，斷爪揃鬚也」，賈疏：「鄭讀蚤從爪者，此蚤乃是《詩》云『其蚤獻羔祭韭』，古早字。鄭讀從手爪之爪。」（1134上）其實蚤為古早字，於此經注全無關係，而必言之者，以其為訓詁常說故也。是以〈士相見〉注「古文早作蚤」，賈疏亦言「此古通用，《詩》云『四之日，其蚤獻羔祭韭』為蚤字」，（977中）所引《詩》正同。更有甚者如下。

　　（引文4）

　　〈地官·媒氏〉注：「純實緇字也。古緇以才為聲。納幣用緇。」

　　〈子罕〉鄭注：「純當為緇。古之緇字以才為聲。此緇謂黑繒也。」

　　〈媒氏〉賈疏：「緇以絲為形，才為聲，故誤為純字。但古之緇有

　　　二種：其緇布之緇，糸旁甾，後不誤，故《禮》有緇布冠、緇布

衣，存古字。若以絲帛之緇，則糸旁才，此字〔鄭注〕諸處不同。
絲理明者即破為色，此『純帛』，及〈祭義〉『蠶事以為純服』并
《論語》『麻冕禮也，今也純，儉』，皆絲理自明，即為色解之。
〈昏禮〉云『女次純衣』，鄭云：『純衣，絲衣。』以〈昏禮〉
直云純衣，絲理不明，故為絲衣解之也。」（733下）

〈祭統〉孔疏：「鄭氏之意，凡言純者，其義有二：一、糸旁才，
是古之緇字；二是糸旁屯，是純字。但書文相亂，雖是緇字並皆
作純。鄭氏所注，於絲理可知於色不明者即讀為緇，即《論語》
云『今也純，儉』及此『純服』，皆讀為黑色；若衣色見，絲文
不明者，讀純以為絲也。」（1603中）

案：〈冠禮〉、（950上）〈昏禮〉賈疏，（965下）〈都人士〉、（494上）〈玉藻〉
孔疏（1483上）說皆大同，是義疏家據〈媒氏〉、〈子罕〉鄭注為本，更為
推論，成為定論，故諸疏說同，且反覆述之。若然〈地官・質人〉注「杜
子春云『淳當為純，純謂幅廣』，玄謂淳讀如淳尸盥之淳」，賈疏：「後
鄭不從杜子春純者，純止可為絲為緇，不得為幅廣狹，故讀從〈士虞禮〉
淳尸盥之淳。」（737中）此疏初不考經典字例，斷言「純止可為絲為緇」，
是因義疏家有鄭注純有二義之定論，故不許其有第三義也。拘泥固執鄭學
之通說，豈不甚哉。當時義疏之學即如此耳。

　　賈疏論今古文，欲以訓詁固化，不許他訓者，又如〈冠禮〉注「古文
甒作廡」，賈疏：「此甒為酒器，廡是夏屋兩下，故不從古文。」（951中）
甒為酒器，廡何為而不得為酒器？固無此理。夏屋兩下，亦非廡字本訓，
而賈氏言此者，〈檀弓〉注言「夏屋，今之門廡」，（1292中）故以言廡即夏
屋，不許為他訓也。又如〈昏禮〉注「今文說皆作稅」，賈疏：「疊今文為
稅不從者，稅是追服之言，非脫去之義，故不從也。」（967中）稅是追服

之言，不妨亦有脫去之義，而賈氏必言此者，因禮學言追服曰稅，欲以稅為追服之專名，不兼別義也。又如〈鄉射〉注「撫，拊之也」，賈疏：「言撫者，撫拍之義；言拊者，取拊近之理，故轉從拊也。」（1001 上）此亦可見一字一訓之傾向。又有迂曲之訓說，如〈士相見〉注「固，如故也」，賈疏：「固為堅固，堅固則如故。」（975 下）〈鄉射〉注「旅，序也」，賈疏：「旅，眾也，而言序者，謂眾以次序相酬。」（996 下）〈文王世子〉注「末猶勿也」，孔疏：「末，微末，故為勿也。」（1404 上）此等皆據常訓轉說訓詁。轉訓可有多方，而常訓趨向唯一也。

　　要之，訓詁趨向一字一訓，與義疏家固執鄭學通說，其義相通。

四　結論

　　《二禮疏》等義疏鄭學之主要特點，在於固執鄭注說及義疏學常說。其意在討論鄭注，使其成為通論，通於他經，諸經鄭注互相發明。簡單者如〈冠禮〉賈疏言「凡洗爵者必先盥，盥有不洗爵者」，（952 下）出鄭注〈少儀〉；（1515 下）〈鄉飲酒〉賈疏言「凡授受之法者，授由其右，受由其左」，（988 下）出鄭注〈聘禮〉，（1047 中）此例多矣。推廣鄭說，義疏家自成體例者，如「禮之通例，衣與冠同色，裳與韠同色」（945 下等）等，亦甚多。又有義疏家自己推論禮之體例者，如「凡諸設笄有二種，一是紒內安髮之笄，一是固冠之笄」（952 中等），熊安生已有其說，見〈內則〉孔疏，（1461 中）[15] 此等說亦不為少。而如（引文 2）賈疏探討「宿者必先戒，戒不必宿」之說，可謂義疏家苦心探索之實例，極有趣味。但如此之事例則不可多見，更多為套用已成之定論，不顧與其經注無所當者。斯又與第五章所見賈疏

---

[15] 清人蔡德晉《禮經本義》因襲此說，而《四庫提要》誇稱蔡氏「辨析精密，為前儒所未及」。無知妄說，無謂之至。

失誤相同也。不僅禮說，訓詁之說亦見趨向簡單化，是則學術之固化，已
成定勢。學者多不思考，專以套用成說，沿用定論為能事，宜乎唐初以後
義疏學之廢絕也。

附錄 I

書《魏書・李業興傳》後

　　第一章略述張恒壽先生文，而未及詳論。今謂該文中具體考釋有兩條可以商榷。第五條舉〈陽貨〉「性相近也，習相遠也」章皇疏引王弼說一大段，張先生論曰：「『近火者熱而即火非熱』諸語，依據邏輯，剖析名理，明是道安、羅什後經疏語調，與弼《易、老子注》殊不相類。竊疑此注或為齊、梁間人托之王弼，或亦不知姓名者所為，皇侃遂歸之王弼耳。」篇後有補記曰：「後見陳寅恪師及王維誠先生，均疑此注自『近火者熱』句以下恐系皇侃語，非王弼注語。惟『近火者熱』句以前之句調，仍多佛典風格，且江熙輯十三家《論語》注，弼注不與其列，仍為疑點。」今案：張先生疑此段文句不似王弼語，頗有見地，而其竟疑王注為偽則過矣。下錄皇疏原文，為便分析閱讀，多為分段，不拘標點常法。文曰：

> 情性之義，說者不同。且依一家舊釋云：
> 性者生也，情者成也。性是生而有之，故曰生也；情是起欲動彰事，故曰成也。
> 然性無善惡，而有濃薄；情是有欲之心，而有邪正。
> 性既是全生而有，未涉乎用，非唯不可名為惡，亦不可目為善，故性無善惡也。所以知然者，夫善惡之名，恒就事而顯。故《老子》曰：「天下以知美之為美，斯惡已；以知善之為善，斯不善已。」此皆據事而談。

情有邪正者，情既是事，若逐欲流遷，其事則邪；若欲當於理，其
事則正。故情不得不有邪有正也。故《易》曰「利貞者性情也」，王
弼曰：「不性其情，焉能久行其正。」此是情之正也。若心好流蕩
失真，此是情之邪也。

若以情近性，故云「性其情」。情近性者，何妨是有欲。若逐欲遷，
故云遠也；若欲而不遷，故曰近。

但近性者正，而即性非正；雖即性非正，而能使之正。譬如近火
者熱，而即火非熱；雖即火非熱，而能使之熱。能使之熱者何？
氣也，熱也。能使之正者何？儀也，靜也。

又知其有濃薄者。

孔子曰：「性相近也。」若全同也，相近之辭不生；若全異也，相
近之辭亦不得立。今云近者，有同有異。取其共是無善無惡則同
也，有濃有薄則異也。雖異而未相遠，故曰近也。

　　觀其文，上下通貫，雖未免有譌脫之嫌，（如「又知共有濃薄者」下，并無
濃薄之說，疑有脫文。）仍不妨略知其意。然則所引王弼語，止「不性其情，
焉能久行其正」十字，且為〈文言・乾〉之注，自非《論語》說，可知也。
此處張先生初從馬國翰輯本而誤謂「王弼曰」以下全為王弼語，陳、王兩
先生以「近火者熱」以下始非王弼語，樓老師《王弼集校釋》仍因馬國翰
之舊，鄙意破之，心所不安。曾執以面質倪老師，函質林慶彰老師，均然
鄙說，始敢自信，七八年前事也。近日偶翻湯用彤先生《魏晉玄學論稿》，
見〈王弼聖人有情義釋〉引王弼《易注》「不性其情，何能久行其正」，附
注云：「皇疏九所引『何』作『焉』。」是則湯先生讀此皇疏引「王弼曰」，
固知其為《易注》，未嘗疑為《論語釋疑》。然則張先生此處「佛典風格」
之疑，可以自釋矣。又，皇疏引各家《論語》注，初不限江熙所輯範圍，

如鄭注《論語》自不在江熙所集之列，而皇疏引之。更有甚者，江熙集注已收袁弘，為皇疏所引而皇侃又有另據袁氏注本者。然則皇侃引王弼《論語釋疑》不可輕疑，雖亦不得必定其王弼親筆所撰也。

又，第十四條舉〈憲問〉「原壤夷俟」節皇疏「孔子方內聖人，恒以禮教為事」。張先生云：「原壤方外聖人，本晉人為老莊清談者言，此云孔子方內聖人，蓋亦隱有尊視方外高人之意。」管見未見晉人稱原壤為方外聖人者，并且不知原壤何故而被尊視如此。就《論語義疏》全書言，孔子之聖與弟子之賢，其間差異顯然，弟子顏淵、曾參之徒，放誕楚狂接輿、長沮、桀溺之流，莫或一享聖人之名，區區原壤何得為聖？曾就此議撰文述鄙見，亦欲見皇侃學術之特點，今論皇侃學術畢，且作附錄云。

＊　　＊　　＊

《魏書·儒林傳》記載天平四年（梁大同三年），李業興出使南朝時，朱异及梁武帝跟李業興進行的問答內容。因為是我們後世窺視南北學術異趣最難得的生動史料，常為論者所稱引。（《廿二史劄記》、《蛾術編》以下至劉師培〈南北經學不同論〉之等皆是。）就其內容而言，朱异提問的是有關當時典章制度的經學根據問題，梁武帝則專門問到玄儒論題。這種截然不同的傾向也正反映著二人扮演的歷史角色。（《梁書》稱：「朱异掌握機謀，朝儀國典、詔誥敕書並兼掌之。」）

梁武帝第一句話是：「聞卿善于經義，儒玄之中何所通達？」李業興回答：「少為書生，止讀五典，至于深義，不辨通釋。」這裡已經鮮明地表現出兩人基本態度的不同。實際上，梁武帝佞佛，通儒玄，喜談辯，而李業興孜孜研習經典，不涉玄，不玄談。如此相反的志趣，在下面每一番問答中都有所反映。直至最後梁武帝問：「《易》曰太極，是有無？」業興答：「所傳太極是有，素不玄學，何敢輒酬。」於此便結束了這場對話。李業興對梁武帝所提問的論題并不感興趣，而業興的回答也未能滿足梁武

帝的好奇心，二人始終保持各自不同的立場與風格。

他們的幾段問答對話中，有一段尤為引人注目：

> 衍（即梁武帝）曰：「《禮》，原壤之母死，孔子助其沐槨。原壤叩木
> 而歌，曰：『久矣夫，予之不托于音也。狸首之班然，執女手之卷
> 然。』孔子聖人，而與原壤為友？」
> 業興對：「孔子即自解，言『親者不失其為親，故者不失其為故』。」
> 又問：「原壤何處人？」
> 業興對曰：「鄭注云『原壤，孔子幼少之舊故』，是魯人。」

這裡討論的是《禮記・檀弓》中的一章。〈檀弓〉原文的大意是說孔子有
一舊交叫原壤，因他的母親去逝，孔子幫他作了一副棺材。這時候，原壤
敲打棺材，唱歌逗弄。一弟子見原壤如此非禮之行為，便問孔子為何還與
這種人交往。孔子回答說：「親者毋失其為親也，故者毋失其為故也。」

那麼，梁武帝所提出的第一個問題，即孔子既為聖人，何以與原壤為
友──〈檀弓〉本身就已有了答案。祇要記得原文就可以回答，因而李業
興的回答自然沒有錯誤。第二個問題是問原壤為何處人？雖然經典沒有明
文，但原壤既然是孔子的故舊，很容易可以推定他是魯人。（李業興所引用
的大概是鄭玄《論語注》的佚文。鄭氏注《論語》雖在南朝不太盛行，但何晏《論語集解》
中引馬融也有同樣的說法：「原壤，魯人，孔子故舊也。」按說，李業興的答話，即對南
朝人士來說也沒有什麼不一般之處。）

這是一場多麼奇怪的對話！北朝使臣與南朝皇帝之間的對談原本關
係到國家威望（參《廿二史箚記》「南北朝通好以使命為重」條），竟有如小學生的
知識竟賽，這又怎麼可能？兩個問題其實都是顯而易見的道理，史稱「少
而篤學，洞達儒玄」的梁武帝怎會不知卻要北朝使臣來特為指點。顯然，

梁武帝的提問是別有用意的，也就是說他自己有另一種答案。那麼，何謂另一種答案？這就需要再加考索了。

唐初孔穎達等編撰的《禮記正義》，特別介紹梁朝儒者皇侃的觀點，并且進行批評：

> 皇氏云原壤是上聖之人，或云是方外之士，離文棄本。不拘禮節，妄為流宕，非但敗於名教，亦是誤於學者，義不可用。

另外，《論語・憲問》也有關於原壤的記載：

> 原壤夷俟。子曰：「幼而不遜悌，長而無述焉，老而不死，是為賊也。」以杖叩其脛。

皇侃《論語義疏》的解釋則說：

> 原壤者，方外之聖人也。不拘禮教，與孔子為朋友。壤聞孔子來，夷踞豎膝以待孔子之來也。孔子，方內聖人，恒以禮教為事。見壤之不敬，故歷數之以訓門徒也。孔子歷數之既竟，又以杖叩擊壤脛，令其脛而不夷踞也。

以上為皇侃的說法。因為他仕梁武帝為國子助教，與梁武帝的關係最近，我們有必要鄭重地探討。

原壤居母喪而不拘禮節，并被稱為「方外之士」；又夷俟——夷踞豎膝以待孔子。這使我們聯想到阮籍。《世說新語・任誕篇》：

阮步兵喪母，裴令公往弔之。阮方醉，散髮坐床，箕踞不哭。裴
至，下席于地，哭弔唁畢，便去。或問裴：「凡弔，主人哭，客乃
為禮。阮既不哭，君何為哭？」裴曰：「阮方外之人，故不崇禮制；
我輩俗中人，故以儀軌自居。」時人嘆為兩得其中。

原壤與阮籍，他們的形象是多麼的相似！無怪乎朱熹《論語集注》對原壤的評語是：「原壤，孔子之故人，母死而歌。蓋老氏之流，自放於禮法之外者。」《世說》中的阮籍是被稱贊的，《集注》中的原壤是被否定的，但是，都被認為是放達不羈之人，在這一點上，意思沒有兩樣。

清代陳澧《東塾讀書記》評論皇侃《論語義疏》時說：「皇氏玄虛之說尤多，甚至謂原壤為方外聖人，孔子為方內聖人。」陳氏的意思是，皇侃不僅將原壤視為像阮籍一般的放達之士，并且把他神聖化，捧他到極高的位置，是魏晉以來玄學之流弊，不可以為訓。程樹德等近代學者也持與陳氏類似的見解。然而，這樣理解皇侃的觀點，實有很大的問題。

首先，通過整部《論語義疏》，我們可以看到皇侃講說中一個最明顯的特點是，突出孔子的崇高地位，將他聖化，甚至神化。與此相比，顏淵以下的孔門弟子僅能被目為賢人。他們與聖人孔子之間是存在着本質上的差別。即使皇侃濡染玄學，又或者原壤的德性如阮籍一般高，我們也很難想像原壤能被視為聖人，并且與孔子並列。亞聖顏子尚且未能評上聖人，更何況原壤見於經典上的事跡祇有上列〈檀弓〉與〈憲問〉二條，根本沒有憑據可以讓他被賦予那麼高的評價。難道說學學阮步兵居喪而歌，不跪而豎膝，就可以升到聖人寶座，儼然位於顏淵、子夏之上了嗎？

從思想史的角度來看問題，我們還必須參考唐長孺先生的〈魏晉玄學之形成及其發展〉。據唐先生分析，玄學發展到東晉以後，名教與自然的結合的問題已經獲得了解決方法。因大勢所趨，稽康、阮籍般的放誕派不

再為時世所容，代之而興的是禮玄雙修的風氣。我們考慮皇侃所處的年代
——梁代，名教與自然合一的觀點盛行已久，不可動搖。再者，皇侃本身
正是以禮學負名，很難想像他會稱贊一個破壞名教的放誕人物。實際上，
我們翻閱《論語義疏》就可以看出，皇侃論述的主要內容是王弼、郭象以
來的所謂正統玄學言論，卻并不涉及像阮籍那樣的放誕派說法。

　　名教與自然的問題解決了以後，名教接著還要面臨佛教的挑戰。唐先
生的文章引用了我們在上面看過的《世說新語》那一段，然後寫道：

> 這是以方內、方外區別對於禮法的態度，此時名教與自然合一之
> 說尚未有一致的認識，所以各從所執，時人還以為兩得其中。東
> 晉之後玄學中的方外之士已不被肯定，於是，區別內外移轉於佛
> 教與儒術之分；慧遠以在家與出家之不同說明禮法不能拘束僧
> 人，豈非即是裴楷所云之方外與俗中，只是在東晉之末這個問題
> 只存在於佛教中而已。

我們讀到唐先生的論說以後，自然會產生懷疑皇侃所說的「方外」是否也
指佛教？梁武帝異常推崇佛教，皇侃撰的《論語義疏》雖是儒經，書中猶
以周孔之教為「外教」。又，如《列子》稱孔子曰「丘聞西方有聖者焉」，
是把佛與孔子竝列為聖人的先例。上文已經指出陳澧等認為皇侃將原壤視
為阮籍般的放誕之士的看法很值得懷疑。如果現在認為皇侃將原壤視為佛
的話，那些疑點都可以解決。稱佛為聖人，與孔子竝列，是符合皇侃所處
時代思潮，在皇侃自己的思想體系裡也沒有矛盾。不過，原壤又如何能被
看作是佛？

　　我的推測是，皇侃根據《論語》，把當時有關佛教與禮教的爭論影射
到原壤與孔子的身上，所以繞視原壤為佛。這裡說的爭論是圍繞僧人可否

踞食的問題。用餐的儀節，中國習俗自應跪坐，當時的僧人卻要依據印度習俗，不跪而企踞。（企踞也叫偏踞、偏坐或偏企。言「偏」者，蓋對「端坐」、「方坐」而言。）劉宋文帝時期，鄭道子、范泰等人主張僧人也應該跪坐，與慧義等要固執踞食的僧人之間進行了非常激烈的爭論，有關記載保存在《弘明集》卷十二。企踞大概與阮籍的「箕踞」相通，也就是皇侃所說的「夷踞豎膝」。范泰的論書中也就用到了《論語》裡「夷俟」一詞。皇侃在梁朝，目見佛教極盛，也不可能不知道這種曾經轟動朝內外的爭論。皇侃見《論語》裡原壤「夷俟」而讓孔子用杖打脛的記載，自然應該也聯想到這種爭論，視原壤為佛的解釋也應該說不難想象的了。

我們看到了皇侃的解釋以後，再回頭看梁武帝的發問，似乎可以理解他的意圖。因為原壤是佛的觀點是從〈憲問〉的故事直接得來，所以，梁武帝先從〈檀弓〉提出問題。如果讓皇侃回答這個問題，他會引用《論語》并暢論原壤是與孔子竝列的大聖人。李業興卻從正面作出了雖不誤但最不靈巧的回答。梁武帝見業興不悟，就更直截了當地問起原壤的身份。梁武帝所期待的回答是說方外人、西方人或是身毒人，奈何業興又止能回答是魯人。於是梁武帝知道李業興根本不知道原壤是佛的觀點，再問下去也是茫然，便不再追問而換了話題。我推測梁武帝自己準備的答案應該和皇侃的解釋相同，否則他的提問就毫無意思。反過來看梁武帝的問答也可以作為我們推測皇侃的解釋的旁證。

皇侃解釋原壤是佛，并沒有確鑿的根據，甚至類似文字游戲。不過，南朝人士卻覺得新奇、玄妙，而且可以互相討論、欣賞。正是因為如此，皇侃的講說在當時廣為流傳，連皇帝也會認同他的觀點。可是，這種解釋究竟祇能在處于同一文化背景下的一群人之間纔被承認，「少為書生，止讀五典」的北朝學者作夢也想像不到。

到了唐初，一統天下，文化欲刪南朝的浮華，文章以載道為重，儒學

以名教為主，孔穎達等要對皇侃的解釋極力加以否定是完全自然的結果。

　　附記：中華書局近刊朱大渭氏《六朝史論》有〈中古漢人由跪坐到垂腳高坐〉一文，引錄資料頗多，可以參考。（2013 年補注：吉川忠夫先生《六朝精神史研究》第四章專論踞食論爭。日文原書 1984 年同朋舍出版，有 2010 年江蘇古籍出版社出版漢譯本。）

附錄 II

賈公彥世系

　　賈公彥世系，岑仲勉先生考之殆盡。岑先生說可見者，一曰《元和姓纂四校記》，一曰〈賈玄贊殯記辨偽〉見《貞石證史》，一曰〈蕭李遺文拾〉見《續貞石證史》。《貞石證史》、《續貞石證史》兩篇俱見收於上海古籍出版社出版《金石論叢》。今據岑先生考證最錄資料，或述岑先生意，或為補校文字，而獨出鄙見者蓋尟矣。

一　《舊唐書・儒學傳》

　　　　張士衡既禮學為優，當時受其業擅名於時者，唯賈公彥為最焉。
　　　　賈公彥，洺州永年人。永徽中，官至太學博士。撰《周禮義疏》五十卷、《儀禮義疏》四十卷。子大隱，官至禮部侍郎。
　　　　時有趙州李玄植，又受《三禮》於公彥，撰《三禮音義》行於代。

案：以上《舊唐書》原文。檢該書〈經籍志〉載《儀禮義疏》五十卷，與宋以降傳本同。此云「四十卷」，蓋〈列傳〉誤記也。《玉海》卷三十九引〈志〉作「《儀禮疏》五十卷」，自注云「《舊史》『四十卷』」，即謂此。

二　《元和姓纂》

　　　　賈：唐叔虞少子公明，康王封于賈，後為晉所滅，以國為氏。

【廣平】狀云稱賈翊之後。北齊國子助教猶；曾孫元彥，唐太學博士，生元贊、大隱。元贊，太學博士。大隱，中書舍人、禮部侍郎，生幼知、日新。

岑先生《四校記》云：

「云稱」二字應任衍其一。

「翊」為「詡」之訛。

「猶」，文津閣《四庫》本作「猷」。

「元彥」是「公彥」之訛。

「元贊」，《四庫》本同，依《賈玄贊殯記》應作「玄贊」也。

案：以上洪本《元和姓纂》及岑仲勉先生《四校記》，今據中華書局彙刊本摘引。《四校記》又廣引《賈玄贊殯記》、《賈欽惠誌》等為《姓纂》補證，今不備錄。（日文版補充：「云稱」未必誤衍，請參第二章注 41。）

又案：《姓纂》郡望作「廣平」，即〈儒學傳〉之「洺州永年」，一也。岑先生〈蕭李遺文拾〉亦云：「考洺州即漢廣平國。」今案《元和郡縣誌》云：「洺州，廣平。漢武帝置平干國，宣帝改曰廣平國。自漢至晉，或為國，或為郡。周武帝建德六年，於郡置洺州，以水為名。隋大業三年罷州為永安郡，武德元年又改為洺州。永年縣，本漢曲梁縣，屬廣平國。高齊文宣帝省曲梁置廣平縣，隋開皇三年罷郡，屬洺州。仁壽元年改廣平為永年，避煬帝諱也。」是洺州之地，北周以前即稱廣平；永年縣，北齊曾云廣平縣。又案《舊唐書‧地理志》云：「天寶元年改為廣平郡，乾元元年復為洺州。」是知廣平可為洺州之別名，天寶時猶然，岑先生獨舉「漢廣平國」，溯其始言之耳。

三　《賈玄贊殯記》

　　高廣各二尺一寸三分，二十一行，行二十二字，正書。此志為唐垂拱元年乙酉六月乙亥朔廿二日景申。妄人將首行「唐」字改「隋」，文中「垂拱」字改「大業」，「歲次乙酉」改「甲戌」，「乙亥朔」改「辛未」。茲將改鑿字作方圍，並考訂其年月。

1　大□故朝散大夫行大學博士賈府君殯記
2　君諱玄贊，字沖思，廣川人也。昔談高宣室，芳譽聞於才子；
3　狀寫雲臺，雄業垂於列將；文武不墜，亦何代而無之；故以
4　詳諸史諜，今可略而言矣。曾祖寔，齊襄州率道縣令。陳仲
5　弓之德望，位止太丘；宓子賤之徽猷，名高單父：瞻言往烈，
6　我實兼之。祖演，隨齊王府文學；父公彥，
7　皇朝朝散大夫行大學博士弘文館學士：並道蔚人宗，行
8　成物範。或參榮鳳邸，陪後乘而表時英；或敷訓鱣庭，輔前
9　脩而傳代業。君家聲漸慶，門德資神；方弘絳帳之風，自得
10　緇帷之道。開皇十有八載齒胄庠門，廿一年以明經擢第，
11　初任洛州博士，尋除大學、國子等助教，又遷大學博士及
12　詳正學士。嗣聖初授朝散大夫行大學博士，仍於弘文館
13　教王子讀書。器則瑚璉，材為廊廟；非忠孝之典不窺，非仁
14　義之規不習。德光遐邇，譽滿親朋；金籝照於邦國，玉昆暎
15　於朝野。未申隆棟之材，遽結壞梁之痛，□□□年六月七
16　日終於神都時邕里之私第，春秋六十有一。即以其年歲
17　次□□六月□□朔廿二日景申，權殯于河南縣王寇村
18　之西北原。柳謚斯在，史殯俄遷；佇縢室之方開，慮鄒衢之

19 莫辯，乃為銘曰：

20 道亞隣幾，神照知微；蘭風已扇，薤露俄晞。五百一賢，瞻德

21 音而邈遠；七十二子，仰餘訓而何依。

案：以上《芒洛冢墓遺文四編》卷三原文（原無標點及行數），「高廣各二尺」
云云為羅振玉案語。岑先生〈賈玄贊殯記辨偽〉曰：

> 「按《舊唐書》紀六，嗣聖元年九月改東都為『神都』，是垂拱前
> 並無『神都』之稱；諱丙申為『景申』，世業為『代業』，尤證貞
> 觀後文筆：羅說是也。
> 然羅氏尚有辨之未盡者，《記》又云：『開皇十有八載齒胄庠門，
> 廿一年以明經擢第。』考《隋書》二：『仁壽元年春正月，乙酉朔，
> 大赦，改元。』則在仁壽後多年之人，不應稱『開皇廿一年』，斷
> 不能援同年改元遠地未知為例，此其作偽之拙者一。況如羅氏所
> 考，玄贊實生武德八年，後於開皇廿年者廿五稔，焉能入學讀書；
> 就如所改大業十年「甲戌」，玄贊又應生西魏恭帝元年，至開皇末
> 已四十七歲，而始齒胄庠門，則老泉發憤之年，尚覺其早，此作
> 偽之拙者二。蓋碑估之流，伎倆當如是矣。然則「開皇」者，「貞
> 觀」所改鑿也；貞觀有廿一年，玄贊入庠時方廿二齡云。」

案：原石被碑估改鑿，羅振玉言「大隋」原刻當作「大唐」，「大業十年」
原當作「垂拱元年」，「歲次甲戌六月辛未朔」原當作「歲次乙酉六月乙亥
朔」，而遺「開皇十有八載」未言。岑先生為之補訂，謂「開皇十有八載」
原刻當作「貞觀十有八載」。但云「玄贊入庠時方廿二齡」者，蓋誤記其
數與。二家考訂已備，今為年表如下：

600	隋 文帝 開皇廿年庚申	廢太子勇，立晉王廣為皇太子。
601	仁壽元年辛酉	正月，改元「仁壽」。
625	唐 高祖 武德八年乙酉	賈玄贊生。
644	太宗 貞觀十八年甲辰	玄贊年二十，「齒胄庠門」。
647	貞觀廿一年丁未	玄贊年二十三，「以明經擢第」。
683	高宗 弘道元年癸未	永淳二年十二月，改元「弘道」。 高宗崩，中宗即位。
684	中宗 嗣聖元年甲申	正月，改元「嗣聖」。 玄贊年六十，「授朝散大夫行大學博士，仍於弘文館教王子讀書」。
	睿宗 文明元年甲申	嗣聖元年二月，則天廢中宗，立睿宗，則天稱制，改元「文明」。
	光宅元年甲申	文明元年九月，則天改元「光宅」，改東都為「神都」。
685	垂拱元年乙酉	正月，則天改元「垂拱」。 六月，玄贊卒，年六十一。

又案：此《殯記》言玄贊，廣川人。參之〈儒學傳〉、《元和姓纂》，疑「廣川」或為「廣平」之訛。岑先生《蕭李遺文拾》云：「《殯記》石本未見，不知羅錄訛否。」

　　（日文版補記：一九八九年中州古籍出版社出版《北京圖書館藏中國歷代石刻拓本匯編》第十冊第一〇二頁、第十七冊第二六頁，一九九一年天津古籍出版社出版《隋唐五代墓誌匯編》洛陽卷第一冊第一一七頁、第六冊第一一八頁皆互載此石不同拓本。）

四 《賈欽惠墓誌銘》

1　　　唐故沂州承縣令賈君墓誌銘 并 序

2　　　　　　　　　　　登仕郎守河南府參軍蕭穎士撰

3　君諱欽惠，字□□，蓋周之裔也。唐叔少子別封于賈，因而氏焉。厥

4　後漢有梁王傅誼，魏有太尉詡，文章謀猷，名冠二代。其間或自洛

5　陽遷武威，後家長樂，史諜詳矣。(原空一格) 曾祖隨太學博士演，

祖大學博

6　士崇文館學公彥，考大學博士詳正學士玄贊，儒雅弈世，令聞彰

7　著，故君少以經術自命，不改其道。叔父禮部侍郎大隱特器之，目

8　為瑚璉，寄以門戶。解褐參汴州軍事，歷相州司戶，遷沂州承令。其

9　從事也，細無不理，自微之著；本乎仁明寬惠，加之以正直；保此美

10　德，而綏懷百里；農商安業，禮讓斯聞；宜蹤彼卓魯，高步台槐。道之

11　將廢，胡寧天關。以開元二載四月四日終於位，春秋卅有一。於戲，

12　良宰云逝，誰其嗣之；聯寮雨泣，庶旿竭仰；輟舂罷市，斯謂然矣。

13　夫人河東裴氏，隨御史大夫蘊之玄孫 (原空三格) 皇貝州刺史聞喜

14　公之第三女也。明懿淑慎，司南姻族，蕣英搖落，先君即世。長子司

15　農主簿怡，茂才異行，觀光 (原空一格) 聖代；次曰雍縣尉勵言，連華

名昆，亦

16　克用譽：秀而不實，蕚跗雙隕，故周公之禮，未云舉也。勵言有子曰

17　勝，與從父弟收，無念尒祖，聿追來孝，永惟先志，其不可諼也，克圖

18　嗣之，以天寶十二載歲次戊巳十月戊辰朔十七日甲申，啟殯□

19　平樂里，葬于河南縣梓澤鄉邙山之北原。君子曰：孝乎，其加□□

20　也歟。銘曰：

21　匡彼大漢，文雄惟誼，實傳于梁，罔忝厥位。文和籌畫，亦佐有魏，謀

22　之孔臧，克掌太尉。代不曠德，慶鍾于君，孝仁允元，休有斯文。參佐

23　汴、相，宰于承邑，存遺惠愛，沒有餘泣。曷云喪之，逝矣安及。我有令

24　子，金友玉昆，命乎罕言，□是天昏，□祔之禮，施于孝孫。在洛之陽，

25　于邙之原，卜云其吉，□□宅魂。猗嗟令名，萬古斯存。

26　　　　　　　　　　　　　　　　　　　　姪棲梧書。

案：以上《賈欽惠墓誌銘》，原石為千唐誌齋物，影印拓片見《千唐誌齋藏誌》，而每行首尾一二字大都不辨。岑先生〈蕭李遺文拾〉錄文最詳備，並稱「『字』下原空兩格未刻，餘泐七字」，蓋所據拓本較《千唐誌齋藏誌》所載為佳。今據岑先生錄文為本，更為校字曰：

　　第一行「承」字，岑文作「承」，蓋岑書排印之誤，今據石本正。
　　第六行「世」字，石本闕筆作「卋」，今聊存其形。下第十四行同。
　　第八行「承」字，岑文作「丞」，今據石本正。下第二十三行同。
　　第十九行「乎」，岑文作「子」，今據石本正。
　　第二十一行「罔忝厥位」，岑文作「□忝厥位」。案石本「冈忝厥位」，字跡清晰。「冈」即「罔」字。疑岑先生筆錄「冈」字，後或誤認為「□」，以致錄文除欽惠字外作「□」者凡八字，與「餘泐七字」之言不符也。今錄文補「罔」字。
　　第二十四行「□是天昏，□祔之禮」，上海古籍出版社出版《唐代墓誌彙編》收錄此誌文字，乃據周紹良氏所藏拓本排印，作「曾是天昏，合祔之禮」。
　　第二十五行「□□宅魂」，《唐代墓誌彙編》作「□然宅魂」。

又案：岑先生謂此誌「崇文館學公彥」當作「弘文館學士公彥」。〈蕭李遺文拾〉曰：「『崇文館學』下奪『士』字，則書者之草率也。」又曰：「上元二年始改崇賢曰崇文，（岑先生原注：《會要》六四。）與弘文各有淵源。公彥仕太宗及高宗初，應以作『弘』為是。且開元七年已復『弘文』，（岑先生原注：《會要》六四。）亦不得曰諱避也。（引者案：此謂高宗太子諱弘，中宗、睿宗之際，弘文館之名，或稱昭文，或稱修文。）」

又案：天寶十二載歲次癸巳，十月戊辰朔，十七日甲申。此誌作「歲次戊巳」，殆為「癸巳」之誤。岑先生曰：「『癸巳』訛『戊巳』，則書者之草率也。」

又案：「其間或自洛陽遷武威」一句，蓋據上文所敘賈氏遠祖言。既謂賈誼、賈詡二人同為遠祖，則賈詡當為賈誼之後。但作者蕭穎士又不詳考，僅就二人籍貫為說，——賈誼，雒陽人，見《漢書》；賈詡，武威 姑臧人，見《魏志》。——遂云「其間或自洛陽遷武威」。先居雒陽，後出武威，則中間當有遷居武威者，而不知何世何人，故云「其間或」，推理言之耳。至謂其遷武威者定為何人，則《元和姓纂》言「賈誼九代孫秀玉，後漢武威太守，又家武威」，《新唐書·宰相世系表》云「秀玉生衍，衍生龔，龔生詡」，是知賈秀玉遷居武威，以至賈詡也。

（日文版補記：《北京圖書館藏中國歷代石刻拓本匯編》第二六冊第九五頁、《隋唐五代墓誌匯編》洛陽卷第十一冊第一九八頁皆見此石拓本，可據補第一八行末字「于」、第一九行末字「禮」。）

五 賈氏遠祖并郡望

案：《賈玄贊殯記》云「昔談高宣室，芳譽聞於才子；狀寫雲臺，雄業垂於列將」，謂賈誼與賈復；（後漢明帝圖畫二十八將於南宮雲臺，賈復在其中，見范曄《後漢書列傳》第十二篇。）《賈欽惠墓誌銘序》云「漢有梁王傅誼，魏

有太尉詡」，並稱賈誼并賈詡。今就《唐代墓誌彙編》檢之，《大唐故宣州宣城縣李府君夫人賈氏墓誌銘并序》云：「夫人諱嬪，字淑容，長樂人也。其先晉唐叔之後，因別封而族焉。遠祖誼，以文傅長沙桓王，漢帝膝之前席。洎王莽末，裔祖復以創命功遂圖雲閣。」（墓主賈嬪，建中二年（781）卒。）正與《賈玄贊殯記》所言同，且其言長樂人，又與《賈欽惠墓誌銘》「後家長樂」一句相合。又若《大唐處士故賈君墓誌銘并序》云：「君諱仕通，字仁徹，河南洛陽人也。昔大夫弱冠，擿藻捵乎漢庭；太尉壯年，宏謀安乎魏室。」（墓主賈仕通，貞觀十五年（641）卒。）又《故舒州司法楊君夫人賈氏墓誌銘》云：「夫人諱通，其先武威人也。夫宣室良談，漢文以之前席；天下知信，魏武由其執手。」（墓主賈通，證聖元年（695）卒。）二誌均並列賈誼與賈詡為遠祖，與《賈欽惠墓誌銘序》同。至若《隋故越王府司兵參軍賈君墓誌銘并序》、（墓主賈通。）《大唐上柱國記室賈君墓誌之銘》、（墓主賈昂。）《唐故并州太谷縣尉賈君墓誌銘并序》、（墓主賈統。）《大唐故常州江陰縣丞賈府君墓誌銘并序》、（墓主賈整。）《賈隱墓誌銘》、（墓主賈隱。）《大周賈府君墓誌銘一首并序》（墓主賈楚。）諸誌，俱以晉賈充與賈誼並列為遠祖。

墓誌所敘諸賈氏遠祖，蓋多出傅會名人，故莫不以漢賈誼為先祖，次後漢賈復，次魏賈詡，次晉賈充，或取其一。賈公彥先世是否的出賈復或賈詡之後，志乘有闕，難以質言，可不足深論。至其郡望，則不無疑義。上言〈儒學傳〉之「洺州永年」即《姓纂》之「廣平」，一也。然《賈欽惠墓誌銘序》言「後家長樂」，則望出長樂，不可一也。案《元和姓纂》於「廣平」賈氏之外，別有「長樂」一房。其注文曰：

> 「漢長沙王太傅賈誼，洛陽人。十代孫龔，居武威。龔孫詡，魏太尉；生璣，長樂令，隸相州。裔孫琚，後魏潁川太守，生昭、

申。申生廉。廉生均清，河南郡兵曹。」云云。

是由賈誼子璣為長樂令，遂為郡望。然則《賈欽惠墓誌銘》言遠祖，賈誼之後，特舉賈誼，固合其理也。但據《姓纂》，廣平賈氏亦即出賈誼之後，又不得據《賈玄贊殯記》舉賈復不舉賈誼，而遽謂廣平出賈復，長樂出賈誼也。當知二誌舉說遠祖不同，不足以定所言郡望之異。

　　考之上舉六誌並列賈誼與賈充為遠祖者，賈通稱「洛州洛陽人」，賈昂稱「河東晉國人」，賈統稱「平陽人，近徙三川，又為洛陽人」，賈整稱「河東平陽人」，賈隱稱「洛陽人，而望歸河東襄陵之平鄉」，賈楚稱「河南洛陽人」。案《晉書》，賈充，平陽襄陵人，故後人稱郡望或稱「河東晉國」，或稱「平陽」，或稱「襄陵」。賈統「平陽人，又為洛陽人」，賈隱「洛陽人，而望歸襄陵」，是占籍洛陽而郡望猶繫平陽。賈通、賈楚稱「洛陽人」，蓋亦其類也。然則諸誌舉賈充為遠祖者，郡望概皆出平陽 襄陵，誌文言遠祖與郡望合，可無疑義。至若《唐故朝議郎河南府戶曹參軍柱國長樂賈府君墓誌銘并序》云：「誼玄孫迪，漢河東守，始自洛陽遷於襄陵，故賈氏復歸晉也。」墓主賈洮，題稱長樂人，而言賈迪之遷襄陵，則與《元和姓纂》言長樂賈氏出長樂令賈璣者不同。賈璣於賈誼為十三代孫，賈誼玄孫沊之後，非賈迪之後。是長樂賈氏尚多疑義，待考。要之《賈欽惠墓誌銘》謂望出長樂，與〈儒林傳〉、《元和姓纂》不合，止得存疑，不可以定論。岑先生〈蕭李遺文拾〉曰「《欽惠誌》云長樂，追溯其遠祖也」，或其然也，而猶不可以必也。

六　賈氏家系圖

　　綜合上列材料，製為《賈氏家系圖》如下。就中賈演，《欽惠誌》云「大學博士」，不如《玄贊誌》云「隋齊王府文學」之詳，似當以《玄贊

誌》為正。又，玄贊，《玄贊誌》云「仍於弘文館教王子讀書」，不斥言何官。上言「詳正學士」，而此言「仍」者，或謂仍於弘文館，或謂仍為詳正學士，未可確知。詳正學士者，不知是弘文館學士之別，抑學士之外別為此官？案《六典》「弘文館學士」下有云「儀鳳中，以館中多圖籍，置詳正學士校理」，但《通典》直作「儀鳳中，以館中多圖籍，委學士校理」，不言「詳正學士」。寡學無識，不閑史籍，願讀者之有以教之也。

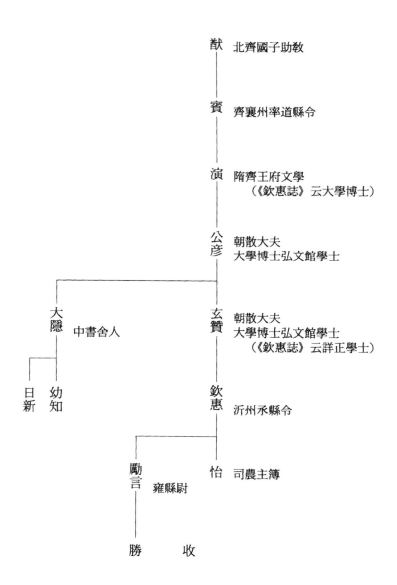

獣　北齊國子助教

賓　齊襄州率道縣令

演　隋齊王府文學
　　（《欽惠誌》云大學博士）

公彥　朝散大夫
　　　大學博士弘文館學士

大隱　中書舍人

玄賫　朝散大夫
　　　大學博士弘文館學士
　　　（《欽惠誌》云詳正學士）

日新　幼知

欽惠　沂州氶縣令

勵言　怡　司農主簿
雍縣尉

勝　收

《賈氏家系圖》

附錄III
《儀禮》單疏版本說

一 問題所在

　　《五經正義》或有敦煌出土殘卷，或有日本舊傳抄本，其原皆出唐抄，猶在宋刊單疏之前，校讀《正義》不可不詳為勘覆。至《儀禮疏》則不僅無有唐抄或唐抄傳抄本流傳，管見所及，除《通典》、聶氏《三禮圖》等偶引賈說當出當時抄本外，自宋以降學者無言及唐本者，唐抄本之存在絕無痕跡可考。若然，後世所有注疏本，無不以宋刻單疏為祖本，未嘗參用唐抄本為之校勘，則祇要有宋刻單疏在，其餘諸刻自無版本價值可言。而今欲特著文討論版本者，職因宋本單疏亡逸之故也。

　　《四部叢刊續編》所收單本《儀禮疏》係道光十年汪士鐘重刻本，主其事者顧千里，寫手蓋為許翰屏，（《前塵夢影錄》云：「士禮居黃氏、享帚樓秦氏、平津館孫氏、藝芸書舍汪氏以及張古餘、吳山尊諸君所刻影宋本秘籍，皆為翰屏手書。」）為「閶門外洞涇橋西青霞齋吳刻字店」所刻。（見卷四十九尾。案楊繩信氏《中國版刻綜錄》載「蘇州青霞齋吳學圃」道光十四年刊刻《大滌山房詩鈔》八卷。又案張振鐸氏《古籍刻工名錄》載道光元年翠微花館刊本《詞林正韵》為「吳學圃，住蘇州閶門外桐涇橋西石屑弄口」者所刻，道光八年藝芸精舍影宋刊本《雞峰普濟方》為「姑蘇閶門外桐涇橋西吳青霞齋」所刻。諸書刻者蓋一也。）雖其〈重刻序〉稱「行摹款倣，尤傳景德之真」，且寫刻絕精，賞心悅目，重刻究與照相不同，宋刻原本既已不知下落，惡可知其必無改移訛誤。〈思適齋記〉云「顧子之於書，以不校校之也」，而其校刊《資治通鑑》仍不免偶或「有心校改，以不誤

為誤，而與原旨大相背馳」，為陳垣先生所痛斥。(見《胡注表微・校勘篇》。)
今就《儀禮》單疏，即有一事可證汪氏重刻之失卻宋本原貌者：《十駕齋
養新錄》卷三「注疏舊本」條云：「予嘗見宋本《儀禮疏》，每葉卅行，每
行廿七字，凡五十卷，唯卷卅二至卅七闕。末卷有『大宋景德元年』校對、
同校、都校諸臣姓名及宰相呂蒙正、李、(原注：不署名，蓋李沆也。)參政王
旦、王欽若銜名。」《竹汀先生日記鈔》云「晤黃蕘圃、周漪塘，見宋本
《儀禮疏》單行本」云云，下文略同《養新錄》，而「及宰相呂蒙正、李」
下亦自注云：「不著名。」又，阮元《儀禮注疏校勘記》迻錄單疏卷末銜
名共十九行，宰相李姓亦空其名。然今檢汪氏重刻單疏正作「李沆」，并
不空名。案：錢大昕、阮元所據單疏本亦即黃丕烈藏本，後歸汪士鐘，為
重刻所據。是其本一也，而錢、阮所見「李」下無字，重刻乃有「沆」字，
何也？錢氏特言「不署名，蓋李沆也」，殆不容以有為無之嫌，其言自可
信據，并且有《校勘記》可作旁證，是宋本原無「沆」字，汪氏重刻本以
意補之。此乃可證重刻單疏非皆如宋刻原本也。

但唐抄本之不可得，自當以宋刻為本，莫或有因其不得唐抄而竟廢其
書者。宋刻單疏原本已經亡逸，亦自當以重刻宋本為本，捧讀研誦可也，
又何多所嫌疑，而汲汲辨說？曰：有阮元《校勘記》、張敦仁彙刻《儀禮
注疏》及阮刻《十三經注疏》本《儀禮注疏》在焉。此三者與重刻單疏，
共四者之間，相有矛盾，必須先知其間關係，重刻單疏始可讀也。何謂矛
盾？曰：四者自稱皆據宋刻單疏，而其文字歧異，數以百計，是為矛盾。

《嘉業堂叢書》本《儀禮注疏》係翻刻張敦仁刊本。劉承幹跋 (1919
年) 曰：

　　右《儀禮注疏》五十卷，張古餘刻本。古餘病《儀禮》無善本，
　　見士禮居刻宋嚴州經注本，又藏景德單疏官本，因與顧千里彙刻

之，用單疏本卷第，時在嘉慶丙寅七月。單疏三十二至三十七缺
六卷，又取鶴山《要義》補足，缺葉即用明本補之。必著其數者，
傳信也。書出，海內稱為善本，而印行不廣，學者罕見。承幹覓
得初印本，即傳刻之。

書後有云「《嚴本考異》、《單疏識誤》嗣出」，而《嚴本考異》出，
《識誤》不傳，甚為可惜。嚴州本經，校《唐石經》有一二不合；
注與疏兩宋本非必全無乖異之處，即今本與藝芸精舍單疏亦有不
同處。不用意見更易者，存其真也。想千里亦以考訂未備，不欲
問世，後之人無千里之學識，安能定其從違哉。俟善讀者決擇之，
勿以校勘為易事也。

讀此跋，有一誤一疑。誤者，士禮居重刻嚴州本在嘉慶二十年，「嘉慶丙
寅（即十一年）七月」張敦仁彙刻注疏時，自不可及見。今云「見士禮居刻
宋嚴州經注本」云云，顯為錯誤。疑者，其云「今本與藝芸精舍單疏亦有
不同處」，誠可疑也。張敦仁本疏據「士禮居藏景德單疏官本」，汪氏藝芸
書舍重刻者即其本，則兩本疏文本不容歧異也。

　　但景德原本一也，而張本、汪本皆據焉，且兩本俱以不改原文為宗旨。
（張本序云：「宋本非必全無小小轉寫之譌，不欲用意見更易者，所以留其真，慎之至也。」
汪本序云：「行摹款倣，尤傳景德之真。若夫撰定異同，曷若闕如，悉心尋繹，元文自見
云爾。」）然則，其疏文之所以有歧異，乃出兩本編輯技術上之問題。假若
有兩宋版，或同一宋版而有兩印本，其間容有異文，自當用「學識」為之
「考訂」，或需「俟善讀者決擇之」。今乃知宋本獨一，非有異文，張、汪
兩本同據之而文字有殊，則或一真一偽，或兩本均偽，不容兩本俱真。欲
知孰真孰偽，誠需考訂，但此則考訂清人編書之實情，而非考訂注疏文字
之謂，吾人自愧「無千里之學識」，猶不妨試為之說爾。

二　說《嘉業堂叢書》本

　　《嘉業堂叢書》翻刻張敦仁本《儀禮注疏》，以今觀之，無甚價值。嘉業本既非覆刻，版式行款已為改觀，至文字內容，校對草率至極。如張本經注作「庙」，疏字作「廟」，是仍所據嚴州本經注及單疏本之舊，而嘉業本隨意改作，漫無體例。其餘字體概皆從當時通用刻字體，每與張本不同。又如卷二頁十二右半頁末行「宰夫實觶」「實」訛「賓」，頁十三右半頁第七行「今子須見母」「見」訛「是」之類，張本不誤而嘉業本獨誤者，不在少數，是知嘉業本全失張本面目。

　　但《嘉業堂叢書》又有《周易》、《尚書》、《毛詩》、《禮記》、《春秋》、《公羊》、《穀梁》諸經單疏，其關心經術，致力流傳如此。而劉氏之後，多有單疏原刻影印本出現，劉氏諸刻始無價值可言。惟《儀禮注疏》則有異於此。何謂？則汪士鐘重刻單疏遠在劉氏之前，當時固有流傳也。單疏具在，張本又何足珍重而劉氏欲亟為翻刻者？蓋翻刻張本之舉，實出當時劉氏左右版本家之陋識。莫友芝之言曰：「嘉慶丙寅，張敦仁刊《儀禮注疏》五十卷，以宋嚴州本經注及景德單疏合編，顧廣圻為之校補，缺疏之六卷，多依魏鶴山《要義》，又通覆校，最為善本。惜流傳不多。欲重刊此經注疏，當用此本。」（見《邵亭知見傳本書目》。）又，嘉業本卷首附莫棠題記，極言張本之難以覓見，云：「頃歲避居海上，華陽王雪澄先生廣徵眾本，校讀此經，為言楊君星吾有張刻。適仲武家兄來游，攜所藏書目，亦著之，雪老遂向兄鄭重假致，於是予得見焉。同避地者如繆筱珊參議、沈子封提學諸人，皆久官京朝，徧歷南北，於經籍傳本收覽致多，顧於斯編皆云未睹，可見流傳絕鮮。」又云：「雪澄先生曾欲勸寓公之好古者謀重刊，其意甚盛。獨予身逢世變，困處衰落，於高密、永年之緒無能為役」云云。（案：仲武即莫繩孫，為莫友芝子，於莫棠為從兄，自無怪二莫所見雷同也。）

二莫之見，主謂張本據嚴本、單疏，經顧千里精校，又為其流傳絕鮮，固當據以重刻；自不知張本之與嚴本、單疏文字之間有何異同，初未考慮重刻張本之於自就嚴本、單疏重編刊行孰優。其實阮刻《十三經注疏》本《儀禮注疏》即覆刻張本，除文字之間不無小小校改外，行款字體悉仍張本，而且阮本及其翻本流傳極廣。使當時劉氏或其左右學者知此，必也其不為二莫語所惑，豈又破斥巨貲翻刻張本為。況其重刻結果，無心之訛誤既多，有意之校改亦不少，遠遜阮本之接近張本也。

　　劉氏自任藏書家、刻書家，未嘗以學者自居，故其藏書、刻書皆善聽學者之言。顧往往不得其人，或其人不為盡責，致遺劣跡於後世。如《書舶庸譚》載：「繆藝風托島田翰影錄宋本《毛詩正義》，南潯劉翰怡刻入《嘉業堂叢書》。內藤湖南謂中多妄改，且殘蝕處俱補錄完整，疑所據又一本。余謂僕昔年校大覺寺《文館詞林》，悉復舊觀，張石銘刻入《適園叢書》時，藝風掌校讎，悉改從刻本，并有依《太平御覽》校改者，此繆藝風之所以為繆也。湖南為之莞爾。」又，近出復旦大學出版社《嘉業堂藏書志》，其〈前言〉云：「《藏書志》編纂始於一九一七年，初由繆荃孫主其事。其時繆氏年事已高，世務又多，精力實未能專注。其解題多采擷《四庫提要》及前人評騭，殊少出於己裁，語多重複，間又漏略。吳昌綬對此曾加批評：『坊肆口吻、通行俗字，一概闌入。且為晚年所作，有僅寫數字而語氣不完者，有僅記其人之姓而忘其名字，空格以待補者，及所引書名訛敓，尤難僂數。』」今檢書中繆稿諸篇，極其疏略，見之猶不禁為劉氏惋惜。

　　嘉業堂重刻《儀禮注疏》，不知主其事者為何氏？（汪紹楹先生云「劉跋皆董綬金、繆筱珊代作」，見〈阮氏重刻宋本十三經注疏考〉第十二節注。該文刊載《文史》第三輯，下引汪先生說均出此。）惟見其校對極疏忽，劉跋竟不知士禮居刻嚴州本在張敦仁彙刻注疏之後，則其庸陋可知。但其人於校對之際，猶能知張本實與汪刻單疏不符。嘉業本疏文偶有於字旁標圈點者，雖無所說

明，一經覆查即知是張本與汪刻單疏歧異之處。雖然，其人不能詳勘異同，
標識圈點不及卷二十五以下，即前二十四卷，標識極不嚴整，或見字體稍
稍不同即標圈，或有文字全異而不標識之者。更有甚者，書中據汪刻單疏
逕改張本文字者，亦不在少數。例如卷四十一〈既夕記〉「不說經帶」下
疏「周公設經」，張本如此，而汪刻單疏作「周公說經」，嘉業堂本不仍張
本，乃據汪刻單疏改作「周公說經」。案之文理，此自以作「設」為正，
阮本固亦仍張本作「設」。而嘉業堂本竟敢改作「說」者，一以汪刻單疏
作「說」之故也。是知其人無甚識見，故於劉跋，祇得約略提及，表明「今
本與藝芸精舍單疏亦有不同處」，而又不能究明其所以然，乃強為之說曰：
「不用意見更易者，存其真也。想千里亦以考訂未備，不欲問世，後之人
無千里之學識，安能定其從違哉。俟善讀者決擇之，勿以校勘為易事也。」
以其無能懶惰反自居為謙虛謹慎，并欲嚇唬讀者以蒙蔽問題，心事可鄙。
忽仍張本舊文，忽從汪本校改，初無義例，而謂「存其真也」，其誰信乎。
彼謂後人可欺，而以「勿以校勘為易事」告誡吾輩，吾輩又何得拳拳服膺
而不揭發其詭術哉。

　　要之，嘉業本編刊未得其人，絕無版本價值，然其表明張本與汪刻單
疏不符，能為後人提示問題，是為僅有所獲。今見《嘉業堂藏書志》載錄
劉氏〈八十自敘〉云「嘗鎸小印，曰『寧人負我，毋我負人』」，感慨系之。
刊印《儀禮注疏》一事，引以為此一小印之注腳，未見其不可也。

三　說阮刻《十三經注疏》本

　　上節言當時使劉氏知阮刻《十三經注疏》本《儀禮注疏》為覆刻張敦
仁本，諒無嘉業堂重刻張本之舉。其實阮本之出張本覆刻，持兩本相校即
可知，而二莫及劉氏等未嘗一校阮本也。是以曹元弼《禮經校釋》甫刊成，
遂撰《禮經纂疏序》一文，云：「張氏敦仁所刊注疏本，阮氏以配《十三

經注疏》，而阮本與此又有小異，張多得之，實此經注疏之最善者。」於時光緒十八年（1892）正月九日。越三日，正月十一日，序《校釋》云：「其中稱『此本』者，張氏敦仁所刊注疏，為注疏本之最善者。胡氏《正義》嘗兩稱之，而世不顯傳，故據焉。」《禮經校釋》之作，所以校讀賈疏也，曹氏於賈疏版本自當熟悉。

　　但曹元弼意在禮教，其校賈疏，或云「疏文脫譌不可讀，則求之《校勘記》所載各本，又不得，則就其原文旁推互勘，以義讀正」，或云「唐中葉後，治此經者鮮，故賈氏疏文衍脫誤錯，多非其舊，學者當依文剖裂，以雪其誣，不得遂以為非」。（見〈禮經纂疏序〉。）序《校釋》，釋「校釋」二字而云「校者校經注疏之譌文，釋者釋經注疏之隱義，務求按之經而合，問之心而安」。是以《校釋》通篇校正賈疏文字不知幾千條，皆所以「順其上下，推其本意」，（〈校釋序〉語。）直以探得賈氏本意為能事，初不問何為宋本原字、何為賈氏原文；「依文剖裂」之餘，割裂舊文，憑臆改作，刪補輒至十幾字，皆在所不惜。雖謂以張本為據，校以《校勘記》所引各本及汪刻單疏，其實不過「擇善而從」，與其不用版本全為理校者不知優勝幾何。曹元弼謂張本為「注疏本之最善者」，其言固是。然不知其疏文與汪刻單疏何如？張本之所以為善本，以其據單疏故也。今張本疏文與汪刻單疏異處，自當詳審其異之所由來，究明孰為宋本單疏原字。《校釋》於兩本歧異處，皆擇善而從，不曾以其異為疑，是其心目中都無宋版、清版之別，祇求其「是」而已。然則曹氏之功，在於闡述賈說，不在校勘賈文。其責曹氏以辨版本源疏，猶緣木以求魚也。

　　然曹氏言「阮氏以配《十三經注疏》」，自有所本。顧千里代汪士鐘撰〈重刻宋本儀禮疏序〉云：「宋景德官刊賈公彥疏，嘉慶初入吾郡黃氏。於是張古餘太守得其校本，別合嚴州經注，重編於江省。後阮宮保取配十行不足者也。」是也。是以汪紹楹先生云：「重刊所據本，則阮氏序所云

『十行宋本十一經，無《儀禮》、《爾雅》，而借校黃丕烈所藏「單疏」二經』者。然今檢所刊注疏，《儀禮》則『經注』以唐《石經》宋『嚴本』為主，『疏』以『單疏本』為主，而實不知據何本。」汪先生自注引上述〈重刻儀禮疏序〉，而云：「然則似取據『張刻本』。」蓋汪先生既知阮本與單疏本迥異，故云「實不知據何本」；而尚嫌未有確證，故云「似取據張刻本」，言「似」以示慎重也。

阮本之據張本，今舉二例證之，則卷末校刊進書銜名，據汪刻單疏，先崔偓佺以下「校定」六人，次「再校」二人，次「都校」邢昺，「大宋景德元年六月　日」一行後，列進書宰相王欽若至呂蒙正四人。而張本迻錄倒反其序，首呂蒙正，至「校定」崔偓佺終。案《校勘記》所載與汪刻同，錢大昕所言（見上第一節。）亦與汪刻合。考之《易》、《毛詩》、《禮記》宋版單疏影印本，卷末銜名皆據先校勘官、後進書宰相之式。是知《儀禮疏》銜名自以汪刻為正，張本獨誤，而阮本乃同張本。又如卷六頁三左半頁第一至第二行（案：張、阮二本行款全同。）經「魚用鮒，必殺全」，蓋因涉二行之故，張本誤重「必」字。（即謂第一行末及第二行首重出「必」字。）阮本知其誤重，刪其一，以致「魚用鮒」三字排寫甚稀，可容四字。是知阮本固出張本覆刻，稍稍有校改而已，猶若閩本之於陳本也。至其校改，大抵不外校正張本譌字之最淺顯者，或參據《校勘記》說校改者，并無其他版本根據。然則阮本亦無版本價值，學者毋為阮序「借校蘇州黃氏丕烈所藏單疏重刻之」一句所惑，斯可也。

四　說張本與《校勘記》

莫友芝云張本「以宋嚴州本經注及景德單疏合編」，汪先生云「經注用嚴州本，疏用此景德單疏，合編於江省」，雖不為誤，猶嫌不確。何謂？顧氏彙刻張本時未嘗親就單疏原本，所據為一校本而已。今檢黃、顧、嚴

三家之言，初未含混。

顧千里跋「《儀禮疏》五十卷（宋刻本）」（嘉慶五年庚申，1800）（見《思適齋書跋》。）云：「此宋時官本疏，不佞在士禮居勘之一過，於行世各本，補其脫，刪其衍，正其錯謬，皆不可勝數。實於宋槧書籍為奇中之奇，寶中之寶，莫與比倫者也。竊謂儻刓其菁英，句排字比，勒成一書，流傳宇內，庶幾賈氏之精神不蔽，而問途此經者享夫榛蕪一闢之功。然自揣才力拙薄，曷克斯任，姑引其端，用以俟方來之哲焉耳。」

顧千里跋「《儀禮要義》五十卷（宋刻本）」（嘉慶七年壬戌，1802）（見《思適齋書跋》。）云：「向在吾郡黃氏傳校其所藏景德元年單疏本，詫為得未曾有。」又云：「中丞阮公將為《十三經》作《考證》一書，任《儀禮》者為德清徐君新田。新田與九能有姻親，曾傳鈔是書；近日復從余所持舊校景德本，去臨出一部。將來此二書者，皆必大顯白於天下，然溯導河所自，則此本與景德本實為昆侖源也。」（案：九能即嚴元照。）

顧千里代張敦仁作〈重刻儀禮注疏序〉（嘉慶十一年丙寅，1806）云：「比從元和顧千里行篋中，見所用宋景德官本手校疏，凡正譌、補脫、去衍、乙錯，無慮數千百處，神明煥然，為之改觀。千里又用宋嚴州本校經及注，視嘉靖本尤勝。皆據吳門某氏家之所藏也。夫二本之在天壤間，為功於此經非淺，而獲見者罕，不亦惜哉。遂與千里商榷，合而編之，重刻以行世。」

嚴元照〈書手校汲古閣刻本儀禮注疏後〉（嘉慶十二年丁卯，1807）（見《悔菴學文》。）云：「宋景德元年所刻《儀禮疏》五十卷，今藏蘇州黃氏。吾友元和顧千里廣圻有校錄之本。辛壬之間，儀徵阮公元

巡撫浙江，延客校《十三經注疏》，任《儀禮》者德清徐新田養原
也，又以顧校錄出一本。」（案：「辛壬之間」則嘉慶六七年間也。）
黃丕烈〈宋嚴州本儀禮經注精校重雕緣起〉（嘉慶二十年乙亥，1815）
云：「余先後收得宋刻經注本及宋刻單行疏本，各校副本流傳於
外，阮芸臺侍郎取以入《儀禮校勘記》中者是也。後張古餘太守
在江寧將此經注及疏合刊，學者已幸雙美合璧矣。」又云：「抑經
注之譌闕出於嚴本、張校之外者，尚不可枚數，段若膺先生定《校
勘記》既臚陳之。」
顧千里代汪士鐘作〈重刻宋本儀禮疏序〉（道光十年庚寅，1830）云：
「宋景德官刊賈公彥疏，嘉慶初入吾郡黃氏。於是張古餘太守得
其校本，別合嚴州經注，重編於江省。唯時段若膺大令亦得此校
本，謂之單疏《儀禮》，亦訂正自來用《經傳通解》轉改之失，而
單疏之善既有聞矣。」

據此知顧氏取以彙刻張本注疏者，非黃丕烈藏宋本單疏原本，而是顧氏曾
就黃氏藏原本所作校本而已。校本云者，案張本序云「所用宋景德官本手
校疏，凡正譌、補脫、去衍、乙錯，無慮數千百處，神明煥然，為之改觀」，
〈跋儀禮疏〉云「此宋時官本疏，不佞在士禮居勘之一過，於行世各本，
補其脫，刪其衍，正其錯謬，皆不可勝數」，則顧氏用宋版單疏原本校正
通行注疏本者也。
　　據上引諸文，又知阮元《校勘記》所引單疏本亦非即出宋版單疏原本，
而是校本。〈跋儀禮要義〉云「中丞阮公將為《十三經》作《考證》一書」，
「考證」為《校勘記》初名；〈嚴州本重雕緣起〉云「段若膺先生定《校
勘記》」，是因《校勘記》經段氏重定：均詳汪先生文。是阮元《校勘記》
為徐養原所作，段玉裁重定。然則〈跋儀禮要義〉云「徐新田從余所持舊

校景德本，去臨出一部」，〈書手校汲古閣刻本儀禮注疏後〉云「徐新田任
校《儀禮》，又以顧校錄出一本」，〈嚴州本重雕緣起〉云「宋刻經注本及
宋刻單行疏本，各校副本流傳於外，阮芸臺侍郎取以入《儀禮校勘記》」，
〈重刻宋本儀禮疏序〉云「段若膺大令得此校本，謂之單疏《儀禮》，亦
訂正自來用《經傳通解》轉改之失，而單疏之善既有聞矣」，所言之事一
也。是知《校勘記》所據單疏，實為徐養原臨錄上述顧千里校本而已。

　　初讀《校勘記》，見校疏各條不言單疏作何字者殆半，不知何故？例
若卷一「成民之事若何」，《校勘記》云：「事，陳本作士，非也。」檢汪
刻單疏正作「士」，則陳本誤「士」，襲單疏舊誤耳，而《校勘記》不言，
豈為諱言單疏之短？「天下無生而貴者」，《校勘記》云：「下，陳、閩、
監本俱誤作子。」檢汪刻單疏作「下」不誤，則不知《校勘記》何不言單
疏不誤，而獨遍列陳、閩、監本誤字？〈校勘記序〉稱「疏以宋單行本為
主」，則自不當捨單疏而獨舉他本也。今知《校勘記》所據單疏實徐氏臨
錄顧千里校本，非單疏原本，乃可釋疑解惑。蓋顧氏校本，於通行注疏本
上校錄單疏文字異同，未能字字必錄，毫釐不失。單疏與通行注疏本異而
顧氏未及記錄者不少，如此則《校勘記》自無從知單疏作何字也。

　　或曰：初阮元延顧氏於杭州十三經局，後顧氏為局中諸人所不容，亦
與段玉裁成釁隙，遂辭經局而去，汪先生文述之詳矣。故李慶氏《顧千里
研究》云，嘉慶十年張古餘約千里為之校刊宋本《儀禮》、《禮記》等書，
「千里乃因於杭州經局未得實現己見，於此發抒之」。且觀顧氏〈合刻儀
禮注疏跋〉（嘉慶十一年丙寅，1806）（見《思適齋集》卷十四。）曰：

　　　　或問居士曰：汲古毛氏刻《十三經》，凡十數年而始成，而居士云
　　　　非善本也；古餘先生合刻《儀禮注疏》，乃一大經而難讀者，僅改
　　　　歲而成，而居士云本莫善矣：何謂也？居士笑曰：吾語汝乎。夫

毛氏仍萬曆監刻而已，此其所以不能善也。古餘先生以宋本易之，而精校焉，熟鑼焉，此其所以善也。且其所以善，先生自序固略言之，曷不姑就所言，取此五十卷者，并世所行者而讀之乎。苟不能讀也，抑讀之而猶不能知也，則亦可以無與於論《儀禮》矣。若夫刊刻歲月，則遲而善可也，速而善亦無不可也，又豈深識者所當計耶。問者不得居士之指而罷，遂舉以書於後。

顧氏之笑也苦。此跋也，顧氏所以嘲笑十三經局諸人，亦所以嘲笑自己。戈襄〈思適軒記〉云：「思適軒者，顧子之思不適也。顧子窮而在下，不得一試其道，家居鬱鬱，寧獨無思乎？思矣而又不得遂，寧獨適乎？思愈甚，不適愈甚。日取古人書縱觀之，期自適。思于古，出以告人無所闚，默以藏己無所洩。煢獨一身，倚書而愈拙。于是乃喟然嘆曰，乃今知書不適我甚矣。」（《顧千里研究》轉載《半樹齋文》卷七所收。）戈襄此言，可謂知顧氏者。顧氏不為十三經局所容，不得與於編定《校勘記》、重刊《十三經注疏》之役，眼見其事為「庸妄人」、「不識一字之人」等所把持，（語見顧氏跋《經典釋文（校本）》，載《思適齋書跋》。）於是乎有顧氏之笑，是顧氏自嘲也。但顧氏終不能無所作為，而在阮元遲遲不得重刊《十三經注疏》之際，先據十行本版式獨自刊行《儀禮注疏》，「僅改歲而成」。《儀禮》本無十行注疏本，（2013年補注：此說誤。陳鳳梧注疏本及汪文盛本皆十行。）特據十行版式者，先成阮元重刊《十三經注疏》之意，所以誇示也。跋云「遲而善可也，速而善亦無不可也」，所以譏諷十三經局之無能，且以自詡也。其言「苟不能讀也，抑讀之而猶不能知也，則亦可以無與論《儀禮》矣」，所以痛斥十三經局諸人之愚，以示不屑與共事也。然顧氏之意如此，則其或云徐養原臨顧氏校景德本，或云阮元取張敦仁本以配十行本之不足，豈知其必非顧氏有意貶《校勘記》并阮刻《十三經注疏》本，謂其原皆出己者？

　　曰：此可更就單疏文字證之。案：張本疏文與汪刻單疏文字不符者數以百計，而就其不合處檢《校勘記》，則必不言單疏作何字。《校勘記》言單疏作某字者，張本必作某字，且與汪刻單疏合；《校勘記》不言單疏作何字者，張本必與通行注疏本同，而與汪刻單疏往往不合。因其間容有訛誤或校改，自不可絕無例外，但百或一二，大抵不差，不足以為疑。是可證顧氏之言不誣，顧氏編定張本疏文，以通行注疏本為底本，據其早年用宋版單疏所作校本改從單疏文字，至校本未及記錄單疏文字處，乃因通行注疏本之舊；《校勘記》據臨顧氏校本載錄單疏文字，至校本所未及乃不言單疏作何字。所據校本一也，故《校勘記》云單疏作某字者，張本亦作某字；張本因襲通行注疏本之處，《校勘記》即不言單疏作何字。

　　至謂張本據以為底本者何，則蓋監本也。張本之不合汪刻單疏處，——即《校勘記》不言單疏作何字處——驗之《校勘記》，大都不合陳、閩本而合毛本，但亦有不合毛本者，如《昏禮記》「女出于母左」節疏「下文父母及庶母重云戒者」，汪刻單疏如此，而張本「云」作「行」；《校勘記》出毛本作「云」，而云「陳、閩俱作行」。案之文理，此以作「云」為優，若據毛本為底本，則張本無用意改作「行」字之理，是知張本所據非毛本也。《校勘記》除標出毛本文字之外，其於陳、閩本記錄不備，至監本則載錄極少，今不便詳為比較。但張本所據底本既不合陳、閩本，又有與毛本不同而反同陳、閩本者，則暫且推其為監本，當不失甚遠也。監本上承陳、閩本，下為毛本所本，故也。

　　案《中國古籍善本書目》載一部監本注疏，注云「清顧廣圻校并跋」，為天一閣文物保管所所藏。一九九六年中華書局出版《新編天一閣書目》不見此書，蓋因其非天一閣原藏書，不在收錄之列。文化藝術出版社出版《天一閣史話》有云：「朱鼎煦家屬向天一閣捐贈『別宥齋』藏書十萬餘卷。朱鼎煦，字贊卿，律師職業，浙江蕭山人（原注：1886-1967），他性嗜

書畫金石，又精於鑒別，對古書尤為愛好。遇有善本珍品，不惜以千金易之，積數十年之精力，藏書達十萬卷之富，其書室取名『別宥齋』。他本人有『書痴』綽號。書友林云寶出示顧千里手校《儀禮》，他見了愛不釋手，定要購買方休。書友見他如此深愛，出巨價五百塊銀圓，他居然一口答應，典衣借債湊足五百元把書買回來，『書痴』從此得名。」所謂《儀禮》，蓋即監本注疏也。案：此本前賢或多未見，李氏《顧千里研究》亦不錄。王欣夫先生《蛾術軒篋存善本書錄》云：「三十年前，余於存古齋書坊得陽湖周孟興所藏香嚴手校汲古閣《儀禮注疏》全書，朱筆燦爛。案跋語，嘉慶十一年丙寅臨顧千里校宋刊單疏本。」（見《顧千里研究》引。）（2013年補注：王先生《書錄》2002 年由上海古籍出版社出版。）王先生所見毛本臨顧校者，現藏北京圖書館。設若《中國古籍善本書目》著錄無誤，則天一閣本乃顧氏手校本，或為北圖本周香嚴錄顧校所自出，又或即張本所據、《校勘記》所祖之原本，未可知也。

又案《金山錢氏家刻書目・總目》「舊藏書板」目錄著錄「《儀禮疏》陽城張敦仁校刊本」，是張本板片後歸錢氏。張文虎序《家刻書目》述錢培蓀之言曰「先世遺書盡失，板片亦煨燼，亂後竭蹶，不能重刊，使前人苦心，一朝湮沒」，則張本《儀禮疏》板片之失，亦當在咸同戰亂之際。

五　說日本舊抄單疏殘卷

汪先生有曰：「圖書寮有舊抄本《儀禮疏》一冊，存十五、十六。書法潦草，譌字亦不尠，然體式猶存『單疏』面目。」（案：『圖書寮』乃日本帝國主義統治者私人藏書機構，後帝國敗滅而留存「天皇」，「圖書寮」亦隨之留存，至後改名「宮內廳書陵部」云。）該殘卷今有影印本，見日本汲古書院出版《儀禮士冠疏》附錄。殘卷第十五卷末尾有題記曰：「安元二年十一月廿一日戌時，以摺本比校之次加首付了。助教中原師直。」（案：古代日本稱中國刊本為「摺

本」。「次加首付了」，未知何意，或謂書眉批寫節次者與。）戶川芳郎先生撰該書〈解說〉，據謂抄寫年代當在日本安元二年（1176）以前。今與汪刻單疏相校，殘卷抄手始誤脫汪刻卷十五頁十六右半頁第十五行自行首「公」字至行底「謂」字共二十四字并空格三處，行間補抄；抄本又脫汪刻卷十五頁七左半頁第三行第三字「注」至第四行第一字「鼈」共二十六字，第四行第二字「膾」逕承第三行第二字「蓼」下，并無補抄；又脫汪刻卷十五頁十四右半頁第二行第十五字「公」至第十二行第十四字「因」共二百七十字。汪刻卷十六頁二右半頁第六行第八字「夕」下當寫「宿是以宗伯」云云，而抄本誤接第八行第九字「夕」下「宿者以戒宿」以下，行間補抄中間五十五字；同頁第九行第十九字「屬」以下至第十行第十九字「之」抄本亦脫，第九行第十八字「之」下接寫第十行第二十字「屬」以下，行間補抄二十八字；亦脫同卷頁四右半頁第二行第八字「故」至第三行第八字「寸」，行間補抄二十八字；亦脫同卷頁五右半頁第四行第二十字「磬」至第五行第十九字「其」，第四行第十九字「擊」下接寫第五行第二十字「磬」以下，行間補抄二十七字；同卷頁七右半頁第十三行第二十三字與第十四行第十八字同為「其」，抄本誤脫中間二十三字，行間補抄。此等皆抄時目移下行，致脫整行。又如卷十六頁三右半頁第十四行以及頁七右半頁第六行，抄本均誤以重寫整行二十七字；同卷頁六右半頁第六行第十至十二字「東皷義」下，抄本涉第五行第十二至十四字「東皷義」，誤衍「同省文也者決上東方言笙鍾應」十三字，為第五行第十五字至行底之文字；同卷頁六左半頁第十行第十字「戁」下，抄本涉第九行第十字亦為「戁」，誤衍第九行第十一字至行底十七字。此則誤衍之例。或脫或衍，均與汪刻行款情況符合，可證此抄本所據乃宋刻單疏十五行行二十七字之本，既非注疏彙刻本，亦非宋刻以前之抄本也。

　　又，汪刻卷十五頁二左半頁第九行共有三十字，與常行二十七字多出

三字，中間「者釋經若賓若長言若不定」等字體扁小，而抄本無「者」、「若賓」三字；又汪刻卷十五頁五右半頁第一行共有二十八字，與常行多出一字，行首「陔白華華黍三篇等經注」等字稍小，而抄本不重「華」字；又汪刻卷十五頁八左半頁第十行共有二十九字，與常行多出二字，中間「者此乃」、「也云亦」等字字體扁小，而抄本無「者」、「云」二字。是皆汪刻字數與常行二十七字不同，而如抄本則正二十七字，可知抄本所據乃始刻板之印本，每行字數二十七，無所參差，後經修補或重刊，至汪刻所據印本則已為補字，每行字數不等矣。（汪士鐘〈重刻宋本儀禮疏序〉云「每行廿七字，修者不等」，即謂此。）然則此雖殘卷，所據乃單疏始刻印本，較汪刻所據為早，實足珍重。（至謂所據是否北宋版，則尚無明證。）

今更就卷中內容相校，則抄本偶有譌誤字無論矣，其餘概皆符合。但此殘卷固非顧千里等當時得以聞見者，且其所本更在汪刻所據宋本之前，而其文字符合如此，是可證汪刻實傳宋本真面目，汪士鐘〈重刻序〉稱「行摹款傲，尤傳景德之真」者自不誣也。

要之，汪刻單疏雖或不免校對刻字之小小失誤，大體皆傳宋本之舊；而其所據宋本，并非始刻早印，而是已經修補之本：此皆舊抄殘卷可以為證者也。

六　說宋版單疏原本

《百宋一廛書錄》《儀禮注》條云：「余於癸丑歲除，得單疏本《儀禮疏》。」（汪先生云：「顧千里代汪閬源〈重刻宋本儀禮疏序〉云『嘉慶初，入吾郡黃氏』，似未確。」）當時黃氏、顧氏及錢大昕等，皆逕視此為北宋景德原本，未辨其是否重刻。如《竹汀先生日記鈔》云：「黃蕘圃過談云：『新得北宋本《儀禮疏》五十卷，每葉三十行，行二十七字，經注不載全文，但標起止。』」《撫本禮記考異》《冠義》「見于鄉大夫」條云「顧千里校吳門黃氏北宋本

《儀禮疏》作『鄉』不作『卿』」云云。《校勘記‧引據各本目錄》「宋單疏本」下云：「此北宋咸平景德間所校勘開雕者也。」至道光十年汪氏重刻之後，原本不知下落，後之學者止得據汪氏重刻本為說，紙墨風格且不消說，即有無修板亦不可知，固也其不為版本家所重。

　　然此有王國維者異軍突起，竟出通常版本學範圍之外，參考《南雍志‧經籍考》等文獻記載，綜論《九經》單疏書板之流傳，其於《儀禮疏》亦有所推測。（黃永年氏《論王靜安先生的版本學》、吳修藝氏《王國維傳書堂善本書志研究》評述王氏之說，可以參考。二文皆見華東師大出版社《王國維學術研究論集》第二輯。）

　　《宋刊本爾雅疏跋》（見《觀堂集林》。）云：

　　　　「明黃佐《南雍志‧經籍考》所載舊扳，有《周易註疏》十三卷、《儀禮註疏》五十卷、《春秋正義》三十六卷、《春秋公羊傳疏》三十卷、《春秋穀梁傳疏》十二卷、《爾雅註疏》十卷。其書雖或稱正義，或稱疏，或稱註疏，而其卷數無不與北宋單疏本合，而與南雍之十行本註疏不合，當即南宋所刊單疏舊板也。以其板久闕不印，又明人但知有註疏，不知有單疏，故即以註疏目之。此本用洪武中公牘紙印，又有明初補板，乃明南雍印本，可知《南雍志》之『爾雅註疏十卷』即是此本。而其他《周易》、《儀禮》、《三傳》諸疏，卷數同於單疏本而不同於南雍註疏本者，其為南宋單疏舊板，蓋可識矣。南雍十行本註疏，向無《儀禮》、《爾雅》二種，故元明間尚補綴單疏本，以彌《十三經》之闕，是以二疏後世猶有傳本，餘疏自元以後殆已不多印行矣。」（案《四部叢刊續編》《爾雅疏》卷末張元濟跋引《觀堂遺墨》。其文謂蔣氏藏本《爾雅》單疏為「咸平四年刊，自南宋迄元明間遞有修補」之本，并云：「紹興中重刊諸經正義，但就未有板者令臨安府雕造，則有板者尚多。其有板者，蓋謂咸平、景德中杭州所

刊七經正義；未有板者，則太宗時所刊《五經正義》，其板在監，為金人輦之而北者也。此書板在杭州，故南渡後雖有修補，訖未改刻。」是則以《爾雅疏》、《儀禮疏》皆北宋刊本，但有修板而已，與《觀堂集林》所說不同。吳修藝氏謂《遺墨》所收為王氏修訂稿，而非定稿，（見《王國維傳書堂善本書志研究》）殆是也。）

案：王氏不知《周易》單疏為十四卷，遂以《南雍志・經籍考》所載各種注疏一概視為單疏，汪紹楹先生已為糾補。但汪先生亦云：「王氏以烏程蔣氏藏《爾雅疏》，刷印用洪武二年蕭山、山陰二縣公牘，證此板明初猶存，而印於杭州者固也。」且據傅增湘謂陸心源舊藏單疏《爾雅》「卷中補板正多，當是元修明印」，并云「蔣氏本是洪武時官紙所印，此本為元至順官紙所印，其印本亦差相類，疑同時所印行也」（見《藏園群書經眼錄》）；李致忠氏就北京圖書館藏本單疏《爾雅》，即蔣氏舊藏本，考得刻工若干名，所涉時間自南宋初至元大德年間。（見李氏《宋版書敘錄》。至李氏云「綜合所有這些，此本《爾雅疏》似可定為北宋後期刻宋元明遞修公文紙印本」，則文中所述絕無「可定為北宋後期刻」之根據。《涵芬樓燼餘書錄》云「書板非與《毛詩》、《尚書》同時開雕，即就北宋本修補也」，張氏意在否定陸心源「咸平祖本」之說，言「與《毛詩》、《尚書》同時開雕」，謂南宋紹興時重刊也；并言「就北宋本修補」者，以其尚無明證可定其必無北宋原刊之葉，慎重言之耳。而李氏云「這裏，張元濟把它放在群經單疏的整體中加以考察，得出了『即就北宋本修補也』的結論」，是斷章取義，誣枉前輩之言。案《玉海》等文獻記載，北宋咸平、景德間始刻義疏，至南宋紹興有重刻之舉，不聞有「北宋後期」刻義疏之事。蓋李氏考刻工，皆出南宋初以後，而欲遷就「即就北宋本修補也的結論」，遂為「北宋後期刻」之奇說，意謂「北宋後期」刻此書者生至南宋初期仍刻他書。甚無謂。）然則單疏《爾雅》至元時遞有修補。據彼例此，則汪刻所據宋本《儀禮疏》，亦或為宋元遞修之本，未可知也。

王頌蔚云：「己卯秋日訪書無錫，至張塘橋蔡氏，見《儀禮》單疏，

字多漫漶，以墨筆描寫。」（見《增訂四庫簡明目錄標注》。）案：「己卯」當為光緒五年。王氏所見是否即黃丕烈、汪士鐘舊藏本，不可知。但其言「字多漫漶，以墨筆描寫」，使其誠為宋本單疏，——不問是黃、汪舊藏本，抑或別一宋本——似可與《爾雅疏》宋版之宋元遞修明印者相若，亦可旁證王國維之推測。蓋汪刻所據，亦為遞修後印本與。

　　王國維之後，傅增湘之說則〈北宋本樂府詩集跋〉云：

> 刻工中王珍等八人皆見於余所藏北宋本《廣韵》中。至其餘姓名見於他書，如《左傳》八行本注疏、《儀禮》單疏、《兩漢書》、《唐書》、《國策》、《通典》、《管子》、《世說新語》、《唐文粹》，皆紹興時所刻，以年時未遠，其人尚存。至包端、高彥二人，見於紹熙本《禮記疏》，時代太遠，或此書後來補版耳。（見《藏園老人遺稿》。案：《藏園群書題記》所收〈宋本樂府詩集跋〉，改變舊說，謂此《樂府詩集》為南北宋之際刊本，故於舊文多所改移，文理稍滯。以其於《左傳注疏》、《儀禮疏》等所見無異，故今據其舊文。）

傅氏謂「《左傳》八行本注疏」為紹興時所刻，殆出筆誤。《左傳正義》與經注彙刻，始於慶元六年（1200）紹興府刊行八行本，其時更在「紹熙本《禮記疏》」（1192）之後。豈涉「紹興府」而誤記也，未可知。至其言《儀禮》單疏，則傅氏蓋自有所見。傅氏跋單疏《周易正義》曰：

> 世傳此書為北宋初刊本，乃據進書題端拱元年而言。茲詳檢各卷，「桓」、「構」等字悉已闕筆，則為南渡覆雕可知。考《玉海》載「紹興九年九月七日，詔下諸郡索國子監元頒善本，校對鏤板。十五年閏十一月，博士王之望請群經義疏未有板者，令臨安府雕

造。二十一年五月，詔令國子監訪尋五經三館舊監本刻板。上曰：
『其他闕書亦令次第雕板，雖重修所費亦不惜也。』由是經籍復
全。」循是推之，則《五經正義》再刊當在紹興九年以後，二十
一年以前。再證以廟諱之闕避、雕工之姓名、刻書之風氣，益足
推勘得實，正不必侈言北宋監本以為重也。

傅氏論單疏《周易》如此，其於單疏《儀禮》亦當如此而已。

宿白氏《南宋的雕版印刷》（載《文物》第一期，1962 年 1 月。今據印刷工業
出版社《歷代刻書概況》轉載。）曰：

南宋初年，在臨安附近較長時期集中刊工最多的地點是臨安官府。這
從刊書使用刊工的數量可以推知。紹興間（原注：公元1131年——1162
年）臨安府刊刻《儀禮疏》所使用的刊工多達一百六十人，（原注：據
《四部叢刊續編》（上海商務印書館，1934）影印的清道光十年（公元
1830年）汪士鐘覆宋本。）而大約同時紹興府刊刻和《儀禮疏》分量
相仿的《尚書正義》只用了二十三人，湖州刊刻版數比上述兩書還要
多的《北山小集》只用刊工二十七人，刊版數量比《儀禮疏》要多五
倍的《新唐書》，刊工也僅一百二十餘人。臨安官府既擁有大量刊工，
而不少刊工又屢見於湖州、紹興刻本，這固然可以理解他們在相互支
援，但更多的可能，恐怕主要是湖州、紹興依賴了臨安官府。（2013年
補注：《儀禮疏》刻工中，南宋中期及元代補版刻工甚多，宿氏不為分別，以為一百
六十人皆紹興間刻工，非也。）

宿白氏以《儀禮疏》為例，暢論當時臨安府刻工之多。但《毛詩》單疏有

重刊刊記曰「紹興九年九月十五日紹興府雕造」，故知是紹興府刊本；至此《儀禮疏》及《周易疏》等祇有北宋原刊校勘名銜及進書名銜，都不見重刻刊記，不知何以必知其為臨安府刊本也？若如宿白氏所說，則當時臨安、湖州、紹興等地刻書，往往互見刻工。然則考察刻工，亦不足以確定刻地也。豈據《玉海》卷四十三「紹興十五年博士王之望請群經義疏未有板者，令臨安府雕造」等記載，遂以此本為臨安府刊本與？今以不知，記此存疑。

　　黃永年氏謂此《儀禮》單疏實南宋重刊北宋國子監本，見《論王靜安先生的版本學》及近刊《清代版刻圖錄》。

　　總之，既無原書可見，不得確實論定。僅就重刻本推之，既避南宋帝諱，且刻工多南宋人，斯非北宋印本可知。至謂是否北宋刻南宋以後遞修印本，則自不得謂絕無可能。但據《玉海》等記載，北宋刻本義疏至紹興時已不多見，乃始有重刻之舉。然則北宋版片之至南宋以後仍遞修使用，殆為不可能之事，是以現存《毛詩》、《爾雅》諸疏皆南宋本也。又此板已經修補，如上第五節所見，參以王頌蔚「見《儀禮》單疏，字多漫漶」之言，則蓋可推定為南宋刻本之遞修後印本也。

七　說公善堂覆刻本

　　汪氏重刻宋本《儀禮》單疏本，在《四部叢刊續編》之前，尚有一覆刻本。《書目答問補正》載「涇縣洪氏公善堂覆宋刻本」，《中國叢書綜錄》著錄「《洪氏公善堂叢書》（清）洪汝奎輯，清光緒中涇縣洪氏刊本」，中有「《儀禮疏》五十卷（原缺卷三十二至三十七），（唐）賈公彥等撰，據景宋景德本景刊」者是也。（《書目答問補正》云「覆宋刻本」者不確。）據《叢書綜錄·收藏情況表》，該叢書祇見上海圖書館收藏，但汪氏刊行諸叢書所收書，以零種流傳者頗多。日本汲古書院影印《洪氏唐石經館叢書》本《大

唐開元禮》，書後池田溫先生〈解說〉謂該書零種流傳較叢書整套為廣；
筆者於北京大學圖書館偶見公善堂本《儀禮疏》，亦為零種。其書封面篆
書分三行寫「宋景德／官本儀／禮疏」，末一格亦篆書小字兩行寫「公善
／堂校」。封面背面有軟體字題記，曰：「宋景德官本《儀禮疏》五十卷。
明正德時陳鳳梧散疏入注，而注之分卷遂為疏之分卷，又去疏所標經注起
止。聞人詮、李元陽因之，萬曆監本、汲古毛氏本轉轉因之。於是而馬端
臨《經籍考》所載其先公序稱『得景德官本《儀禮》四帙』者，舉世無復
有識其面目者矣。今余所得與馬正同。末後名銜盈幅，案之《玉海》悉符
故事。惟中缺六卷，僅從魏氏《要義》中粗識大略。思適居士顧君婁誇此
書在宋槧中為奇中之奇，寶中之寶，莫與比倫，可謂先得我心哉。嘉慶乙
丑，吳門黃丕烈蕘翁自識於百宋一廛。」

　　檢手頭所備影印書籍，有中華書局影印《隸釋、隸續》為洪氏晦木齋
覆刻乾隆間汪氏刻本。卷首洪氏跋一頁，求「海內博雅好古之士，倘為蒐
訪宋槧，郵寄見示」；《隸續》首附段玉裁跋、錢大昕題記，皆軟體刻字，
為汪刻原本所無。此外則悉仍原本，如《隸續》卷三末有元本刊記曰「泰
定乙丑寧國路儒學重刊」，并照刻汪氏刻本篆書木記曰「樓松書屋汪氏校
本」，而洪汝奎覆刻無所標識；附刻黃丕烈《刊誤》，封面直作「嘉慶丙子
／汪本隸釋刊誤／士禮居刊行」。今案《儀禮疏》，全書惟封面「公善堂校」
四字，可作為洪氏公善堂刊本之標志，別無刊記題識；卷四十九末尾「閶
門外洞涇橋西青霞齋吳刻字店」刊記，亦仍藝芸書舍刊本之舊；而卷首獨
增黃丕烈題記：此等適可以為洪氏覆刻本之特徵。

　　又案：《四部叢刊續編》本《儀禮疏》無封面及黃氏題記。檢汪刻原
本有封面，分三行寫「道光庚寅重刊／宋本儀禮疏／藝芸書舍藏板」，而
無黃氏題記。今案：公善堂本之黃氏題記，殆出洪汝奎據《百宋一廛賦注》
稍改其文以就題記之體，既非黃氏原文，更非黃氏手寫者。首言「宋景德

官本《儀禮疏》五十卷」，自非寫跋原書之體；「可謂先得我心哉」一句，語氣鄙俗，不似黃氏語；堯圃寫跋，又有何嫌而特著「自識」：是不待檢《百宋一廛賦注》，自可疑其為贋品。兩文相較，則改竄之跡更顯然可見也。至「嘉慶乙丑」，乃黃氏「手寫刊行」《百宋一廛賦注》之時耳。（此特錄黃氏原文如下：《百宋一廛賦》「弘文學士，悉情裁疏；陳、李、聞人，紛紜失路；官本復出，景德旦暮；列卷五十，面目呈露；標經題注，乃完乃具；尋馬序於《通攷》，豁長夜而重曙」。注云：「景德官本《儀禮疏》五十卷，每半葉十五行，每行廿七字。每卷題『唐朝散大夫行太學博士弘文館學士臣賈公彥等撰』，『悉情裁疏』者，公彥等序中語也。陳，陳鳳梧；李，李元陽；聞人，聞人詮。散疏入注而注之分卷遂為疏之分卷，又去疏所標經文起止，蓋出於陳鳳梧，明正德時事也。而聞人詮、李元陽因之，萬曆監本、汲古毛氏本又轉轉因之。於是而馬氏《經籍考》所載《儀禮疏》五十卷，又載其『先公』序曰『得景德中官本《儀禮疏》四帙，正經注語皆標起止，而疏文列其下』者，舉世無復識其面目者矣。『先公』，貴與父，名廷鸞。今與其所得者正同。末後名銜盈幅，案之《玉海》，悉符故事。居士婁誇此書在宋槧中為奇中之奇，寶中之寶，莫與比倫者也。唯弟三十二至弟三十七，凡缺六卷，僅從魏了翁《要義》中粗識其大略耳。」）

公善堂本既為覆刻，行款字體莫不或異，猝見或難與汪士鐘原本相別。但刻手雖不謂不工，終不免覆刻字畫趨向簡略之弊，若持兩本相較，孰為原刻孰為覆刻，立見顯形矣。

又，公善堂覆刻往往改補文字，已非汪刻原貌。如顧千里〈重刻宋本儀禮疏後序〉「道光庚寅歲閭原觀察重刻所藏宋景德官本五十卷賈公彥《儀禮疏》」，汪刻誤「景德」作「景祐」，公善堂覆刻本改作「景德」。又如卷二頁七左第五行「不同爵韠」公善堂本改作「不用爵韠」；卷二頁十二右第十五行「心帷幕簟席」公善堂本改作「必帷幕簟席」；卷五頁九左第十五行「■至下文」公善堂本補作「意至下文」；卷五頁十一右第五行「召■是以下云」公善堂本補作「召之是以下云」；卷六頁七左第十三行「■有命來」公善堂本補作「已有命來」；卷十五頁十二左第五行「在門為大

燭地」公善堂本改作「在門為大燭也」；卷五十頁十三左第二行「臣杜■」公善堂本補作「臣杜鎬」等，公善堂本於汪刻之顯誤處及墨丁，多為之改補。若謂作一讀本，則文理通順，較汪刻為便，但影刻單疏豈為童蒙誦習方便計。影刻而校改文字，轉失原本面目，祇求貌似古本，不知其於讀書何益也。所幸今有《四部叢刊續編》之直接影印，無所改動文字者，（涵芬樓影印古籍自多改移文字之例，至此書則殆無其事也。）可供吾人研讀；至公善堂本，委之版本學者，聊作研究清季版本之資可也。

八　單疏本流布圖

　　李慶氏《顧千里研究・顧千里校書考》就顧千里校《儀禮》單疏事，作一書本流布圖。今廣其例，為《訂補流布圖》，并錄李氏原圖，題《李氏流布圖》。今所增補「士禮居影鈔本」、「《四部叢刊續編》影印本」、「洪氏公善堂影刻本」、「阮元《儀禮注疏校勘記》」、「阮刻《十三經注疏》本（附《校勘記》）」等，李氏蓋因其不涉顧氏校書而不錄，今為補之，固非謂李氏疏漏。

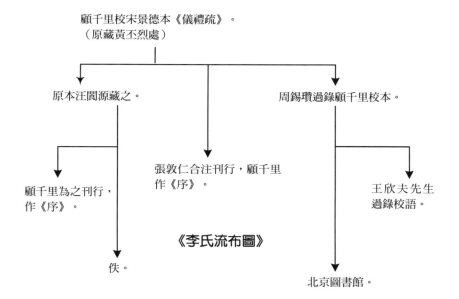

顧千里校宋景德本《儀禮疏》。
（原藏黃丕烈處）

原本汪閬源藏之。　　　　　　　周錫瓚過錄顧千里校本。

顧千里為之刊行，　　張敦仁合注刊行，顧千里　　　　王欣夫先生
作《序》。　　　　　作《序》。　　　　　　　　　　過錄校語。

《李氏流布圖》

佚。　　　　　　　　　　　　　　　　　　　北京圖書館。

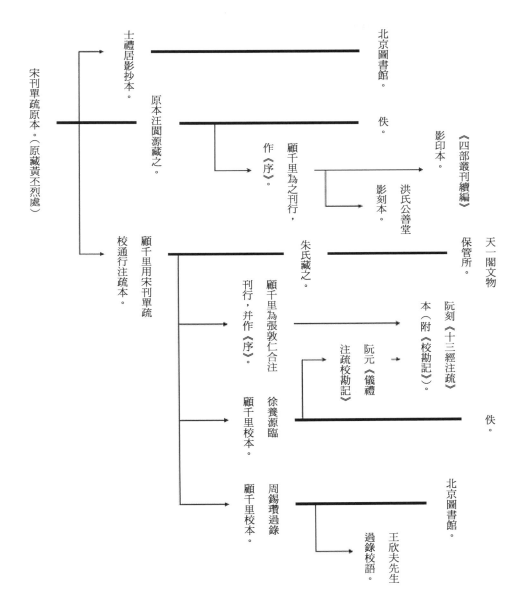

《訂補流布圖》

《訂補流布圖》用粗綫相繫者同一書本，用細綫帶箭頭者繼承關係。本圖要點在創立「顧千里用宋刊單疏校通行注疏本」一項，將張敦仁本、《校勘記》等統屬其下，而與汪氏重刊單疏一系相別。說詳上第四節。至於「顧千里用宋刊單疏校通行注疏本」是否即「天一閣文物保管所」所藏監本，今未得確證，想當然而已。

九　結論

黃、汪舊藏單疏《儀禮》原本已佚不可見，今為推測，蓋為南宋重刊宋元遞修本。汪氏覆刻宋本單疏，雖不得完全信據，但大抵可信，今讀《儀禮疏》，自當據以為本。汪刻原本今已罕見，則有《四部叢刊續編》影印本可以代替汪刻，而公善堂覆刻汪本則間有校改處，庶可不用。至若張敦仁彙刻注疏本與《校勘記》引單疏本，均出顧千里校錄單疏本，可與汪刻單疏並重。汪刻容有翻刻謬誤，自當參覈張本與《校勘記》，始可免專信汪刻之失也。若謂阮刻《十三經注疏》本及《嘉業堂叢書》本，乃翻刻張本，有其普及流傳之功，而初無版本價值者也。

第一節舉例言汪刻非皆如宋本原貌之事。今為結論，又謂汪刻可信而不可全信，必須參覈張敦仁彙刻注疏本與《校勘記》引單疏本，請再為舉例以結此文。案汪刻單疏卷三第九頁右半頁第十四行作

諸侯則得著緌故玉藻云緇布冠繢緌諸侯之冠也鄭云尊者飾也經，

第十五行作

士冠不得緌也云冠而敝之可也者據士以上冠時用之冠訖則敝去。

連前後文標點示之則：

> 云「其緌也，孔子曰吾未之聞也」者，孔子時有緌者，故非時人
> 緌之。諸侯則得著緌，故《玉藻》云「緇布冠繢緌，諸侯之冠也」，
> 鄭云：「尊者飾也。」經士冠不得緌也。云「冠而敝之可也」者，
> 據士以上冠時用之，冠訖則敝去之，不復著也。

《校勘記》出「鄭云尊者飾也」，云「『也』下單疏本空一字」；出「冠訖
則敝之」，云「『敝』下單疏本有『經』字，《要義》有『去』字，按《要
義》是」，張本作「鄭云尊者飾也〔元缺一字〕士冠不得緌也云冠而敝之
可也者據士以上冠時用之冠訖則敝經之不復著也」，與《校勘記》所引單
疏本正合。據《校勘記》及張本復原，單疏本第十四行當作

　　諸侯則得著緌故玉藻云緇布冠繢緌諸侯之冠也鄭云尊者飾也■，

第十五行當作

　　士冠不得緌也云冠而敝之可也者據士以上冠時用之冠訖則敝經。

《校勘記》所引單疏本并張本與汪刻單疏不合，則不知孰是孰非？但假若
宋本原本如汪刻單疏，第十四行「也」下有「經」字，《校勘記》何致誤
謂「『也』下單疏本空一字」；如汪刻單疏，第十五行「敝」下有「去」字，
《校勘記》何由而謂單疏本有「經」字，而且并言《要義》乃有「去」字。
反之，若宋本原本如《校勘記》所言，則或以第十五行「敝」下「經」字
當改從《要義》作「去」為正，遂寫「去」字於「經」字左旁，以其第十

四行「也」字下原空，遂移「經」字為第十四行末字，逐以「去」為第十五行末字，不無可能。未檢北圖藏士禮居影鈔單疏、天一閣藏顧校監本等，自不可意定，然揆之情理，似當以《校勘記》、張本較汪刻單疏為可信。是為用汪刻必需參覈《校勘記》引單疏本并張敦仁彙刻注疏本之例也。

補記：交稿後見《長澤規矩也著作集》第一卷，有《現存宋刊單疏本刊行年代考》，詳考刻工，論定今存《公羊》、《爾雅》、《儀禮》單疏（《儀禮》即據汪本）均南宋孝宗末年至光宗間刊元修本。所論廣博精審，令人嘆服。當知上第六節所引傅、宿二氏之說乃不可據也。

　　二〇一三年補記：去年廖明飛先生告知天一閣博物館在其網頁公佈所藏顧千里校監本《儀禮注疏》全本影像。今訪問其網頁，果然有所藏古籍彩色影像，全部免費供讀者利用，令人振奮異常。上文末尾討論的卷三第九葉末兩行，顧氏先用朱筆，於「尊者飾也」下標一方框「囗」，示有空格，於「冠訖則敝」下補「經」字，是單疏底本原貌，正如張敦仁本及《校勘記》所言。眉批顧氏先據《要義》及《玉藻》疏，確定「冠訖則敝」下之「經」字當作「去」；後又推論云：「宋板剜脩，竝排『經』『去』等字，刻工誤之，故『經』字反在下行，而『去』字不見也。」是知汪本第十四行末作「經」，第十五行末作「去」，乃出顧千里校訂，已非底本原貌。

　　又如《士冠禮》末顧氏云「此卷（按：當指單疏第三卷）第八葉多修誤，今改正」，則足知士禮居舊藏本是遞修後印本，既多訛誤，又多漫漶，故顧氏為汪氏主持重刻，勢必多所校訂。顧氏讀賈疏有神解，如推測「經」字原當在「尊者飾也」下，為後之校賈疏者曹元弼、倉石武四郎等皆所不及。按：賈疏釋〈記〉，必謂〈記〉者所以記經不備。今〈記〉言「緌」，然諸侯有緌，士不當有緌。故云本經《士冠禮》不當有緌，此〈記〉所言

　　在經文所述之外，是曰「經士冠，不得緌也」。若無「經」字，則此疏僅言諸侯始有緌，士當無緌，純粹述制度而已。筆者博士論文主張，義疏斷非實事求是之學，而以探討經文（并記、注）邏輯結構為主旨。知此義，乃知此疏「經」字必不可少，而顧氏固知之矣。

　　今得見天一閣所藏顧校本，可與張敦仁本、《校勘記》對勘，探索士禮居舊藏遞修後印本之原貌及顧氏校訂之精義，何樂如之！天一閣博物館慷慨公佈資料，功德無量，衷心感謝！

　　又，據趙萬里先生云，黃丕烈影抄單疏，「原版補版一一注明，原本面貌略可窺見」。（〈古刻名鈔待訪記〉，《文物》1959 年第 3 期，今據 2012 年新出《趙萬里文集》第二卷）自然也是探索宋本原貌的重要依據。

附錄IV

左還右還後說圖錄

　　左和右是一對相對的概念。按照我們現代的語言習慣，順時針方向的轉動叫作右轉，反時針方向的轉動叫作左轉。但在中國古代，事情並不是這樣。王文錦老師曾經搜羅先秦文獻，就此問題逐一進行檢討，證明在那些文獻裡，「左還」（還，音旋）是指順時針方向的轉向或轉行，「右還」是指反時針方向的轉向或轉行。可惜該稿有故已經散逸，今不得其詳。

　　做為一種先秦文獻，《儀禮》也出現左還、右還等詞語，而且完全可以適用王老師的結論。但是，清代以來這一問題紛糾極甚，影響所及，現在也有些學者還表現在解釋上的混亂。出現這樣混亂局面的原因，可以舉出幾方面因素：一是語言習慣的變化。古代的左還是現在的右轉，這自然會影響後世的解釋。二是這問題本身很瑣碎，無關大義。在進行某種典禮時，人要從 A 點到 B 點轉行，或者在 A 點轉身。這時候不管往哪方向，結果都一樣，一般來說比較無所謂的。這從一方面講是無關重要，從另一個角度來看也意味著缺少論定方向的很明確的根據。三是我們的語言是非常有限的一種思想工具，往往寫的人自己很清楚，讀者瞠然不知其意，甚至產生誤會。比如清末學者曹元弼說：「左還，則由東面還而北面，由北面還而西面。」但他同時也有「左還者，由北面而東面而南面」的說法。這不是完全相反的方向？反復揣摩他的意思，我們纔能知道他自己並沒有矛盾。但是這一例子也可以說明，單單靠語言討論問題是相當困難的。實際上，我們分析清代學者對左還右還問題的各種解釋，就會看到其間充滿

著對過去學說的不理解和誤解。

　　《儀禮》中的左還和右還，王老師已經給我們提示正確的解釋了。因此可以說，左還右還的公案，在經學上或者在《儀禮》學上是已經得到解決，沒有必要再作討論。我現在作這〈圖錄〉，為的是利用圖畫的方式，將歷代學者心中所想像的各種不同解釋，明確地揭示出來，並且錄存這一原來很簡單的問題，卻讓他們弄得越來越複雜的歷史。

一　注疏說

　　鄭玄及賈公彥的解釋同王老師的論定相符合。在他們心目中，左還是順時針方向的轉向或轉行。除了轉動的方向同現代的左轉相反外，我們還要注意他們所說的左還可以分析為兩種不同的情況。即一、在同一地點轉身子，轉變面朝的方向。二、行跡成弧形的行走。為了行文方便，本文將前者稱小還，後者稱大還。〔圖一〕[1]

　　大概對鄭玄來說，左還右還是屬於不假說解而自明的事情，所以他沒有留下直接說明左還、右還的注文。賈公彥也沒有特別論證左還右還的定義，不過還是出現了「以左（右）手向外」的說法。

　　　　①〈聘禮〉「賓致命，公左還北鄉」，注「當拜」。疏：「公升受賓
　　　　致命時西鄉，以左手鄉外迴身北面乃拜，故注云當拜。」

在這裡「公」由面朝西轉身面朝北，按情況，這無疑是不帶移動的小還，而且完全沒有理由讓「公」作反時針方向二百七十度的轉向。所以僅從經文的情節考慮，這裡的「左還」是順時針方向的小還無疑。賈公彥對此作

---

[1] 〔圖一〕至〔圖十七〕皆見文後。

了「以左手鄉外迴身」的說明。

　　②〈鄉射〉：「上射揖進坐，橫弓，卻手自弓下取一个，兼諸弣，
　　順羽且興，執弦而左還，退反位，東面揖。」

上射東面取矢，左還而往西方原來的位置回去。對此賈公彥也說：「言左
還者，以左手向外而西回。」〔圖二〕

　　③〈燕禮〉：「司正升酌散，降，南面坐奠觶。右還，北面少立；
　　坐取觶，興；坐不祭卒觶，奠之，興；再拜稽首。左還，南面，
　　坐取觶。」注：「右還，將適觶南，先西面也。必從觶西，為君之
　　在東也。」疏：「右還，謂奠時南面，乃以右手向外而西面，乃從
　　觶西南行，而右還北面。若從觶東而左還北面，則背君，以其君
　　在阼故也。」
　　④〈大射〉（經文與③同，惟「右還」上有「興」字為異。）注：「將於觶
　　南北面則右還，於觶北南面則左還，如是得從觶西往來也。」

③④二例儀節全同。因為是以觶為中間，在其南北走來走去，位置關係較
容易清楚，所以也做為後來議論左還右還的焦點。按注疏的解釋，這裡的
左還右還是大還。司正先在觶北面朝南，「右還」經過觶西轉行到觶南；
由觶南面朝北的位置再「左還」，也經過觶西轉行回到觶北。注說「先面
西」，並不是經文「右還」本身的解釋，而是說右還（大還）時先要轉向
西，然後轉行。換言之，要作右大還時先須作左小還，否則祇能像螃蟹一
般橫行了。〔圖三〕
　　賈公彥解釋左還右還用「以左（右）手向外」的說法，可能在當時是

比較通行的。時間比賈公彥稍晚的義淨在其《南海寄歸內法傳》中介紹曾有一位中國學士說：「右手向內圓之名為右繞，左手向內圓之名為左繞。」這位學士的觀點雖然跟賈公彥對左還右還的理解相反，但其用左右手之內外來說明問題是共同的。（2013 年補注：版本「左」「右」常互訛，此引義淨書且據王邦維校本，而王氏校記舉列諸本「左」「右」歧出，十分混亂，未足以定義淨源原作如何。）

南宋朱熹著《儀禮經傳通解》，對《儀禮》的解釋基本都沿用了鄭玄、賈公彥的觀點。然而他對賈公彥「以左（右）手向外」的說法有很好的補充說明。他說：

⑤〈燕禮〉云「司正右還」，疏云「以右手向外」者，以奠觶處為內而言也。〈鄉射〉云「三耦左還」，疏云「以左手向外」者，以所立處為內而言。

在這裡朱熹給我們闡明賈公彥同樣用「以左（右）手向外」說解的左右還，其實也應該分別大還和小還兩種不同情況來看待。他舉的第一種情況是我們在上面看過的例③，是大還；後一種情況是上面例②，是小還。②的左小還，賈公彥說「以左手向外」，朱熹說「以所立處為內」，我們不妨想像以右腳著地為中心軸，按著順時針方向轉向的狀態。

二　敖繼公說

元敖繼公著《儀禮集說》，在《儀禮》學史上具有特別重要而且非常特殊的意義。《三禮》之學，以鄭玄為不祧之祖，唐初賈公彥、孔穎達等疏以及朱熹《經傳通解》等皆以鄭玄注為本，至於乾嘉以後學者尤其對他

推崇備至。在這二千年的《儀禮》學史上，祇有敖繼公能夠和鄭玄分庭抗禮，獨自對經文進行深刻的探討，樹立一套全新的解釋體系，而且用十分簡括的體裁表達出來了。因為《集說》深入淺出，語言往往過於簡單，如果想要真正瞭解其中每一句注解的理論根據，必需在其全書範圍內進行全面徹底的鉤稽探索工作。不幸的是，不像鄭玄注有賈公彥疏已經相當成功地做到這一點，敖氏《集說》後世沒有一部給它作疏釋的著作，也沒有人做他的知音，十分精確地理解它。祇要看到唯一通行的通志堂刻本有很多嚴重的錯字，而清代學者引用時幾乎都沒有能校正這些錯誤，是對這種情況的最好的說明。雖然如此，也就是因為它語言淺顯，而且體系性比較顯著，明代及清代初期敖繼公的說法特別受歡迎，一時影響之大並不下於鄭玄注。一直到了乾隆中期以後，學者纔開始對《集說》進行批判的檢討，隨後在學術上推崇鄭玄的風氣下，敖繼公越來越被冷漠，甚至到清末曹元弼，竟稱敖繼公為禮教罪人。

現在平心而論，正如褚寅亮等清代學者所批評，敖繼公確實有故意跟鄭玄說作對的地方。但是這些地方大部分又都是鄭玄說並沒有經文上的確鑿根據，敖繼公提出新的解釋雖然可以說大可不必，卻也得承認他自己也能夠自圓其說的。

關於左還右還的問題，敖繼公提出了明確的定義。

⑥〈鄉射〉「當楅南皆左還」，敖說：「左還者，以左體向右而還也。於楅前必左還者，以楅東肆，宜順之。」

敖說「以左體向右而還」，與上引⑤朱熹說「以左手向外者，以所立處為內而言」相符合。敖氏後一句是據此經具體情況而說：這時人在楅南面朝北，而楅的設置方向是「東肆」──以西為上，以東為下──，所以人也

應該順著楅的上下方向而左還。這自然是順時針方向的小還，敖說與注疏
一致。〔圖四〕

　　再看一個例子：

　　　⑦〈鄉射〉司射誘射節：「及物揖，左足履物，不方足，還，視侯
　　　中。」敖說：「還，謂右還而南面也。右還者，為下射宜向上射也。」

這時司射從南方走到「物」（表示射箭位置的標識），自然是面朝北。到了
「物」就要「還」，準備射箭。因為靶子在南方，「還」了以後要面朝南。
由面朝北轉向面朝南的一百八十度的「還」應該是右還。為甚麼？敖氏說
是因為下射應該面朝著上射。司射誘射本來是為了給後來三耦射箭示範
的。三耦都是上射與下射一對一對，而此時司射雖然是一個人，是站在下
射的位置。上射在西，下射在東，將來下射作同樣動作時，如果左還那就
要背朝著上射了，是為非禮，所以應該右還。因而現在司射也應該要右還。
〔圖五〕這樣看來，敖氏所說的右還也是反時針方向的小還，他所理解的
左還右還的方向同注疏說一致，毫無疑問了。〔圖六〕

　　敖繼公對左還右還的理解同注疏一致，但他在解釋〈燕禮〉時卻出現
了同鄭玄注完全相反的觀點。

　　　⑧（經文與③同）敖說：「將於觶南北面則右還，於觶北南面則左
　　　還，皆欲從觶東往來也。」

細心的讀者會注意到，敖氏說的前兩句是直接借用鄭玄注〈大射〉的語言
（見④）。問題就出在第三句──鄭玄說「如是得從觶西往來也」，敖繼公
說「皆欲從觶東往來也」。這樣兩說完全相反的情況，我們不妨參考古人

所畫的兩種圖。〔圖七〕左圖採自宋代楊復的《儀禮圖》。楊氏是朱熹弟子，這幅圖也是按著鄭玄說的。〔圖七〕右圖採自清朝《欽定儀禮義疏》的〈禮節圖〉。該圖以《楊圖》為藍本，然而因為在這問題上採用敖繼公說，所以將《楊圖》的東西倒過來了。

敖氏為甚麼要將鄭玄說之西改為東？敖氏在上舉引文下繼續說：「必從觶東者，變於在堂者升席降席之儀而由上也。司正之位東上。」原來敖氏認為堂上升席降席的儀法，皆以由下為正。這一觀點就和鄭玄不同，而且也許比鄭說更好，不過現在不必去多管它。敖氏在這裡根據堂上升席降席皆由下的自說，認為司正在堂下應該跟在堂上相反，去位就位都要由上。司正之位以東為上，所以要離開觶北南面之位時要由東方，要就觶南北面之位時也要由東方。同樣，要離開觶南北面之位而就觶北南面之位，也都要由東方。因此司正往來觶之南北都應該由觶的東邊。敖氏的說明對我們沒有很大的說服力。因為對堂下沒有筵席的離位就位，一般不考慮上方下方的問題，而且敖氏說司正以東為上，也並沒有確鑿的根據。所以後人認為敖氏故意要跟鄭玄作對也是很自然的。但是反過來看鄭玄的說法，鄭玄說要從觶西往來是因為君在東方。他這樣根據所謂的「禮意」來推論的說法，也不免帶有較大的主觀性，雖然說得通，也不能證明非如此不可。敖氏大概是看到了這一點，所以纔敢提出與其相反的觀點。

剩下有一個問題必需說明清楚。既然敖氏對左還右還的理解同注疏說一致，而且在這裡經文明說「右還」、「左還」，他們說司正的行跡怎麼會一個在西、一個在東呢？這是因為鄭玄用大還來解釋經文「右還」、「左還」，而敖繼公卻用小還來解釋「右還」、「左還」。我在介紹注疏說時已經說過，按著注疏說，這裡經文的「右還」意味著右大還，而且在作右大還之前還必須作左小還。因為是以觶為中心的轉行，從大體上說應該認為是右還。但就具體動作再作分析，這一右大還也包括先左小還，再轉行，到

了觶南又一次右小還而北面的過程。敖繼公是著眼於細處的。他將經文的「右還」理解為右小還。觶北南面，右小還則面朝東了。於是再由觶東轉行到觶南，而北面。〔圖八〕

我們認為經文的原意大概就像鄭玄所說，這裡的「左還」、「右還」是大還。因為據王老師的考證，先秦文獻當中的左還右還都包括大還和小還，而在這裡司正是繞著觶走來走去，經文說「左還」、「右還」則解釋為大還更自然。但是如果不考慮這種我們推測的「原意」，祇從經文文字上討論問題，敖繼公的解釋果然也沒有違背經文。再從邏輯上考慮，敖繼公的理解還有可以取消大還，所有左還、右還都可以做為小還解釋的好處。

三 附說

敖繼公對經文的分析、對具體儀節的考察十分精細，左還右還的問題祇是其中一個例子。在這裡我不能專門討論敖繼公的學術，不過還想強調敖繼公《集說》的存在，在經學史上或者在經學史研究上所具有的重要價值。敖繼公能夠提出那麼多跟鄭玄不同、甚至相反的解釋，而且基本上沒有違背經文，保持著邏輯上的完整性。這意味著過去有些人想過的「以經釋經」的解釋方法，祇能說是一種美好的理想，實際上是不可能完全做到的。南北朝唐初的學者全面信從鄭玄注，將鄭玄注與經文一視同仁，經學的實際內容都變成鄭學研究，是對的。因為不然的話，異說蜂起，沒有可能折衷一是，學術會變成沒有規則的遊戲。曹元弼疾呼敖繼公是禮教罪人，也是對的。因為如果不盲目推崇鄭玄，而容許像敖繼公那樣的自由解釋，其結果祇會顯示聖人制作的經文的不完整性。

現在已經不再有人理睬聖人制作那一套，沒有必要維護經書的權威性，曹元弼地下有知也可以感到放鬆了。但是我們也不能將兩千年來祖先研究經學的歷史一筆勾銷。《易》有哲學，《詩》屬文學，《書》、《春秋》

是歷史，如今都有新的歸宿，過去的經學現在都成功於翻身。在踐踏舊時學術的基礎上，有關古代的新的學問呈現了空前的繁榮景象，不佞誠感不勝同慶之至也。不過，祇有《禮》就是不一樣，沒有甚麼可以「批判地繼承」的。就是因為如此，《儀禮》學的歷史，我們可以從純粹經學史的角度去研究，可以不考慮誰是誰非，不考慮他們研究的結果如何，而專門探討他們的學術本身。這時候，我們將一定要重點討論敖繼公。

四 清《義疏》說

乾隆十三年撰定的清朝《欽定義疏》，承受明代以來主要根據敖繼公的風氣，在很多問題上都認同敖氏的觀點。例如上文提到過的堂上升席降席的由下由上問題，《義疏》也支持敖說，並且具體指出鄭說所存在的問題。在〈燕禮〉司正右還左還的問題上，《義疏》也認同敖說，如上文所說。它說：「左還、右還，敖氏之說析矣。」我說過敖氏的分析是精細的，《義疏》說的也不錯。接著《義疏》又說：「如注疏則左右相反也。」這就不好了。《義疏》正確地理解敖氏說，知道敖氏將「右還」、「左還」理解為小還，卻不理解注疏說，仍用小還去讀注疏，竟稱「左右相反」。可以說是知其一而不知其二者。

在《義疏》以前，就這問題而言，明代郝敬《儀禮節解》專述敖說，清初蔡德晉《禮經本義》轉據郝說，乾隆元年刊姜兆錫《儀禮經傳參義》則專據注疏，至於張爾岐《鄭注句讀》乃全書都述注疏而已。要之，都沒有並列注疏說與敖說，討論兩說的得失。因此，《義疏》的這種說法，或許可以視為此後左還右還問題混亂的開端。

五 褚寅亮說

乾隆四十九年王鳴盛為褚寅亮《儀禮管見》作序說：

> 學問之道，史學不必有所專法，而字學、經學則必定其所宗。文
> 字宜宗許叔重，經義宜宗鄭康成，此金科玉條斷然不可改移者也。
> 褚先生於敖氏洞見其癥結，驅豁其雰霧。嘻，先生豈好辨哉！辨
> 敖氏之失而鄭氏之精乃明，鄭注明而經義乃明也。

褚氏自序則曰：

> 敖氏之意似不專主解經，而維在與康成立異。特含而不露，使讀
> 之者但喜其議論之創獲而不覺其有排擊之跡。由是後之言《禮》
> 家主鄭者十之一二，主敖者乃十居八九矣。究之以敖氏之說深按
> 經文，穿鑿支離，破碎滅裂，實彌近似而大亂矣。

其實《管見》一書中，也有捨鄭從敖的，也有暗述敖說的，這並不是專門
攻擊敖氏的書。但也可以肯定褚氏的精力主要放在辨定敖說的得失，權衡
鄭敖兩說上。《欽定義疏》的態度是鄭敖竝重，擇善而從，而且實際上多
傾向於敖。幾十年之後風氣就大不一樣，王氏都敢說「經義宜宗鄭康成，
此金科玉條斷然不可改移者」，也許是屬於極端的，但是褚氏之意固然也
在於闡明鄭說。所以凡是鄭說可通而敖說不同的地方，褚氏就要述鄭駁
敖，祇有鄭說不甚通而敖說可通的情況下纔引述敖說。他對敖氏的態度是
批判的，認真的，但卻缺少要真正瞭解敖氏意圖的熱情。因而他沒有全面、
系統地分析敖說，《管見》往往出現不理解或者誤解敖說的情況。

褚氏研究《儀禮》時經常參考《欽定義疏》，這是有據可言的。祇是因為是「欽定」的，而其內容多根據敖說，如果提到它也不便批評，所以《管見》沒有明說到《義疏》的地方而已。上文介紹《義疏》就〈燕禮〉司正右還左還的問題說：「如注疏則左右相反也。」現在褚氏說「敖氏謂由觶東，則與經文左右適相反矣」，將《義疏》的話又倒過來了。褚氏還說：「日月五星右還，亦自北向西，自西向南也。天左還，亦自南向西，自西向北也。敖氏如何以右還為自北而東，左還為自南向東耶！」這很明顯是根據鄭玄用大還的解釋來批評敖說是「適相反」。

其實，褚氏固然也知道小還的存在。如對⑦〈鄉射〉誘射節，褚氏說：「左足履物，勢必右還其身而後向南。」這當然是小還。大概褚氏雖然對小還、大還兩種情況都有瞭解，卻沒有分別兩種的概念，所以對司正繞著觶的轉行祇能想像大還，因而也不能瞭解敖氏的意思了。

六　朱大韶說

朱大韶《實事求是齋經說》收錄在南菁書院《續經解》中，大概可以認為是道光時期的著作。未見有單刊本，而胡培翬《儀禮正義》所引與《續經解》本之間有較大出入，可以推測是胡培翬和王先謙分別根據不同的抄本。考慮到這種情況，現在我們看到的《經說》並不一定全部都由朱氏最後定稿，有些內容也許不過是朱氏的草稿，並不準備發表的。另外，大概也由於同樣的原因，這本書中存在較多的錯字。在討論朱氏說之前，我先說明這兩點。

《經說》中有一篇〈駁敖氏左還右還說〉，顧名思義是專門批評敖氏左還右還說的一篇文章。他說：

　　⑨〈燕禮〉之左右還，經本易曉，無庸辭費。「司正南面坐奠觶，

右還，北面少立」。南面以西為右，從觶西則以右手鄉外而東面，
乃北面，故曰右還。云「左還，南面坐取觶」者，北面以西為左，
從觶西則以左手鄉外而東面，乃南面，故曰左還。若從觶東而行，
是以右還為左，以左還為右矣，未審其意。

最後一句和褚寅亮的說法一樣，以為若如敖說左右相反，「未審其意」。朱
氏的觀點基本上是根據注疏說的，不過按照這裡所寫的說法，也有些不一
樣。他說司正右還時原來南面，「而東面，乃北面」；左還時原來北面，「而
東面，乃南面」。〔圖九〕這樣的話，應該像螃蟹的斜行，如上文說過，而
且跟〈燕禮〉鄭注說「右還將適觶南，先西面也」顯為矛盾。

　　另外，朱氏也批評我在上文⑥所舉的敖說。朱氏說：

敖云：「於楅南左還，以楅東肆，宜順之。」案：東西有定位，左
右無定名。人北鄉則以東為右，西為左。敖既云北面坐而取矢，
當改左為右乃合。安得云從楅東而還？ 還，轉也。所謂左還、右
還者，皆謂以左手、右手鄉外而轉也。北鄉從楅東而還，是右還。

敖說上文已經解釋過。〔圖四〕敖氏本來是說「以楅東肆，宜順之」，朱氏居
然解釋為「從楅東而還」，並且認為這樣的話應該說右還纔對。〔圖十〕兩幅
圖相比較，我們可以看到朱氏誤解敖說誤解得太遠了。這也是我懷疑這篇
文章也許不一定是朱氏定稿的原因。

七　盛世佐說

　　盛氏《儀禮集編》有乾隆十二年其師桑調元所作序，盧文弨《儀禮注
疏詳校自序》也說乾隆十三年索觀其書，「已斐然成書」。那麼此書的撰成

時間比《欽定義疏》稍早，或者說大約同時。盛氏搜羅先儒釋《儀禮》各說特別完備，可以認為是清初以前《儀禮》學的集大成。他自己的看法與《義疏》相比更傾向於注疏，但不像褚寅亮那樣墨守，對敖繼公等說也沒有故意排斥。另外也有不少他自己直接根據經文演繹出來的新觀點。可惜流傳不廣，雖然被《五禮通考》引用其說，《四庫全書》也著錄過，直到嘉慶九年纔有了刊本，所以在當時的影響就不能很大。後來胡培翬撰《儀禮正義》時也將它做為重要的參考資料，特別是和左還右還問題有關的〈鄉射〉、〈燕禮〉、〈大射〉等篇胡培翬沒能自己撰成，而由楊大堉補撰，《正義》的內容幾乎完全與盛氏《集編》重複。然而在其後的黃以周、曹元弼等研究《儀禮》，又將《正義》做為主要的參考書，所以盛氏說對他們的影響就很大了。

　　盛氏對左還右還的理解，在我看來是很獨特的。他在〈鄉射〉（經文見②）對左還右還下了明確的定義。

　　　　（10）左還，向左而還也。敖云以左體向右而還，非。反位，反其椲西東面之位也。蓋東面者以北為左，左還則面北矣。於是遂西轉，南向，至其故處，而仍東面焉。〔圖十一〕

上射東面，以北為左，左還則面北矣。這種動作按照我們的說法是右小還。盛氏的左還首先是反時針方向的小還，自然與敖說相反。

　　　　（11）〈大射〉「兼挾乘矢，皆內還，南面揖」。鄭注：「內還者，上射左，下射右。不皆右還，亦以君在阼，嫌下射故左還而背之也。上以陽為內，下以陰為內，因其宜可也。」敖氏說：「上射左還，下射右還，皆鄉內，故總以內言之。皆內還者，由便也。」

盛氏說:「內還者,先以身鄉堂而還也。上射東面,左還則鄉堂;
下射西面,右還則鄉堂。凡敖氏所解左還右還皆與注說相反,今
不從。」〔圖十二〕

堂在北方,盛氏說上射東面,左還則鄉堂。這種動作按我們的說法是右小
還。在(10)(11)二例,盛氏既然認為敖氏與鄭注說左還右還相反,同
時也說自己不從敖說。這就是說,盛氏自己認為他的說法就是鄭玄的說
法,而且與敖氏說正相反。現在按照我們的理解來評論,可以說盛氏對敖
說的理解不錯,而對鄭說誤解了。

我認為盛氏這樣誤解鄭說的原因,就在於對〈燕禮〉的解釋。〈燕禮〉
經文及注疏說見③④,敖說見⑧。盛氏在這關鍵地方並沒有多講話,而祗
說:「右還說見〈鄉射禮〉。敖云從觶東,非。」他說「說見〈鄉射禮〉」,
指的是上引(10)的說法。他否定敖繼公從觶東的說法,則是認為當從觶
西,如鄭玄所說。上文我們看到過盛氏以為左還則向左而還,先作反時針
方向的小還,而且這纔符合鄭玄的意思。這樣來看,我們可以推想盛氏應
該是注意到〈燕禮〉注「右還將適觶南,先西面也」的說法。右還而先西
面,那麼右還應該意味著順時針方向的小還。〔圖十三〕實際上,整部《儀
禮》當中,就是〈燕禮〉的司正繞觶右還左還(〈大射〉同)是個關鍵,
這一地方解釋通了,其他地方怎麼也可以說得過去。就像(10)(11)的
例子,我們理解的鄭說與盛氏說轉向的方向完全相反,但這並不構成解釋
上的矛盾。至若像①那樣按照盛氏的理解本來不能解釋好的地方,就是以
絕口不談為妙了。

〈燕禮〉的解釋,注疏說如〔圖三〕。敖繼公對左還右還本身的理解
與注疏說不異,但將注疏說用大還解釋的經文「右還」、「左還」改用小還
去解釋,提出經由觶東的新說〔圖八〕。現在盛世佐在表面上完全依據鄭

玄說，卻將經文「右還」「左還」主要做為小還解釋，同時將其方向倒過來了。盛氏對鄭說的改造，將兩個因素同時都反過來，就是「負乘負為正」的道理，司正仍然可以在觶西往來。這可以認為是第三種新的解釋方案。我們也可以注意到，以左還為反時針方向、以右還為順時針方向的方向觀念，與現在我們的語言習慣相合，在禮學史上這種觀點正從盛氏開始使用，而且為後來黃以周、曹元弼等所因襲。

　　盛氏「左還，向左而還」的定義，雖然有些含混，綜合（10）（11）的說法考慮，應該理解為包括反時針方向九十度的小還（向左）和其後的轉行（而還）。不過因為小還以後的轉行容有不同的方向，不能說得很明確。依據〔圖十一〕、〔圖十二〕、〔圖十三〕等情況，製為盛說左還概念圖〔圖十四〕。

八　黃以周說

　　黃以周《禮書通故》成書於光緒四年。此書自是清代禮學的最高成就，可與孫氏《周禮正義》媲美。胡玉縉評論說：「發摅禮學，上自漢唐，下逮當世，經注史說，諸子雜家，義有旁涉，率皆甄錄，去非求是，務折其中，是當『體大思精』四字。」大概沒有人會不同意這種評價。不過，他對左還右還的解釋卻弄得很複雜。

　　〈射禮通故二〉第三十四條，介紹上舉（11）〈大射〉鄭、敖兩說以後，黃氏自下案語說：

> 　此當以敖說為長。內還者，向堂而還，即所謂以君在阼是也。既拾取矢挶之，兼挾，必皆北面向堂而還。

黃氏比較二說而認為敖說較長。其實鄭、敖都認為上射左還，下射右還。

所不同的不過是對這種動作的含意的理解，我們現在可以不管它。黃氏說「內還者向堂而還」，跟（11）盛氏說同，是認為上射左還是由東面而北面，下射右還是由西面而北面。（參〔圖十二〕）可見黃氏的左還是反時針方向，右還是順時針方向，同我們的理解左右正反。但是，〈射禮通故二〉第三十三條，黃氏也有這樣的說法：

（12）右還者自西而南而東，左還者自南而西而北。敖氏說左右還與鄭相反，未是。

這樣說，又好像跟我們對注疏說（大還）的理解相合。黃氏的意思到底如何？在這裡，關鍵還是對〈燕禮〉的解釋。〈燕禮通故〉第二十九條，介紹③的經文和鄭說、⑧的敖說以及我們在第五節檢討過的褚說以後，自下案語說：

從鄭注。「右還」句絕，謂向右手而還也。南面右還，北面左還，皆由觶西。敖讀「右還北面」為句，則往來由觶東，而左右適相反矣。褚說左右還亦似是而非。

黃氏說，鄭敖二說的不同在於經文的句讀——鄭玄讀：「右還。北面。」敖氏讀：「右還北面。」黃氏在說的無疑是小還、大還的不同。讀為「右還。北面。」則右還和北面是兩件事情，先右還，後北面。換言之，「右還」專指右小還，而「北面」意味著到觶南北面位的大還轉行。讀「右還北面」，則是一件事，「北面」不過是「右還」的結果。這「右還」自然意味著大還。那麼，按黃氏的說法，則經文「右還」鄭氏理解為小還，敖氏理解為大還。這跟我們的理解完全相反。但是也不要緊，我們上面也看到

過黃氏的右還是我們的左還，黃氏的左還是我們的右還。這樣來的話，也是按照「負乘負為正」的道理，鄭說的司正仍然可以走觶的西邊，敖說的司正也仍然可以走觶的東邊。〔圖十五〕

黃氏對鄭說的理解，實際上可以說沿襲盛氏而已。至於對敖說，盛氏的理解同我們一樣，雖然他以為敖氏將反時針方向的小還叫做右還是不對的。黃氏則以為敖氏理解的「右還」是順時針方向的大還。黃氏理解的敖氏說，我們可以認為是繼盛氏之後對〈燕禮〉司正右還左還的第四種新的解釋，儘管他自己也不認同這種觀點。

現在瞭解到黃氏的觀點以後，再回頭看（12）的黃氏說法，就可以知道，黃氏的意思並不是說右還是自西而南而東的轉行，而是說作過右還（即順時針方向的小還）的人接著要作自西而南而東的轉行（即反時針方向的大還）。

最後還要指出，左還右還的問題也要關係到對「相左」、「相右」的解釋問題。鄭玄以後，歷代學者對《儀禮》中所說「相左」、「相右」的認識基本一致。然而黃氏就提出了與眾相反的解釋。在左還右還的方向以及相左相右的方位的認識上，黃氏對鄭說的理解都和我們相反，這在黃氏的理論體系中構成相輔相成的關係。

九　邏輯圖

上文說過，就〈燕禮〉司正右還左還的問題而言，注疏說是第一種說法，敖氏提出了新解釋為第二種，盛世佐說（就是盛氏所理解的鄭玄說，也為黃以周所認同）是第三種新解釋，最後黃氏對敖說的理解是第四種解釋。我想在此用圖表的形式整理這四種說法。

各家說的分歧點祇有三個：一是對左還右還的方向的理解。在圖表上，以右還理解為反時針方向，以左還理解為順時針方向則標＋號，相反

則標－號。二是司正要經由觶西還是要經由觶東。在圖表上，認為司正要經由觶西的標＋號，相反則標－號。三是將經文的「右還」、「左還」理解為大還還是理解為小還。在圖表上，當大還理解的標＋號，當小還理解的標－號。我們這樣定義＋－號，是為了以注疏說作為標準的方便。在圖表上注疏說三項都＋，其他三種解釋與注疏說不同，自然不可能三項都＋。而且由於邏輯上的要求，要對注疏說在一個分歧點上持不同見解，必然在另一個分歧點上也要跟注疏說不同，也不能三個分歧點都和注疏說相反，否則陷入矛盾。

我們通過這一圖表可以清楚地看到，在考慮這三項分歧點的條件下，這四種就是所有可能的解釋，不可能再有第五種了。換句話說，在注疏說之後，從敖繼公到黃以周，這些學者們將所有可能的異說都提出來了。

十　曹元弼說

黃以周的弟子曹元弼，在其《禮經校釋》卷六，專門討論左還右還的問題。他「將經注反復推求」的結果，又推出了新的觀點。像我在上第九節總結的那樣，到了黃以周，變動三種因素可能想像的所有解釋已經出齊了，所以曹氏的新說是比較特殊的。雖然在邏輯上說得通，但是按照常情也很難接受。所以在這裡對他的觀點止作簡單的介紹，供讀者參考。

他對左還右還的定義是：「左還者，向左而還也。」這是借用盛世佐定義的語言，但其內含其實並不同盛氏說一樣。盛氏的定義主要著眼於小還，而曹氏的定義則就大還而言的。盛氏的「向左而還」，可以理解為轉向左方，然後還行；曹氏的「向左而還」，乃是向左方轉行的意思。還有一個重要的特點是，按曹氏說，轉行的人要向斜前方或斜後方旁行。這一點也像朱大韶說〔圖九〕。現在將曹氏所論各種情況綜合起合，作一概念圖應當如〔圖十七〕。

　　我對曹氏說祇是覺得過於穿鑿。首先這種動作，特別像向斜後方的旁行，太不自然。其次，按曹說，他在這裡舉例的〈鄉射〉、〈燕禮〉等很多情況就算都可以說得通，但是其他地方比如〈大射〉第三番射節注「樂正西面受命，左還東面命大師」，還有如①的〈聘禮〉經文等都不好解釋，而且對這些地方曹氏都沒有任何交代。

十一　後語

　　注疏說很容易明白，敖氏說原來也很清楚，但是清人或誤解或不理解，而且他們自己的說法卻不容易明白。我對每一家的說法一個一個地進行分析，作成這篇〈圖錄〉，現在就覺得清代學者特別可惡。因為我們對「經」沒有甚麼感情，而他們卻祇知道要闡明他們的「經義」。因為我們對過去學者的每一部著作，凡是態度認真的，都覺得很可愛惜，想要真正瞭解那些作者的意思，而他們卻沒有那種興趣，祇想將那些著作當作自己研究的工具。他們既沒有對賈公彥、敖繼公進行認真的研究，而且還引用他們自己不甚理解、甚至誤解的說法。但是，我們對他們也不宜要求太高，因為他們畢竟不是經學史家，而不過是經學家。

　　我們現代的學術是繼承清代學術的，這一點無可否認。如果現在有人敢說他的學問是獨立於清代以來的傳統，那他祇是在暴露自己的無知無學。但是，一味推崇清代學者，同樣也是不對的。據說陳垣先生最稱讚汪輝祖，認為汪氏《元史本證》以紀、傳、表、志互相考證，不出本書之外，找出其本身自相矛盾之處，作者當無辭以自解。在史學領域裡，近代學者的成就確實已經超越了清代學者。既有《二十四史》、《通鑑》等的校勘工作，也有像《胡注表微》那樣的讀書成果，近代的史學研究，可以說在繼承清代學術的基礎上，更進一步有所發展。所以某人作陳先生挽詞，有「不為乾嘉作殿軍」一句。相比之下，經學文獻的研究仍然處於十分落後的狀

態。這裡面，客觀條件的變化使得經學文獻的研究一直被冷漠，自然是一個很大的原因，但是我也不免懷疑，這也是由於近代以來學者過於吹捧清代經學，結果一直沒能擺脫他們的窠臼，沒有考慮從純粹文獻學的角度去對待問題。《元史本證》的考證方法是文獻學或者說凡是要讀書的人都應該想到、做到的最基本、最平實的方法，而從未有人用過這種方法去研讀歷代經學文獻。我們現在按這種方法去讀書，則清代至現代的學者不理解或誤解賈疏、敖說的例子可以隨手舉出百十條。於是也可以醒悟到，現在我們連《十三經注疏》都沒有像樣的校本。經學本來是清代學術的主要方向，成果也最豐碩。然而經學文獻研究落後的慘狀，實際上足以使每一個外行人都會驚訝。現在應該認為，經學文獻的整理研究是我們必須要認真進行的，而且不幸地具有開拓性的重大課題。

注疏説	教説	盛説
〔圖一〕 左大還　左小還	〔圖六〕 左還	〔圖十四〕 左還
〔圖二〕 左還退反位東面	〔圖四〕 楅南左還	〔圖十一〕 左還退反位東面
	〔圖五〕 履物不方足還 （上射）（下射）司射	〔圖十二〕 內還 左還 上射　右還 下射
〔圖三〕 司正左右還 右還　左還	〔圖七〕 楊《圖》　《義疏》 南面 司正 右還 南面觶 甲非 左還 甲回	〔圖八〕 司正左右還 右還　左還 〔圖十三〕 司正左右還 右還　左還

左還右還後說圖錄

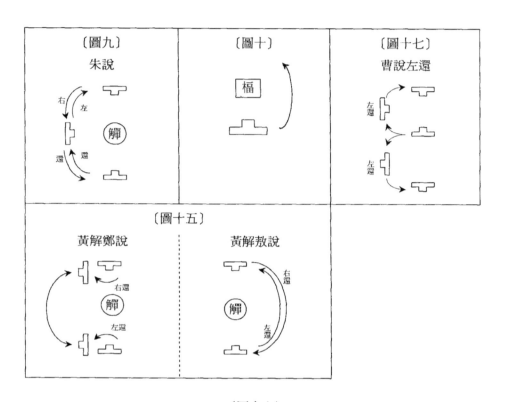

〔圖十六〕

	注疏說	敖說	盛、黃說	黃解敖說
左還是順時針方向　＋ 　　　反時針方向　－	＋	＋	－	－
司正經由觶西　＋ 　　　觶東　－	＋	－	＋	－
司正「右還」是大還　＋ 　　　小還　－	＋	－	－	＋

左還右還後說圖錄

編後記

上個世紀末，我在撰寫博士論文時，心裡很著急。因為我發現的是學術史上的特大事件，而且證據都顯擺著，明眼人一看就知道，所以怕別人搶我的先發表文章，我的論文變成第二炮，失去創造性，無法畢業了。幸好能夠順利畢業，至今十多年過去了，隋代的學術革命不僅沒有成為學界共識，都沒見有人提到過。回想當年的焦慮，不禁失笑。

梁啟超以來，討論義疏學的學者，往往只討論其起源，而且重點放在與佛教的關係。我從來不喜歡討論什麼起源。既然說起源，之前是沒有的了。無中生有，沒有道理可講。宇宙起源，人類起源，語言起源，文字起源，無非是靠猜的鬼話。牟潤孫、戴君仁等過去研究義疏學的代表性論文，都沒有直接分析義疏的內容，只有介紹史書、佛書中相關記載，未嘗論證這些外在因素與義疏學之間的關係。所以我不想談起源，而要談衰亡，因為衰亡是有具體過程可以分析討論的。

其實我的出發點只是想要讀懂《儀禮疏》，沒別的想法。為了讀懂《儀禮疏》，參考《書》、《詩》、《周禮》、《禮記》、《春秋》諸疏，很快注意到《書》、《詩》、《春秋》疏是一類，《周禮》、《儀禮》疏是一類，基本學術方法截然不同，而《禮記》疏兼有兩類特性。稍微探索，又瞭解到傳統義疏學的特性、劉炫他們對傳統義疏學發動革命的意義以及孔穎達、賈公彥等在劉炫等的影響之下，勉強維持義疏學的樣態。瞭解這些情況，不僅具有非常重要的學術史意義，為了準確理解《儀禮疏》文本也不可缺少。如我昨天剛加在附錄三末尾的補注所述，賈疏中的「經」字看似多餘，其實有必要，只有理解賈疏的學術特性才能體會「經」字

的意義。相信本書對有意閱讀《書》、《詩》、《三禮》、《春秋》諸疏的人會有幫助。

這十幾年，多靠諸多師友的支持幫助，我一直能夠生存在學術界的一隅，但也一直忙著處理眼前的事情，心忙手亂，沒有定下心來專心研究。博士論文的很多細節都快忘光光了。這次重編這一本，忽然發現傳統義疏學的基本方法，與近幾年來我開始認識到的鄭玄的學術方法高度匹配，換言之，本書討論的皇侃、賈公彥等之學術特點，其實也就是鄭玄的學術特點。這樣一來，傳統義疏學可以視為鄭玄學術的延續發展，是用鄭玄的學術方法研究鄭注的學問。義疏學與鄭玄一脈相承，只是形式稍有變化而已。有興趣的讀者，請在翻閱本書之後，接著翻看《北京讀經說記》所收有關鄭學的三篇文章。

本書連附錄在內，都是在讀博士期間寫作的。表述不自然、不恰當的地方，思想單純、幼稚的地方，隨處可見。主要內容是經學論述的方法論分析，例證較多，閱讀起來也較費力。希望讀者發揮高尚的耐心，多花點時間，以包容的心態，慢慢看完。在此先表示感謝！

在北京直接指導我讀書的是，北京大學中文系倪其心教授和中華書局編審王文錦老師。兩位恩師於二〇〇二年先後逝世，無限的懷念，實在不能言表。

本書出版，是由林慶彰老師督促而成的。二十多年來指導關照的厚恩，無以為報。希望我的讀書報告能對經學史研究給予一些刺激，引發將來更多更好的研究成果。這應該是數十年來致力於發展經學史研究的林老師最高興看到的結果。

博士論文用電腦寫，但當時的系統只有 GB 內碼，繁體字用指定字庫的方法顯示。有不少內容，現在已經找不到電子檔。因而本書排字、

校對、編輯的一系列工程相當繁重。感謝萬卷樓編輯部及張晏瑞先生的辛勤工作。

喬秀岩識

2013 年 2 月 27 日

國家圖書館出版品預行編目(CIP)資料

義疏學衰亡史論/ 喬秀岩著. -- 初版. -- 臺
　北市 : 萬卷樓, 2013.04
　面 ；　公分. --（經學研究叢書）
ISBN 978-957-739-803-1(平裝)

1.經學 2.研究考訂

　　　090　　　　　　　　102008558

義疏學衰亡史論

2013 年 7 月 初版 平裝

ISBN 978-957-739-803-1　　　　　　　　　定價：新台幣 **360** 元

作　　者	喬秀岩	出　版　者	萬卷樓圖書股份有限公司
發 行 人	陳滿銘	編輯部地址	106 臺北市羅斯福路二段 41 號 9 樓之 4
總 編 輯	陳滿銘	電話	02-23216565
副總編輯	張晏瑞	傳真	02-23218698
編　　輯	吳家嘉	電郵	editor@wanjuan.com.tw
編　　輯	游依玲	發行所地址	106 臺北市羅斯福路二段 41 號 6 樓之 3
封面設計	百通科技	電話	02-23216565
	股份有限	傳真	02-23944113
	公司	印　刷　者	百通科技股份有限公司

版權所有・翻印必究　　　　　新聞局出版事業登記證局版臺業字第 5655 號

如有缺頁、破損、倒裝　　　網 路 書 店　　www.wanjuan.com.tw
請寄回更換　　　　　　　　劃 撥 帳 號　　15624015